世界武器鉴赏系列

坦克与装甲车

鉴　赏 （珍藏版）

★第3版★

《深度军事》编委会　编著

清华大学出版社

北　京

内 容 简 介

本书在第2版的基础上进行了精心修订，使其内容更新、更全，设计更美观。与第2版相比，本书删除了少数老旧的坦克与装甲车，同时新增了多种新式坦克与装甲车，并替换了一些质量较差的配图，补充了观赏性较强的精美图片。本书所收录的300余种坦克与装甲车，均对研制厂商、制造数量、服役时间、主要结构、作战性能等内容进行了详细介绍，并配有详细而准确的参数表格。

本书结构严谨、内容分析讲解透彻，而且图片精美丰富，不仅适合广大军事爱好者的阅读和收藏，也可以用作青少年的军事科普读物。

图书在版编目(CIP)数据

坦克与装甲车鉴赏：珍藏版/《深度军事》编委会编著. —3版. —北京：清华大学出版社，2020.5（2024.7 重印）
　（世界武器鉴赏系列）
　ISBN 978-7-302-54771-6

　Ⅰ. ①坦… Ⅱ. ①深… Ⅲ. ①坦克—世界 ②装甲车—世界 Ⅳ. ①E923.1

中国版本图书馆CIP数据核字(2020)第013226号

责任编辑：李玉萍
封面设计：郑国强
责任校对：张彦彬
责任印制：沈　露
出版发行：清华大学出版社
　　　　　　网　　址：https://www.tup.com.cn, https://www.wqxuetang.com
　　　　　　地　　址：北京清华大学学研大厦A座　　邮　　编：100084
　　　　　　社 总 机：010-83470000　　　　　　邮　　购：010-62786544
　　　　　　投稿与读者服务：010-62776969, c-service@tup.tsinghua.edu.cn
　　　　　　质量反馈：010-62772015, zhiliang@tup.tsinghua.edu.cn
　　　　　　课件下载：http://www.tup.com.cn, 010-62791865
印 装 者：北京联兴盛业印刷股份有限公司
经　　销：全国新华书店
开　　本：146mm×210mm　　**印　张：**10.75　　**字　　数：**275千字
版　　次：2014年6月第1版　2020年6月第3版　　**印　　次：**2024年7月第10次印刷
定　　价：59.00元

产品编号：085985-01

丛书序 FOREWORD

当今世界正处于大变革时期，美苏争霸的两极格局已经终结，新的世界格局尚未形成。西方大国都在进行自二战以来最深刻、最广泛的军事战略调整。其共同的趋势是：在加强威慑和保持军事实力的基础上，由过去准备打世界性战争转为重点应付区域性冲突；由过去强调军事安全转为以经济安全为主的全方位安全政策。

由于各国、各地区之间在经济上的相互依存加强，国际经济竞争日趋激烈，世界安全和国家利益均与经济密切相关，在综合国力的较量中经济因素的作用相对突出。然而，无论世界形成怎样的新秩序，军事实力仍将是一个国家综合国力的重要组成部分。

俗话说："国无防不立，人无兵不安。"一个国家的强大和安全，离不开军人的无私奉献，他们用汗水与鲜血浇灌出了一个国家强大的国防力量。不过，国家安全并不只是军人的责任，国防建设也需要人民群众的共同努力。对于人民群众来说，参与国防建设最基本的方式就是增强自己的国防意识和国防精神，而最简单有效的方式是阅读军事科普图书。与其他军事强国相比，我国的军事图书在写作和制作水平上还存在许多不足之处。以全球权威军事刊物《简氏防务周刊》(英国) 为例，其信息分析在西方媒体和政府中一直被视为权威，其数据库被各国政府和情报机构广泛购买。而由于种种原因，我国的军事图书在专业性、全面性和影响力等方面还存在许多不足之处。

为了给广大军事爱好者提供一套全面而专业的兵器科普图书，并为广大青少年提供一套通俗易懂的军事入门读物，我们精心编撰了"世界武器鉴赏系列"图书，其内容涵盖飞机、舰船、单兵武器、特种作战装备、枪械、坦克与装甲车等。本丛书于 2014 年上市后取得了不错的销售成绩，也收到了不少热心读者的反馈意见。

2017 年，我们对第 1 版进行了精心修订，虚心接受了广大读者朋友的宝贵意见，推出了内容更新、更全的第 2 版。不过，由于军事知识更新较快，在近两年出现了不少新式武器，而一些现役的武器也在不断发生变化。为了将"世界武器鉴赏系列"打造成经久不衰的兵器科普图书，我们决定再次作出修订，进一步提升图书的质量。与第 2 版相比，第 3 版删除了少数老旧的武器，同时新增了多种新式武器，并对第 2 版的一些过时信息进行了更新，删除了阅读价值不大的"研发历史"部分。此外，一些清晰度不高、构图不严谨的配图也被替换，并额外补充了不少精美图片。

本丛书由国内资深军事研究团队编写，力求内容的全面性、专业性和趣味性。我们在吸收国外同类图书优点的同时，还加入了一些独特的表现手法，努力做到化繁为简、图文并茂，以符合国内读者的阅读习惯。本丛书内容丰富、结构严谨，在带领读者熟悉武器历史的同时，还可以提纲挈领地了解各种武器的作战性能。在武器的相关参数上，我们参考了武器制造商官方网站的公开数据，以及国外的权威军事文档，做到有理有据。每本图书都有大量的精美图片，配合别出心裁的排版，具有较高的观赏性和收藏价值。

本丛书由《深度军事》编委会创作，参与本丛书编写的人员还有黄成、阳晓瑜、陈利华、高丽秋、龚川、何海涛、贺强、胡姝婷、黄启华、黎安芝、黎琪、黎绍文、卢刚、罗于华等。在本丛书的编写过程中，我们在内容上进行了去伪存真的甄别，让内容更加符合客观事实，同时全书内容经过了严格的筛选和审校，力求尽可能准确与客观，便于读者阅读参考。

　　一战中，重机枪的使用、堑壕战的产生，使坦克这种掩护步兵突进的装甲战斗车辆应运而生。它们在战场上，尤其是第二次世界大战中出尽了风头，被称为"陆战之王"。坦克根据其重量，可以划分为小型坦克（10吨以下）、轻型坦克（20吨以下）、中型坦克（20~40吨）、重型坦克（40~70吨）、超重型坦克（70吨以上）。从20世纪60年代开始，由于中型坦克的火力和装甲防护已经达到甚至超过了以往重型坦克的水平，同时克服了重型坦克机动性差的弱点，从而改进成一种具有现代特征的单一战斗坦克，即"主战坦克"，成为各国装甲部队的主力。如美国M1"艾布拉姆斯"主战坦克、德国的"豹2"主战坦克、英国的"挑战者2"主战坦克等。

　　二战中，由于坦克在战场上的优秀表现，出现了很多针对它的武器装备，其中就包括自行火炮。自行火炮的用途不仅仅是反坦克，还可为前线士兵提供有力的火力支援。如美国M110自行火炮、德国的"黄鼠狼Ⅲ"自行火炮等。除了坦克和自行火炮，现代陆军还装备了种类繁多、功能各异的装甲车。装甲车为了具有高度的越野机动性能，有一定的防护和火力支持，分为履带式和轮式两种，一般装备一门至两门中小口径火炮及数挺机枪，一些还装有反坦克导弹，结构由装甲车体、武器系统、动力装置等组成。

　　在各类装甲车中，综合作战能力最强的是装甲运兵车和步兵战车。装甲运兵车，又称装甲输送车，指在战场上输送步兵的装甲车辆，一般具有高速、较低的防护力和战斗力等特点。装甲运兵车除了可以运输步兵之外，还可以运输物资或补给品，暂时充当装甲补给车；步兵战车和装甲运兵车作用相似，都是运送步兵机动作战用的装甲车辆，两者不同的地方是，步兵战车更像是能载兵的轻型坦克，而不是只有几挺机枪的装甲车。

除了装甲运兵车和步兵战车，伞兵战车、装甲侦察车、装甲指挥车、装甲通信车、装甲救护车、装甲扫雷车、装甲架桥车、装甲回收车、装甲抢救车等也是装甲车家族中的重要成员。它们在战争中各司其职，发挥着不可替代的作用。

本书将逐一介绍上述坦克与装甲车，力求帮助读者全面认识现代陆军的作战装备。通过阅读本书，你会对各类坦克与装甲车有一个全新的了解。由于时间和编者经验有限，书中难免有疏漏和不足之处，恳请专家和读者不吝赐教。读者可以使用手机扫码下方的二维码获取本书赠送的写真图片等资源。

目 录
CONTENTS

Chapter 01　坦克与装甲车漫谈 1

火力配置...2

防护性能...2

机动性能...3

三大传统要素的不断强化 4

信息技术的应用不断加强 4

轻型、多用途的装甲车辆大量出现 5

发展乘员和部队的训练设施与技术 5

Chapter 02　坦克 7

美国 M1 "艾布拉姆斯"主战坦克 8

美国 M4 "谢尔曼"中型坦克 11

美国 M26 "潘兴"重型坦克 13

美国 M60 "巴顿"主战坦克 15

美国 M46 "巴顿"主战坦克 17

美国 M47 "巴顿"主战坦克 18

美国 M48 "巴顿"主战坦克 20

美国 M41 "华克猛犬"轻型坦克 21

美国 M24 "霞飞"轻型坦克 23

美国 M-551 "谢里登" 轻型坦克 25

美国 M2 轻型坦克 26

美国 M3 "格兰特/李" 中型坦克 27

美国 M22 "蝉" 式空降坦克 28

美国 "黄貂鱼" 轻型坦克 29

美国/韩国 K1 主战坦克 30

美国/以色列 "萨布拉" Mk-1 主战坦克 32

美国/以色列 "萨布拉" Mk-2 主战坦克 33

俄罗斯 KV-1 重型坦克 34

苏联 T-10 重型坦克 36

俄罗斯 T-24 中型坦克 39

俄罗斯 T-26 轻型坦克 40

俄罗斯 T-28 中型坦克 41

俄罗斯 IS-2 重型坦克 42

俄罗斯 T-34 中型坦克 44

俄罗斯 T-35 重型坦克 47

俄罗斯 BT-7 骑兵坦克 49

俄罗斯 PT-76 两栖坦克 50

俄罗斯 T-54/55 主战坦克 51

俄罗斯 T-62 主战坦克 53

俄罗斯 T-64 主战坦克 55

俄罗斯 T-72 主战坦克 57

俄罗斯 T-80 主战坦克 60

俄罗斯 T-90 主战坦克 62

俄罗斯 T-95 主战坦克 64

德国 "豹 2" 主战坦克 66

德国 "虎王" 重型坦克 68

德国 "豹" 式中型坦克 69

德国 "豹 1" 主战坦克 71

德国"虎"式重型坦克 72

德国一号中型坦克 74

德国二号轻型坦克 75

德国三号中型坦克 76

德国四号中型坦克 79

德国 A7V 坦克 80

德国八号"鼠"式超重型坦克 82

德国四号"家具车"式防空坦克 83

德国四号"旋风"式防空坦克 84

德国四号"东风"式防空坦克 85

德国四号"闪电球"式防空坦克 86

德国/西班牙"兰斯"主战坦克 87

英国 A1E1"独立者"多炮塔坦克 89

英国"玛帝尔达Ⅰ"步兵坦克 90

英国"玛帝尔达Ⅱ"步兵坦克 91

英国"挑战者 2"主战坦克 92

英国"丘吉尔"步兵坦克 94

英国"谢尔曼萤火虫"中型坦克 95

英国"挑战者 1"主战坦克 97

英国"百夫长"主战坦克 99

英国"蝎"式轻型坦克 101

英国"酋长"主战坦克 102

英国"十字军"巡航坦克 104

英国"克伦威尔"巡航坦克 105

英国"彗星"巡航坦克 107

英国"维克斯"MK7 主战坦克 108

英国"小威利"坦克 110

英国维克斯 MK.E 轻型坦克 111

英国 Mark Ⅰ 坦克 112

意大利 M11/39 中型坦克..113

意大利 M13/40 中型坦克..114

意大利 M14/41 中型坦克..117

意大利 P-40 重型坦克..118

意大利 C1 "公羊" 主战坦克..119

法国索玛 S-35 中型坦克..122

法国 B1 重型坦克..123

法国 AMX-30 主战坦克..124

法国 AMX-56 "勒克莱尔" 主战坦克...126

法国 AMX-40 主战坦克..128

法国雷诺 FT-17 坦克...130

法国 FCM 2C 重型坦克..131

法国 FCM F1 超重型坦克...132

法国 ARL 44 重型坦克...133

法国 FCM 36 轻型坦克..134

日本 90 式主战坦克...135

日本 10 式主战坦克...137

日本 97 式中型坦克...139

瑞典 S 型主战坦克..140

瑞士 Pz61/ Pz68 主战坦克...142

西班牙 "豹 2E" 主战坦克...144

以色列 "梅卡瓦" 主战坦克...145

印度 "阿琼" 主战坦克...147

韩国 K2 主战坦克...149

土耳其 "阿勒泰" 主战坦克...151

克罗地亚 M-95 "堕落者" 主战坦克...152

德国 "豹" 2A7 主战坦克..153

Chapter 03　自行火炮 155

美国 M7 自行火炮 156

美国 M10 自行火炮 157

美国 M18 自行火炮 158

美国 M36 自行火炮 160

美国 M107 自行火炮 161

美国 M108 自行火炮 163

美国 M109 自行火炮 164

美国 M110 自行火炮 166

俄罗斯 ASU-57 空降自行火炮 168

俄罗斯 SU-122 自行火炮 169

俄罗斯 SU-85 自行火炮 170

俄罗斯 SU-100 自行火炮 171

俄罗斯 2S4 "郁金香树" 自行火炮 173

俄罗斯 2S5 "风信子" 自行火炮 174

德国三号自行火炮 175

德国 "灰熊" 式自行火炮 176

德国 "犀牛" 式自行火炮 178

德国 "野牛" 式自行火炮 179

德国 "黄鼠狼Ⅰ" 自行火炮 180

德国 "黄鼠狼Ⅱ" 自行火炮 181

德国 "黄鼠狼Ⅲ" 自行火炮 182

德国 "猎虎" 式自行火炮 184

德国 "蝗虫 10" 自行火炮 185

德国 "追猎者" 自行火炮 186

德国 pzh2000 自行火炮 187

英国 "阿基里斯" 自行火炮 189

英国 "射手" 自行火炮 190

Chapter 04　装甲车 **191**

美国 M8 轻型装甲车...192

美国 M3 装甲侦察车...193

美国 M20 通用装甲车..194

美国 T17 装甲车...195

美国 M2 半履带装甲车..196

美国 M3 半履带装甲车..197

美国 M38 "猎狼犬" 轻型装甲车.....................................198

美国 LVTP-5 两栖装甲车...199

美国 EFV 两栖装甲车...200

美国 AAV-7A1 两栖装甲车...201

美国 "斯特赖克" 装甲车...202

美国 M2 "布雷德利" 步兵战车.......................................204

美国 MPC 装甲车..206

美国 M1117 装甲车..207

美国 AIFV 步兵战车..208

美国 V-100 装甲车..210

美国 HMMWV 装甲车..211

美国 "水牛" 地雷防护车...213

美国 JLTV 装甲车...214

美国 AAAV 两栖突击车...215

美国 M728 战斗工程车...216

美国 M9 装甲战斗推土机..218

俄罗斯 BMD-1 伞兵战车...220

俄罗斯 BMD-2 伞兵战车...221

俄罗斯 BMD-3 伞兵战车...222

俄罗斯 BMD-4 伞兵战车...224

俄罗斯 BMP-1 步兵战车...226

俄罗斯 BMP-2 步兵战车 227

俄罗斯 BMP-3 步兵战车 228

俄罗斯 BTR-40 装甲车 230

俄罗斯 BTR-152 装甲车 232

俄罗斯 BTR-60 装甲车 234

俄罗斯 BTR-80 装甲车 235

俄罗斯 BRDM-2 两栖装甲侦察车 236

俄罗斯 BA-6 装甲车 237

俄罗斯"回旋镖"装甲运兵车 238

俄罗斯 IMR-2 战斗工程车 240

乌克兰 BTR-4 装甲运兵车 242

德国 RSO 轻型装甲车 244

德国 SdKfz 251 半履带装甲车 245

德国 SdKfz 250 半履带装甲车 246

德国"野犬"式全方位防护运输车 248

德国"美洲狮"步兵战车 250

德国"黄鼠狼"步兵战车 252

德国"拳师犬"装甲运兵车 254

德国 UR-416 装甲运兵车 256

德国 SdKfz 4 半履带装甲车 257

德国 SX45 轮式重型抢救车 258

法国 VBCI 步兵战车 259

法国 VBL 装甲车 261

法国 AMX-VCI 步兵战车 263

法国 AMX-10P 步兵战车 264

法国 AMX-30 战斗工程牵引车 266

加拿大 LAV-3 装甲车 268

加拿大 LAV-25 装甲车 269

意大利"菲亚特"6614 装甲车 270

意大利"半人马"装甲车...271

意大利 VBTP-MR 装甲车...272

意大利"达多"步兵战车...274

日本 89 式步兵战车...277

日本 96 式装甲运兵车...278

日本 LAV 装甲车...280

英国通用载具...281

英国"撒拉森"装甲车...282

英国"袋鼠"装甲车...283

英国"瓦伦丁"步兵战车...284

英国"黑王子"步兵战车...285

英国"武士"步兵战车...286

南非"蜜獾"步兵战车...288

英国路虎"卫士"越野车...289

南非"卡斯皮"地雷防护车.......................................291

以色列"阿奇扎里特"装甲车...................................292

以色列"沙猫"装甲车...294

土耳其"眼镜蛇"装甲车...295

瑞士"食人鱼"装甲车...296

巴西 EE-11 装甲车...298

瑞典 CV-90 步兵战车...299

阿根廷 VCTP 步兵战车...300

澳大利亚"野外征服者"装甲车...............................301

奥地利 4K 4FA 装甲人员运输车...............................302

德国 TPz-1"狐狸"装甲人员运输车.........................303

瑞典 / 南非"曼巴"Mk Ⅱ 装甲运输车.....................304

南非 RG-31"林羚"装甲运输车...............................305

美国 LARC-5 两栖货物运输车.................................306

荷兰 LBV"非洲小狐"多用途运输车.......................307

新加坡全地形履带式运输车 308

南非 RG–32M 装甲人员运输车 309

英国 "风暴" 装甲运输车 310

英国 FV432 装甲人员运输车 311

匈牙利 FUG 两栖侦察车 312

斯洛伐克 "短吻鳄" 轻型侦察车 313

巴西 EE–9 "卡斯卡维尔" 侦察车 314

英国 "鹰" 式装甲侦察车 315

西班牙 VEC 轮式骑兵侦察车 316

德国 "山猫" 侦察车 317

法国 AMX–10RC 侦察车 318

南非 "大山猫" 装甲车 319

英国 "费列特" 侦察车 320

英国 "萨拉丁" 装甲车 321

俄罗斯 MT–LB 多用途履带式装甲车 322

捷克斯洛伐克 / 波兰 OT–64C（SKOT）装甲运输车 323

英国 "撒克逊" 装甲人员运输车 324

比利时 "西布玛斯" 装甲人员运输车 325

参考文献 **326**

Chapter 01

坦克与装甲车漫谈

　　装甲战斗车辆,是指装有装甲及武器的军用或警用车辆,主要用于陆上战斗。在现代战场上,它是步兵的忠实伴侣,哪里有步兵,哪里就有装甲战斗车辆。

火力配置

　　火力是指装甲战斗车辆对目标构成的破坏能力。装甲战斗车辆配置的火力主要体现在主炮上面，由主炮的口径、射击精度、穿甲能力、射速等决定。

　　以坦克为例，目前世界上主要军事大国的坦克都采用105毫米、120毫米和125毫米3种口径的主炮。主炮的射击精度取决于火控系统的好坏，好的火控系统能够让坦克射击精度大大提高；主炮穿甲能力的重要性甚至高过坦克炮的射击精度。在海湾战争中，伊拉克的T-72坦克由于无法洞穿美军M1A1坦克的正面装甲，只能任由美军坦克宰割。

　　射速也是衡量主炮火力的一大指标，现在很多坦克都采用了自动装弹机，例如，T-90、ZTZ-99等，大大地提高了射速。美国M1A2坦克并没有装备自动装弹机，在射速上稍慢，但人工装弹的可靠性更高。

　　除了主炮之外，装甲战斗车辆通常还装有其他辅助武器。例如，以色列的梅卡瓦4主战坦克，在坦克上不仅安装有1挺7.62毫米口径的机枪，还安装了1门60毫米口径的内置迫击炮，用来攻击躲藏在障碍物后面的敌方目标。

防护性能

　　装甲战斗车辆的防护力和火力一样重要。由于装甲战斗车辆的主要任务是冲锋陷阵，因此极容易遭到对方各种武器的重点打击。如果没有强大的防护力，在现代战争的超强火力网中，装甲战斗车辆也只能是移动靶子而已，很容易被敌人的炮弹摧毁。

一般情况下，装甲战斗车辆正面装甲的防护力最强，侧面次之，后部、顶部和腹部最差，还有履带式装甲战斗车辆的履带，也是其弱点之一。

现代的大威力反装甲战斗车辆地雷，通常能炸断履带，甚至贯穿装甲战斗车辆腹部。重型反装甲战斗车辆导弹，往往也可以穿透装甲战斗车辆正面装甲，即便是威力稍差的反装甲战斗车辆火箭筒和轻型的反装甲战斗车辆导弹，也可以采取攻击侧面和后部的方式来击毁装甲战斗车辆。

另外，如155毫米榴弹炮之类的重型火炮，直接命中装甲战斗车辆或者在其近距离内爆炸，也可能摧毁装甲战斗车辆或利用爆炸产生的剧烈震动杀伤车内人员和破坏设备。

机动性能

机动能力是衡量装甲战斗车辆的重要指标之一，特别是装甲运输车这类以运输为主要任务的装甲战斗车辆。装甲战斗车辆的机动能力不仅直接影响装甲战斗车辆的战斗力，而且影响其生存力。在战争中，装甲战斗车辆的机动能力将直接决定战时部署速度和进攻推进速度。

装甲战斗车辆一般被用于野战，这就要求装甲战斗车辆具备很强的越野能力，包括越野速度、垂直越高、越壕宽度、涉水深度等。越野速度作为评价装甲战斗车辆越野能力的重要数据之一，当然是越快越好。

　　现代的装甲战斗车辆在机动能力上都非常强劲，不仅在战壕的通过能力、矮墙攀越能力上非常出色，而且能够通过水深较大的地区，这在战时是非常重要的。

三大传统要素的不断强化

　　未来装甲战斗车辆的火力、机动力、防护力将主要依赖于高技术条件下的新材料及能量发生、控制和运用技术。例如，采用先进的材料技术研究高性能的炮钢、穿甲弹芯、轻重量的穿甲弹丸弹托将对改进装甲战斗车辆的武器性能有很大的潜力；在坦克动力、传动装置研制中应用耐高温的结构材料、高温润滑剂、高性能的电磁材料，为发展高比功率（衡量汽车动力的一个综合指标，具体指发动机最大功率与汽车总质量之比）的发动机、电传动推进装置创造了有利的条件。

　　此外，先进的金属与非金属材料、隐形材料为提高坦克的防护能力奠定了基础。

信息技术的应用不断加强

　　未来地面战场的信息化已是明确的、不容置疑的趋势。在高技术战场上，缺乏现代化信息处理、交换、显示、控制功能的坦克战斗力将会被严重削弱，甚至会遭到毁灭性的打击。因此，随着陆军与地面战场信息化的发展，信息技术已成为除火力、机动、防护之外坦克战斗力的第 4 大要素。

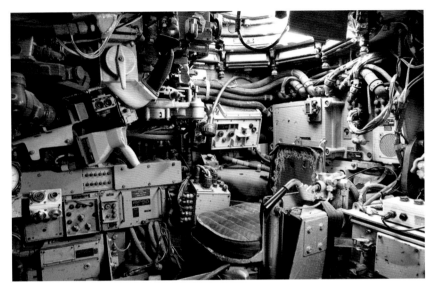

坦克内部

轻型、多用途的装甲车辆大量出现

轻型、多用途的装甲车辆有两个主要优点：一是它们能较广泛地适合各种强度的未来局部战争的需要，从低强度冲突到高强度局部战争，都离不开它们；二是它们比主战坦克更便于变形为一系列的战斗、战斗支援、工程与后勤支援的装甲车族，具有良好的通用性及性价比。

在未来高技术局部战争环境下，作战区域、冲突强度将有明显的多重性与复杂性，而轻型、多用途的装甲车辆对此有良好的适应能力。

发展乘员和部队的训练设施与技术

未来战场武器的高技术化发展，突出了人—武器全系统优化的重要性。武器越现代化，对人员的训练保障要求也越高。未来坦克装甲车辆采用的复杂的设备及在高技术条件下诸兵种协同作战的复杂性，增大了乘员和部队的训练作用及训练难度。

此外，在和平时期，大量兵员都处在预备役状态，如何经常性地训练他们掌握和熟悉复杂的兵器是各国军队都面临的突出问题。从战斗力系统工程观点来看，训练设施技术是坦克装甲车辆技术的一个重要组成部分。

装甲车在水中行进

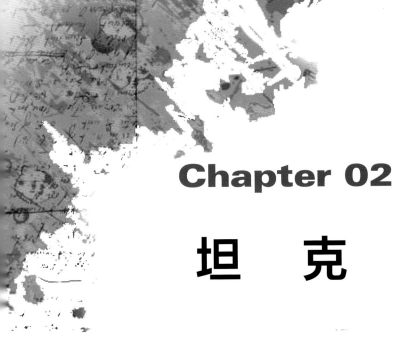

Chapter 02

坦　克

坦克主要由武器系统、火控系统、动力系统、通信系统和装甲车体等系统组成，是一种具有强大的直射火力、高度越野机动性和很强的装甲防护力的履带式装甲战斗车辆，主要执行与对方坦克或其他装甲车辆作战的任务，也可以用于压制、消灭反坦克武器，摧毁工事，歼灭敌方有生力量等。它诞生于一战，在二战中凸显威力，至今仍是各国陆军部队地面突击力量的主要装甲战斗车辆之一。

美国 M1 "艾布拉姆斯" 主战坦克

　　M1 "艾布拉姆斯" 主战坦克由美国克莱斯勒汽车公司防务部门研制，目前是美国陆军和海军陆战队主要的主战坦克。

火力配置

　　M1 主战坦克的初期型号使用的是 105 毫米口径线膛炮，但从 M1A1 开始，改用了德国莱茵金属公司的 120 毫米滑膛炮，即 M256 主炮。该炮可发射多种弹药，包括 M829A2 尾翼稳定贫铀合金脱壳穿甲弹和 M830 破甲弹。M829A2 穿甲弹在 1000 米的距离可穿透 780 毫米装甲，3000 米距离可穿甲厚度约为 750 毫米。

　　M1 主战坦克的辅助武器为 1 挺 12.7 毫米机枪和 2 挺 7.62 毫米并列机枪，其中 12.7 毫米机枪安装在电动旋转平台上，既可手动操作也可电动操作。

基本参数	
长度	9.78 米
宽度	3.64 米
高度	2.43 米
重量	63 吨
最大速度	72 千米/时
最大行程	465 千米
涉水深度	1.2~1.98 米
爬坡度	30°
越壕宽	2.743 米
最小转向半径	原位

装甲防护

　　M1 主战坦克的车体和炮塔都使用了性能先进的钢装甲包裹贫铀装甲的复

合式装甲，可有效对付反坦克武器。此外，该坦克还安装了集体式三防系统，具备核生化环境下的作战能力。在海湾战争中，M1A1 主战坦克可在对方目视范围内与伊拉克坦克交火，即便被伊拉克坦克击中也不容易被摧毁，甚至没有一辆美军坦克被伊拉克坦克正面火力所击穿。

机动性能

M1 主战坦克的发动机为 AGT–1500 燃气轮机，输出功率为 1103 千瓦。该发动机在工作时非常安静，相比其他普通发动机具有更好的隐蔽性。该发动机主要使用柴油和煤油作为燃料，也可使用汽油。发动机进气口在车体顶部，排气口在车体尾部。传动装置为底特律柴油机公司的 X–1100– 2B 全自动传动装置，由行星变速装置、液力变矩器、液压马达、液压泵和液压制动器等部件组成。该传动装置有 4 个前进挡和 2 个倒挡，可进行连续转向和空挡原位转向。

总体设计

M1 主战坦克是典型的炮塔型坦克，有 4 名乘员。车体前部是加强舱，中部是战斗舱，后部是动力舱。驾驶员位于车体前部，配有 3 具整体式潜望镜。装填手舱门上安装有 1 具可旋转的潜望镜，舱口有一环形机枪架。车内电台安装在炮塔壁左侧，便于装填手操作。炮塔内弹药大都放在炮塔尾舱内，装填手用膝盖控制一个杠杆能打开尾舱装甲隔门，收回膝盖，门自动关闭，并备以应急机械闭锁装置。

美国 M4 "谢尔曼" 中型坦克

M4 "谢尔曼" 坦克是美国在二战时期研制的中型坦克，尽管火力和防护力与同时期的德国坦克相比逊色不少，但在机动性和数量上占有较大优势。

火力配置

M4 "谢尔曼" 中型坦克装备 1 门 M3 型 75 毫米 L/40 加农炮，能够在 1000 米距离上击穿 62 毫米钢板。改进型 M4A3 换装 1 门 75 毫米 53 倍身管火炮，1000 米距离上的穿甲能力增强到了 89 毫米。该坦克的炮塔转动装置是二战时期最快的，转动一周的时间不到 10 秒。"谢尔曼"还是二战唯一装备了垂直稳定器的坦克，能够在行进中瞄准目标开炮。即使如此，该坦克的火力依然比不上德国"虎"式坦克和"豹"式坦克。

基本参数	
长度	5.85 米
宽度	2.62 米
高度	2.74 米
重量	30.3 吨
最大速度	42 千米 / 时
最大行程	161 千米
装甲厚度	13~76.2 毫米
爬坡度	30°
涉水深	0.91 米
越壕宽	2.3 米
过直墙高	0.61 米

▌▌▌► 装甲防护

M4"谢尔曼"中型坦克的正面和侧面装甲厚 50 毫米，正面有 47°斜角，防护效果相当于 70 毫米，侧面则没有斜角。炮塔正面装甲厚 88 毫米。德军四号坦克在 1000 米以外、"虎"式和"豹"式坦克在 2000 米以外，就能击穿"谢尔曼"的正面装甲。雪上加霜的是，"谢尔曼"坦克外形线条瘦高，早期型号高 2.8 米，改进型号高达 3.4 米，行进在战场上如同活靶子，是德军坦克的最佳目标。美军第 3 装甲师在诺曼底战役中共有 648 辆"谢尔曼"被击毁报废，另有 700 辆被击伤，修复以后重上战场，战损率高达 58%。

▌▌▌► 机动性能

从德军的大量"虎"式和"豹"式坦克被 M4"谢尔曼"中型坦克从侧翼击毁可以看出，"谢尔曼"的机动能力是相当不错的。"谢尔曼"的 373 千瓦汽油发动机是二战中最优秀的坦克引擎之一，这使得"谢尔曼"具有 47 千米/时的最高公路时速，十分有利于机动作战。"谢尔曼"的动力系统坚固耐用，只要定期进行最基本的野战维护即可，无须返厂大修。该坦克性能可靠，故障极少，出勤率大大高过德军坦克。"谢尔曼"的缺点在于汽油发动机非常容易起火爆炸，这个弊端使"谢尔曼"坦克获得了"朗森打火机"的绰号，因为这个打火机的广告语是"一打就着，每打必着"。

▌▌▌► 服役情况

在二战中，M4"谢尔曼"坦克在美国陆军和美国海军陆战队服役，也被同属同盟国的大英国协（包含澳大利亚和加拿大）、苏联、自由法国所使用。"谢尔曼"坦克的第一次参战是 1942 年 10 月的第二次阿拉曼战役，使用单位为英国皇家陆军第八军团。大英国协在欧洲战区也广泛地使用"谢尔曼"坦克来取代 M3 战车和其衍生车型，且在 1944 年成为装甲部队的主力，其他的坦克是于战争后期参战的"丘吉尔"坦克和"克伦威尔"坦克。

美国 M26 "潘兴" 重型坦克

　　M26 "潘兴" 重型坦克是专为对付德国 "虎" 式重型坦克而设计的，于二战末期装备美国陆军。

火力配置

　　"潘兴" 坦克装备的 90 毫米 M3 坦克炮穿透力极强，能在 1000 米距离上穿透 147 毫米厚的装甲，虽然比起德军 "虎王" 坦克和苏军 IS 系列坦克等重型坦克仍有一定差距，但已足够击穿当时大多数坦克的装甲。该坦克炮可使用曳光被帽穿甲弹、曳光高速穿甲弹、曳光穿甲弹和曳光榴弹，弹药基数为 70 发。火炮的方向射界为 360°，炮塔

基本参数	
长度	8.65 米
宽度	3.51 米
高度	2.78 米
重量	41.9 吨
最大速度	48.3 千米 / 时
最大行程	200 千米
乘员	5 人
战斗全重	41900 千克

旋转一周需 17 秒，高低射界为 −10° 至 +20°。该坦克的辅助武器是 1 挺 12.7 毫米高射机枪和 2 挺 7.62 毫米机枪，弹药基数分别为 550 发和 5000 发。

装甲防护

　　"潘兴" 坦克的车体为焊接结构，其侧面、顶部和底部使用的都是轧制钢板，而前面、后面及炮塔则是铸造的。车体前上装甲板厚 120 毫米，前下装甲板厚

76 毫米；侧装甲板前部厚 76 毫米，后部厚 51 毫米；后面上装甲板厚 51 毫米，下装甲板厚 19 毫米。炮塔前装甲板厚 102 毫米，侧面和后部装甲板厚 76 毫米，防盾厚 114 毫米。车内设有专用加温器，供驾驶室和战斗室的乘员取暖。

机动性能

"潘兴"坦克装载的发动机是由福特公司开发的 GAF 型 V 形 8 缸液冷汽油发动机，输出功率为 368 千瓦，转速为 2600 转 / 分，功率为 373 千瓦。该发动机的可靠性得到了很高的评价，被认为是装甲车的标准发动机。发动机因采用一种新型双室汽化器而降低了高度。"潘兴"的机动能力较德国"虎王"强很多，其公路速度为 48.3 千米 / 时，越野速度也达到 20 千米 / 时以上，公路行程达到 200 千米。

总体设计

M26 坦克为传统的炮塔式坦克，车内由前至后分为驾驶室、战斗室和发动机室。该车有乘员 5 人：车长、炮手、装填手、驾驶员和副驾驶员。驾驶员位于车体前部左侧，副驾驶员（兼前机枪手）位于右侧。炮塔位于车体中部稍靠前，为了使火炮身管保持平衡，炮塔尾部向后突出。车长在炮塔内右侧，炮手和装填手在左侧。指挥塔位于炮塔顶部右侧。炮塔顶部装有 1 挺高射机枪，炮塔正面中央装有 1 门火炮，火炮左侧有 1 挺并列机枪。

服役情况

M26 "潘兴"坦克于二战末期装备美国陆军，于 1943 年 4 月开始改造搭载 90 毫米炮的 T26 新型重型坦克。后来的 M26 就是 T26 的改良型 T26E3，这种车型勉强在二战结束前服役，1945 年 1 月投入实战 20 辆。比起高大的 M4 "谢尔曼"系列坦克，其低平而良好的防弹车形更具现代色彩，它的主炮威力和装甲厚度比起以往所有的美国坦克，都有飞跃性的提高。

美国 M60 "巴顿" 主战坦克

M60 "巴顿" 坦克是美国陆军第四代也是最后一代的 "巴顿" 系列坦克，一直服役到 20 世纪 90 年代初才从美军退役，目前仍有大量 M60 坦克在其他国家服役。

火力配置

M60 主战坦克装有 1 门 105 毫米线膛炮，该炮采用液压操纵，并配有炮管抽气装置，最大射速可达 6~8 发 / 分，可使用脱壳穿甲弹、榴弹、破甲弹、碎甲弹和发烟弹在内的多重弹药，全车载弹 63 发。其中脱壳穿甲弹的型号为 M392A2，炮口初速 1478 米 / 秒。M60 主战坦克的辅助武器为 1 挺 12.7 毫米防空机枪

基本参数	
长度	6.94 米
宽度	3.6 米
高度	3.2 米
重量	46 吨
最大速度	48 千米 / 时
最大行程	480 千米
装甲厚度	150 毫米
火炮俯仰范围	−10° ~ +20°
发动机功率	551 千瓦

和 1 挺 7.62 毫米并列机枪，分别备弹 900 发和 5950 发。此外，在该坦克炮塔的两侧还各安装有 1 组六联装烟幕弹 / 榴弹发射器。

装甲防护

M60 主战坦克的正面装甲防护厚度约为 150 毫米，并配有个人三防装置，每个乘员均有防护面具。此外，在该坦克的动力舱内还安装有二氧化碳灭火系统。

机动性能

M60 主战坦克的初级型号安装的是 AVDS–1790–2 V12 气冷式双涡轮柴油发动机，可用多种燃料，并使用 CD–850–6 十字驱动传动装置，扭杆悬挂，最大行驶速度为 48 千米 / 时，最大行程为 480 千米。

总体设计

M60 主战坦克是传统的炮塔型主战坦克，分为车体和炮塔两部分。驾驶员位于车前中央，驾驶舱有单扇舱盖。整体式铸造炮塔位于车体中央，M60A1/A2/A3 型车炮塔前部较尖，采用了细长的防盾，外部后方有储物筐篮。装填手位于炮塔内火炮左侧，车长和炮长居右侧，装填手配有 1 具可 360°旋转的 M37潜望镜，M19 车长指挥塔可手动旋转 360°，指挥塔四周装有 8 具周视观察镜。

美国 M46 "巴顿" 主战坦克

　　M46 "巴顿" 主战坦克是二战后美国研制的第一种坦克,也是第一代 "巴顿" 系列坦克之一。

火力配置

　　M46 "巴顿" 主战坦克和 M26 "潘兴" 坦克的主要区别是火炮、发动机和传动装置不同。火炮是 1 门 M3A1 型 90 毫米加农炮,带有引射排烟装置,但取消了火炮稳定器。发动机为 "大陆" AV-1790-5 型 V 形 12 缸风冷汽油机,在转速为 2600 转/分的功率为 595 千瓦。由于该发动机两排气缸

基本参数	
长度	8.48 米
宽度	3.51 米
高度	3.18 米
重量	44 吨
最大速度	48 千米/时
最大行程	130 千米
发动机功率	595 千瓦

的夹角为 90°,因而高度降低,给风扇提供了安装位置,进而保障了冷却的可靠性。此外,发动机还采用了两套独立的点火与供给系统,从而保证了发动机的可靠性。

机动性能

　　M46 "巴顿" 主战坦克的传动装置为艾利逊 CD-850-4 型液力机械传动装

置，由于采用了液力变矩器和双功率流转向机构，使坦克起步平稳，加速性能好，操纵轻便。操纵装置是单杆式的，无论变速还是转向，均使用 1 根操纵杆；同时，操纵装置也是复式的，驾驶员或其助手均可操纵。行动装置与 M26 坦克基本相同，在主动轮和后负重轮之间装有 1 个履带张紧轮。另外，在前负重轮处增加了 2 个减震器。

服役情况

M46 坦克唯一参加过的美军战役是 20 世纪 50 年代的朝鲜战争。1950 年 8 月 8 日，首批隶属于第六战车营的 M46 战车抵达韩国。1950 年年底，200 辆 M46 巴顿战车部署于朝鲜战场，大约占当地美国战车总数的 15%。M46 与 M46A1 巴顿战车的逐步抵达战场使美军在 1951 年能将剩下的 M26 战车撤离战区，并重新整备其他配备 M4A3 战车的单位。

美国 M47 "巴顿" 主战坦克

M47 "巴顿" 主战坦克是美国陆军第二代 "巴顿" 系列坦克之一，它是根据 M46 从一些局部战争中的实战经验而发展出的改良型。

火力配置

M47 坦克的主要武器是 1 门 M36 式 90 毫米火炮，该炮采用立楔式炮闩，炮口装有 T 形或圆筒形消焰器，有炮管抽气装置，M78 型炮架由防盾和液压同心式反后坐装置组成。炮塔可 360°旋转，火炮俯仰范围是 −5°~ +19°，有效反坦克射程为 2000 米，能发射如穿甲弹、榴弹、教练弹和烟幕弹等多种炮弹，炮管寿命是 700 发。车载 71 发炮弹，其中 11 发装在炮塔尾舱内待用。该坦克装甲厚度最大为 115 毫米，车内无三防装置。车身两侧各有 6 个负重轮和 3 个托带轮，诱导轮在前，主动轮在后，在第 6 负重轮和主动轮间有一可调式履带张紧轮。第 1、2、5、6 负重轮处装有液压减震器。

基本参数	
长度	8.51 米
宽度	3.51 米
高度	3.35 米
重量	44.1 吨
最大速度	60 千米 / 时
最大行程	160 千米
涉水深	1.219 米
爬坡度	30°
过直墙高	0.914 米
越壕宽	2.59 米
发动机功率	569 千瓦

总体设计

M47 "巴顿" 主战坦克是传统的炮塔型坦克，由车体和炮塔两部分组成。车体由装甲钢板和铸造装甲部件焊接而成，并带有加强筋，前部是驾驶舱，中部是战斗舱，后部是动力舱（发动机和传动装置）。驾驶员位于坦克左前方，其舱口盖上装有 1 个 M13 潜望镜，机枪手在驾驶员右侧，两人共用 1 个安全门和 1 个出入舱口。铸造炮塔位于车体中央，车长和炮长位于炮塔内火炮右侧，装填手在左侧，炮塔内后顶部装有带圆顶罩的通气风扇，装填手舱盖前部装有 1 个 M13 潜望镜。

美国 M48 "巴顿" 主战坦克

M48 "巴顿" 主战坦克是美国陆军第三代巴顿系列坦克，在"冷战"时期主要被当作中型坦克使用。

火力配置

M48 坦克的主要武器都是 1 门 M41 式 90毫米坦克炮，俯仰范围为 -9°~+19°，炮管前端有一圆筒形抽气装置，炮口有导流反射式制退器，炮闩为立楔式，有电击式击发机构，炮管寿命为700 发。M48A3 坦克装有炮弹 62 发，其中驾驶员左侧 19 发，右侧 11 发，炮塔底板水平放置 8 发，炮塔座圈周围竖立 16 发，炮塔内另有 8 发待用弹。主炮左侧安装 1 挺 7.62 毫米 M73 式并列机枪，车长指挥塔上安装有 1 挺 12.7 毫米 M2 式高射机枪，其俯仰范围为 -10°~+60°，并且能在指挥塔内瞄准射击。

基本参数	
长度	9.3 米
宽度	3.65 米
高度	3.1 米
重量	49.6 吨
最大速度	48 千米 / 时
最大行程	463 千米
发动机功率	560 千瓦
防护装甲	均制钢装甲
涉水深	1.2 米
炮管俯仰范围	-9°~+19°

装甲防护

M48 坦克的车头和车底均采用船身的圆弧形，炮塔是圆形的，不同部位的装甲厚度从 25 毫米到 120 毫米不等，因此具有相当好的装甲防护能力。

M48A2、M48A3 和 M48A5 坦克采用制式三防装置。

机动性能

M48 坦克采用 AV–1790–5B、7、7B、7C 几种汽油发动机和 CD–850–4、4A、4B 几种传动装置，燃料储备均为 757 升，M48、M48A1 坦克的最大行程仅为 113 千米。为提高最大行程，M48A2（M48 改进型）坦克改用 AV–1790–8 发动机和 CD–850–4D 传动装置。该发动机的特点是用新的燃料喷射系统取代了原来的汽化器，提高了燃油经济性。M48 无须准备即可涉水 1.2 米深，装潜渡装置潜深达 4.5 米。潜渡前所有开口均要密封，潜渡时需要打开排水泵。

总体设计

M48 坦克采用整体铸造炮塔和车体，车体前部是船形的，内有焊接加强筋，车体底甲板上有安全门。车体分前部驾驶舱、中部战斗舱和尾部动力舱，动力舱和战斗舱间用隔板分开。驾驶员位于车体前部中央，舱盖前部装有 3 具 M27 潜望镜，在驾驶员舱口转台上装有 1 具制式 M24 夜间驾驶双目红外潜望镜。车上有 4 个红外车灯，视距为 200 米，大多数车型还在主炮上方安装了红外 / 白光探照灯，最大视距是 2000 米。

美国 M41 "华克猛犬" 轻型坦克

M41 "华克猛犬" 坦克是美国在二战后不久开始研制，于 1953 年列入美军装备的轻型坦克。

火力配置

M41"华克猛犬"坦克装有 76 毫米 M32 火炮，该炮采用立式滑动炮闩、液压同心式反后坐装置、惯性撞击射击机构，可发射榴弹、破甲弹、穿甲弹、榴霰弹、黄磷发烟弹等多种弹药，弹药基数为 57 发。火炮左侧有 1 挺 7.62 毫米 M1919A4E1 并列机枪，炮塔顶的机枪架上还装有 1 挺 12.7 毫米 M2HB 高射机枪，其俯仰范围为 –10°~+65°。

装甲防护

M41"华克猛犬"坦克的车体由钢板焊接而成，前上甲板倾角 60°、厚 25.4 毫米，火炮防盾厚 38 毫米，炮塔正面前厚 25.4 毫米。车内无三防装置。该坦克的制式设备包括加温器、涉深水装置、电动排水泵。基型车未装夜视设备，但最后一批生产的车辆在火炮上方安装了红外探照灯。

机动性能

M41、M41A1（M41 改进型）轻型坦克采用大陆公司的 AOS-895-3 型 6 缸风冷汽油机，功率为 368 千瓦。发动机气缸水平布置，气阀为顶置式，每排 3 个气缸。AOS-895-3 汽油机装有 2 个汽化器，每个汽化器与一排气缸相通。传动装置采用艾利逊公司的 CD-500-3 十字形液力传动装置。行动部分每侧 5 个负重轮，独立式扭杆悬挂，并在第 1、2、5 负重轮位置安装液压减震器。履带是配有可拆卸橡胶衬垫的钢制履带板。

总体设计

M41"华克猛犬"坦克是美国第一种主动轮后置的轻型坦克，车体用钢板焊接，炮塔是铸造的。驾驶员位于车前左侧，使用 3 个 M17 潜望镜进行观察。车长、炮手位于战斗舱右侧，装填手在左侧，炮塔有一个向右打开的单扇舱盖。车长在指挥塔内使用 5 个观察镜和 M20A1 潜望镜进行周视。炮手使用 M20A1 潜望镜和 M97A1 瞄准镜进行观瞄。装填手有一个向前打开的单扇舱盖并使用 M13 潜望镜观察。

基本参数	
长度	5.82 米
宽度	3.2 米
高度	2.71 米
重量	23.5 吨
最大速度	72 千米 / 时
最大行程	161 千米
涉水深	1.016 米
爬坡度	30°
越壕宽	1.828 米
过直墙高	0.711 米

美国 M24 "霞飞" 轻型坦克

　　M24 "霞飞" 主战坦克是美国在二战中期开始使用的一种轻型坦克，主要用于取代 M3/M5 "斯图亚特" 轻型坦克。

火力配置

　　M24 轻型坦克的主炮为 75 毫米 M6 火炮，具备击毁德国四号坦克的能力。此外，该坦克还配有 2 挺 7.62 毫米机枪和 1 挺 12.7 毫米机枪作为辅助武器。

装甲防护

　　M24 坦克作为轻型坦克，其装甲较为薄弱，车身装甲厚度为 13~25 毫米，炮塔为 13~38 毫米。德国坦克和反坦克武器可以较轻松地将其摧毁，甚至单兵反坦克武器也可将其击穿。

基本参数	
长度	5.56 米
宽度	3 米
高度	2.77 米
重量	18.4 吨
最大速度	56 千米 / 时
最大行程	161 千米
爬坡度	31°
涉水深	1.02 米
过直墙高	0.91 米
越壕宽	2.44 米

⬛⬛⬛▶⭐ 机动性能

　　M24 轻型坦克采用 2 台凯迪拉克 44T24 V8 水冷四冲程汽油发动机，输出功率为 164 千瓦，采用液力机械式传动装置和独立扭杆式悬挂装置，最大行驶速度为 56 千米 / 时，最大行程为 161 千米。

⬛⬛⬛▶⭐ 总体设计

　　M24 轻型坦克采用的是传统的美国坦克总体设计，以及发动机后置，主动轮前置的单炮塔设计，其布置为：车长炮塔左侧，炮长炮塔左侧车长之前，装填手炮塔右侧，驾驶员车体左前，副驾驶车体右前。全车共有 5 个舱门，正副驾驶员各有 1 个大型舱门，而且舱门的打开不受炮塔位置的限制，炮长和装填手各有 1 个独立的舱门，车体底部有 1 个逃生舱口。

美国 M551 "谢里登" 轻型坦克

M551 "谢里登" 轻型坦克是美军专为空降部队研发的一种空降坦克，曾参加过越南战争、海湾战争等。

火力配置

M551 "谢里登" 轻型坦克的动力为通用汽车公司的 6V-53T 二冲程柴油发动机，车身两侧看似垂直，但其实是一层垂直的强化塑胶。其主炮为 152 毫米 M81，此炮能发射多用途强压弹 HESH、榴弹、黄磷发烟弹和曳光弹，还能发射 MGM-51A 橡树棍式反坦克导弹，辅助武器是 M73 同轴机枪和 M2 重机枪。M551 其中一个重要设计是可以用 C-130 "力神" 运输机空运和空投。

基本参数	
长度	6.3 米
宽度	2.8 米
高度	2.3 米
重量	15.2 吨
最大速度	70 千米/时
最大行程	560 千米
爬坡能力	56°
过直墙高	0.838 米
越壕宽	2.54 米

总体设计

M551 坦克车体用 7039 铝装甲焊接而成，驾驶舱在前，战斗舱居中，动力舱在后。驾驶员有安装 3 个 M47 潜望镜的单扇舱盖，在夜间驾驶时，中间 1 个可换成 M48 红外潜望镜。

美国 M2 轻型坦克

M2 轻型坦克是美国在太平洋战争初期使用的一款坦克。虽然只有少数 M2 轻型坦克参加战斗，但却是二战期间美国轻型坦克发展过程的重要一步。

火力配置

M2 轻型坦克主要有 M2A1（1935 年，10 辆）、M2A2（1935 年，239 辆）、M2A3（1938 年，72 辆）和 M2A4（1940 年，375 辆）4 种型号。M2A1 仅有 1 座装备 12.7 毫米机枪的单人炮塔，M2A2 装有 2 座各自安装 1 门 7.62 毫米机枪的双人炮塔，M2A3 主要加厚了装甲并提高了底盘，M2A4 改换装有 37 毫米炮的单人炮塔。该坦克通常有 4 名乘员，即指挥官、炮手、驾驶员和副驾驶员。

基本参数	
长度	4.43 米
宽度	2.47 米
高度	2.65 米
重量	11.6 吨
最大速度	58 千米 / 时
最大行程	320 千米
乘员	4 人
发动机功率	183 千瓦
装甲厚度	6~25 毫米

服役情况

1941 年 12 月前，M2 轻型坦克已经退出作战序列，成为训练坦克。即使这样，还是有几辆 M2A4 型坦克参加了瓜达尔卡纳尔岛战役。直到 1943 年，美国海军陆战队一直使用这些坦克与日军进行岛屿争夺战。英国在 1941 年早期订购了 100 辆 M2A4 型坦克，在送交 36 辆后该订单被取消了，因为英国更倾向于改进的 M3 轻型坦克。

美国 M3 "格兰特／李" 中型坦克

在二战中，美国生产的 M4 "谢尔曼" 中型坦克有着极大的名声。但在 M4 坦克诞生前，还有一种过渡性坦克也曾在战场上辉煌一时，这就是 M4 坦克的前身——M3 "格兰特／李" 中型坦克。

总体设计

M3 中型坦克的外形和结构有很多与众不同的地方，它的车体比较高，炮塔呈不对称布置，有 2 门主炮，车体的侧面开有舱门，3 层武器配置，平衡式悬挂装置，主动轮前置和车体上突出的炮座。该坦克最大的特点是有 2 门主炮：1 门是 75 毫米榴弹炮，装在车体右侧的突出炮座内；1 门是 37 毫米加农炮，装在炮塔上。

基本参数	
长度	6.12 米
宽度	2.72 米
高度	3.12 米
重量	27.9 吨
最大速度	34 千米／时
最大行程	193 千米
爬坡度	31°
过直墙高	0.61 米
越壕宽	2.3 米
涉水深	1.0 米

美国 M22 "蝉"式空降坦克

M22 坦克是美国于 20 世纪 40 年代研制的空降坦克，英国曾根据《租借法案》接收该坦克，并将其命名为"蝉"式。

机动性能

M22 坦克采用莱康明航空发动机和玛蒙·哈宁顿悬挂装置，坦克全重 7.4 吨，采用 119 千瓦的莱康明 O-435T 气冷式汽油发动机，最大时速为 56 千米，前部大角度倾斜装甲厚 13 毫米。坦克载油量 215 升，最大行程为 176 千米。该坦克的主要武器包括 1 门 M6 型 37 毫米炮和 1 挺 7.62 毫米同轴机枪，车前安装 2 挺 7.62 毫米航向机枪。该坦克标准乘员 3 人。英军为 M22 安装了烟幕发射装置，并在 37 毫米炮上试制安装了小约翰锥膛增压装置，使用钨芯穿甲弹，利用炮膛从 37~30.3 毫米的管径变化，炮弹的炮口初速可以达到 1200 米 / 秒（M6 型 37 毫米炮管进行了相应的缩短）。

基本参数	
长度	3.94 米
宽度	2.25 米
高度	1.84 米
重量	7.4 吨
最大速度	56 千米 / 时
最大行程	176 千米
乘员	3 人
装甲厚度	10~25 毫米
炮管俯仰范围	$-10°$ ~$+30°$

总体设计

由于美国陆军航空队和英国方面严格要求将坦克重量控制在 7.1 吨以内，因此 M22 原型所安装的射击稳定器、炮塔旋转动力装置、双航向机枪都被拆除，同时坦克也应用了很多新式组件，如 M6 型炮塔潜望镜、车长和炮手的独立舱门，改善了前部车体的防弹外形，并在悬挂装置处加装了加固横梁。

服役情况

马蒙·惠灵顿公司生产了 830 辆 M22 坦克，其中 570 辆装备美军，260

辉装备英军。然而，美军的 M22 一次也没有投入实战，倒是英军的 M22 坦克于 1945 年 3 月 24 日参加了莱茵河战役，参加作战的是英军的第六空降师，这是 M22 唯一一次投入实战的战例。二战之后，M22 空降坦克便退出了现役。

 # 美国"黄貂鱼"轻型坦克

"黄貂鱼"坦克是美国凯迪拉克·盖奇汽车公司设计的一款轻型坦克，原本是将其作为 M551"谢里登"轻型坦克的后继，但美国军方未采用，反而成功地外销 106 辆给泰国。

火力配置

"黄貂鱼"轻型坦克安装英国 L7A3 式 105 毫米超低后坐力炮。为了降低后坐力，公司设计、安装新型炮口制退器、抽气装置、火炮摇架和新式反后坐装置，这样，火炮后坐长度加大，耳轴最大受力由 34 吨降至 13.6 吨。该炮发射大约 105 毫米弹药和英国新研制的 H6/6 式尾翼稳定脱壳穿甲弹。弹药基数 36 发，炮塔内存放 8 发，其中 3 发是待发弹，其余均放在炮塔座圈底部的车体内，弹壳袋可储存弹壳 5 个。

基本参数	
长度	9.3 米
宽度	3 米
高度	2.7 米
重量	22.6 吨
最大速度	70 千米 / 时
最大行程	480 千米
发动机功率	393 千瓦
乘员	4 人
爬坡度	30°
越壕宽	2.13 米
涉水深	1.03 米

主炮左侧安装 1 挺 M240 式 7.62 毫米并列机枪，有待发弹 400 发，备份弹 2000 发，分装在 10 个弹药箱内。车长门外安装 1 挺 7.62 毫米或 12.7 毫米的高射机枪，有待发弹分别为 200 发和 100 发；12.7 毫米机枪的弹药基数为 1100 发。炮塔两侧各装 1 组 4 具电操纵的烟幕弹发射器，车内有 16 发烟幕弹。

机动性能

"黄貂鱼"轻型坦克采用底特律公司的 8V-92TA 涡轮增压柴油机，最大功率为 393 千瓦。发动机横置，配有 2 个涡轮增压器、鲁茨泵和中冷器。采用阿里逊公司的具有 4 个前进挡和 2 个倒挡的 XTG-411-2A 型液力机械变速箱。变矩器自动闭锁，变矩系数为 2.4，变速箱内装有行星齿轮转向机构。底特律公司还为该坦克专门设计了行星式侧传动装置，其减速比为 4∶1。燃油箱容量为 757L，位于战斗舱和动力舱之间。动力部分的冷却采用 3 台轴流式风扇。在环境温度为 49℃时，水散热器和机油散热器可保证冷却需要。空气进气口设在动力舱上方，排气口在车体右侧，并尽量降低废气的红外辐射。

总体设计

"黄貂鱼"轻型坦克的设计重量非常轻巧，可以用 C-130 运输机空运和空投，但拥有主战坦克的火力；车身和炮塔用薄钢板焊接，车身有 6 对车轮和 3 对托带轮，托带轮来自 M41 轻型坦克，而承载系统来自 M109 自行火炮。该坦克的弱点是装甲防护薄弱，车前只能抵挡 14.5 毫米重机枪子弹，而车侧只能抵挡 7.62 毫米步枪弹。

美国／韩国 K1 主战坦克

K1 坦克由美国通用公司和韩国现代公司联合研制，是韩国陆军目前的主要装备之一。

火力配置

K1 坦克使用 105 毫米主炮，外形酷似美军 M1 主战坦克。但 2001 年发布的改进型 K1A1 则使用了德国莱茵金属公司的 120 毫米滑膛炮，而且升级了火控系统。该坦克的辅助武器包括 2 挺 7.62 毫米同轴机枪和 1 挺 12.7 毫米防空机枪，并在炮塔前部的两侧各装有 1 组六联装烟幕弹发射器。

装甲防护

K1 坦克采用复合装甲，具备一定的动能弹和化学能弹防护能力。其外形尺寸也尽量紧凑，以降低中弹率。

机动性能

K1 坦克使用德国 MTU 公司的柴油发动机，输出功率为 882 千瓦，采用吊杆与气动混合式悬挂，最大行驶速度为 65 千米 / 时，最大行程为 500 千米。该坦克的悬挂系统可以让车轮做出"坐、站、跪"3 种坦克专业术语中的姿势。坐姿可以让坦克有较小轮廓外形，战场上更容易掌握道路控制权。站姿可让坦克有较高越野性能。前后跪姿可加大坦克炮管仰角或俯角，以便命中低洼地的目标或向上打位置较高的据点，甚至是低空飞机。K1 坦克还能攀爬仰角 60°以下的陡坡。

基本参数	
长度	7.67 米
宽度	3.6 米
高度	2.25 米
重量	51.1 吨
最大速度	65 千米 / 时
最大行程	500 千米
发动机功率	882 千瓦
乘员	4 人
炮管俯仰范围	−10°～+20°

衍生型号

1. 改进型 K1A1 主战坦克

1996 年年初，现代精密机械工业公司完成了第一辆 K1A1 主战坦克样车。K1A1 坦克的主要特点是用 120 毫米火炮代替 K1 坦克的 105 毫米火炮，外观上除了炮管显得粗一些、火炮根部有圆形护盾外，其他基本没有变化。其车宽、车高与 K1 主战坦克完全相同，只是车长 (炮向前) 由 7.67 米增至 9.71 米。K1A1 坦克还进行了其他一些改进，包括增强了装甲防护，战斗全重增至 53.2 吨。

2. 出口型 K1M 主战坦克

当 K1 坦克投产后，韩国就有了向外国出口的意图。为参与马来西亚主战坦克的竞争，韩国根据马来西亚的要求，对 K1 坦克进行了一些改进，K1M 坦克便是这种改进后的出口型坦克。

3. 变形车辆

目前，K1 系列主战坦克车族中的变形车辆主要有 K1 装甲抢救车和 K1 装甲架桥车。该车由韩国现代精密机械工业公司同德国马克公司合作，在 K1 坦克底盘的基础上研制而成。付给韩国陆军。

美国 / 以色列"萨布拉"Mk-1 主战坦克

　　"萨布拉"Mk-1 坦克是由以色列军事工业以美国 M60"巴顿"主战坦克改装升级而成的一款主战坦克。

总体设计

　　"萨布拉"Mk-1 主战坦克配备 IMI 公司的 120毫米主炮、改良的附加装甲，艾尔比特系统公司的"骑士"火控系统和自动灭火、抑爆系统、烟幕弹发射器。其行驶能力和越野机动性也在原 M60 的基础上有所改善，在无涉水装备下能潜行 2.4 米深。

基本参数	
长度	6.95 米
宽度	3.63 米
高度	3.27 米
重量	55 吨
最大速度	48 千米 / 时
最大行程	450 千米
涉水深	2.4 米

美国 / 以色列"萨布拉"Mk-2 主战坦克

"萨布拉"Mk-2 坦克是 M60"巴顿"主战坦克的另一种改进型，其在土耳其被称为 M60T。

机动性能

"萨布拉"Mk-2 坦克保留在土耳其服役的 M60"巴顿"主战坦克的 M19 指挥塔，空间大且配有 12.7 毫米机枪，而且还节省了制造成本。Mk-2 坦克还加装了车长独立热观察仪，安装了更强劲的 MTUKA-501 发动机和 304S 变速器，拥有 4 个前进挡和 2 个倒车挡。配有 746 千瓦引擎的

基本参数	
长度	6.95 米
宽度	3.63 米
高度	3.27 米
重量	59 吨
最大速度	55 千米 / 时
最大行程	450 千米
乘员	4 人
发动机功率	746 千瓦

Mk-2 坦克还能以优于 Mk-1 型的 55 千米 / 时速度行驶。此外，Mk-2 坦克还配有爆炸反应装甲。

俄罗斯 KV-1 重型坦克

KV-1 坦克是苏联 KV 系列重型坦克的第一种型号，以装甲厚重而闻名，是苏联红军在二战初期的重要装备。

火力配置

KV-1 重型坦克的早期型号装备 76 毫米 L-11 火炮，装甲厚达 75 毫米。车身前面原本没有架设机枪，仅有手枪口，但在生产型上加装了 3 挺 DT 重机枪。后期型号的主炮改为 76 毫米 F-32 坦克炮，装甲提升至 90 毫米，炮塔更换为新型炮塔，炮塔前部还设计了使敌军跳弹的外形。该坦克使用 12 汽缸 V-2 柴油发动机，最大速度可达 35 千米/

基本参数	
长度	6.75 米
宽度	3.32 米
高度	2.71 米
重量	45 吨
最大速度	35 千米/时
最大行程	335 千米
发动机功率	450 千瓦
推重比	9.7 千瓦/吨
乘员	5 人

时。由于装甲的强化，重量成为 KV-1 坦克的主要缺点，虽然不断更换离合器、新型的炮塔、较长的炮管，并将部分焊接装甲改成铸造式，但它的可靠性还是不如 T-34 中型坦克。

总体设计

KV-1 重型坦克车体和炮塔为轧制装甲板焊接结构，车体的装甲厚 30~75 毫米，炮塔装甲厚 35~90 毫米。驾驶员位于驾驶室中央，顶部有出入舱门，前面有 1 个能开启的观察窗，上有 1 具潜望镜。前机枪手在驾驶员的左方。炮塔内装有 1 门 L–11 型 76.2 毫米坦克炮和 1 挺并列机枪，另有 1 挺机枪装在炮塔后部。炮长位于火炮左侧，车长兼装填手在火炮右面，后机枪手在其之后，战斗时可辅助装弹。炮塔顶部有 1 个圆形出入舱门，前面有 2 个潜望镜，后面有 2 个展望镜。发动机为 1 台改进型的 V2K 水冷式 12 缸柴油机。传动装置位于发动机室，由变速箱、侧减速器等组成。行动装置采用独立的扭力轴悬挂系统和干销式履带推进装置。车体每侧有 6 个负重轮和 3 个托带轮，主动轮在后，诱导轮在前。

衍生型号

　　KV–2 重型坦克装备 1 门 M–10 152 毫米榴弹炮，因炮塔硕大失衡而被戏称为 "流动厕所"。KV–85 重型坦克装备 1 门 D5T 85 毫米火炮，由于性能达不到要求，所以在生产了 130 辆之后转产 IS–2 坦克。

KV–2 重型坦克

KV–85 重型坦克

俄罗斯 T-10 重型坦克

T-10 坦克是苏联于"冷战"时期研制的一款重型坦克，部署于隶属苏联陆军的独立坦克团以师级部队里的独立坦克营。

火力配置

T-10 坦克的主要武器为 1 门 47 倍口径的 122 毫米 D-25TA 坦克炮，火炮有 1 个双气室冲击式炮口制退器，没有稳定器。该炮全长 6450 毫米，重 2270 千克，炮闩为开口向右的半自动横楔式。火炮方向射界为 360°，高低射界为 -3°~+17°，车体尾部有一个炮管行军固定器。730 工程和 T-10 的早期生产型都没有火炮抽烟设备，但随后生产的都在炮口附近加装了抽烟筒。

T-10 坦克的辅助武器为 1 挺位于火炮右侧的 DShKM12.7 毫米并列机枪和 1 挺安装在装填手门前的 DShKM 高射机枪。机枪弹药基数为 1000 发，

基本参数	
长度	9.87 米
宽度	3.56 米
高度	2.43 米
重量	52 吨
最大速度	42 千米/时
最大行程	250 千米
发动机功率	514 千瓦
过直墙高	0.9 米
越壕宽	3 米
涉水深	1.5 米

由 50 发金属弹链供弹。并列机枪射击口位于火炮防盾右部由炮长电动击发，而高射机枪则要由装填手从舱口探出身子手动击发。

机动性能

T–10 坦克的早期型号发动机为 1 台 V–12 12 缸 V 形水冷机械增压柴油机，转速为 2100 转 / 分，功率为 514 千瓦。V–12 是由 T–54 坦克上的 V–54 柴油机改进而来的。V–12 与 V–54 的不同点是当柴油机转速为 1700~1900 转 / 分，其相对增压压力不低于 22.3 千帕 (0.22 倍标准大气压)；喷油提前角不同；进、排气凸轮轴也不一样。大批量生产的 T–10 安装的是 V–12 的改进型——V–12–5 型。V–12–5 型的机械增压器安装在柴油机曲轴箱的前端，由曲轴驱动。因此，V–12–5 型的长度比 V–54 长了 317 毫米，超过了 T–10 动力室的宽度，不得不纵置安装。V–12–5 型的外形尺寸为长 1900 毫米，宽 1080 毫米，高 1029 毫米，重量约为 974 千克。V–12–5 型的缸径和冲程分别为 150 毫米和 180 毫米，气缸夹角为 60°，总排量为 38.88 升，转速为 2100 转 / 分，功率为 514 千瓦，标定转速下的油耗率为 258 克 / 千瓦·小时。V–12–5 型的主起动装置采用起动电机起动装置，备用起动装置采用空气起动装置，在驾驶室布置有用于空气启动的高压空气瓶。T–10 的发动机支架固定在车体侧装甲板上，以避免因底甲板过薄刚度不足而发生变形，导致发动机与传动装置的连接部分不能正常工作（IS–3 重型坦克就曾出现过类似的毛病）。

总体设计

T–10 重型坦克的主要作用是为 T–54/ 55 主战坦克提供远距离火力支援和充当阵地突破战车。T–10 坦克的总体布局为传统式，从前到后依次为驾驶室、战斗室和动力室。车体侧面布置有工具箱和乘员物品箱，带有两条钢缆绳，没有侧裙板，车尾上装甲板用铰链连接在下装甲板上，检修更换传动系统时可将其放下。

俄罗斯 T-24 中型坦克

T-24 坦克是苏联研发生产的一款中型坦克，其装甲在那个年代可称优良，但发动机和传动系统存在诸多问题。

火力配置

T-24 坦克的主武器是 1 门 45 毫米炮。它的车体内有 1 挺球架式 7.62 毫米 DP 轻机枪，炮塔内另有 1 挺，第 3 挺置于主炮塔上方的副炮塔内。

基本参数	
长度	6.5 米
宽度	3 米
高度	2.81 米
重量	18.5 吨
最大速度	25 千米 / 时
最大行程	140 千米

性能解析

改进后的 T-24 中型坦克虽然发动机的问题解决了，但其他方面仍存在诸多问题，所以它被苏军视为"不可靠的坦克"，因此只被用作训练使用。即便 T-24 是一部失败的作品，但它让坦克设计局获得了设计和生产坦克的最初经验，而这些经验在之后的研发中起到了至关重要的作用。

俄罗斯 T-26 轻型坦克

T–26 坦克是苏联红军坦克部队早期的主力装备，广泛使用于 20 世纪 30 年代的多次冲突及二战之中。

性能解析

T–26 坦克和德国一号坦克都是以英国"维克斯"坦克为基础设计的，两者底盘外形相似，但 T–26 坦克的火力大大高出一号坦克和二号坦克，甚至超过了早期三号坦克的水平。早期 T–26 坦克的主炮为 37 毫米口径，后期口径加大为 45 毫米。不过 T–26 坦克的装甲防护较差，没有足够能力抵抗步兵的火力，以致苏联巴甫洛夫大将得出"坦克不能单独行动，只能进行支援步兵作战"的"错误"结论。

服役情况

T–26 坦克于 1931 年正式定型，1932 年装备苏联红军。T–26 轻型坦克和 BT–7 快速坦克都是苏联红军坦克部队早期的主力装备，其生产量二战前其他各国的坦克生产都难以相比。

T–26 坦克的参战范例当属哈拉欣河战役，此外还包括西班牙内战和苏芬战争等。苏联卫国战争爆发初期，T–26 等旧式坦克在数量上还是红军的主要坦克装备。虽然 T–26 坦克性能较 T–34 等新型坦克大为逊色，但德国坦克数量大大少于苏联，而且性能优于 T–26 的 Ⅲ、Ⅳ 号坦克装备数量更少，所以苏联当时不存在装备性能落后的问题。但是由于苏联红军大部分指挥人员素质低下，再加上以坦克的分散使用对抗德军的坦克集群，以及暴露在德军步兵火力下缺乏协同的无谓冒进，使得 T–26 等坦克的数量损失巨大。

基本参数	
长度	4.88 米
宽度	3.41 米
高度	2.41 米
重量	10.5 吨
最大速度	36 千米 / 时
最大行程	225 千米
爬坡度	31°
涉水深	0.76 米
过直墙高	0.71 米
越壕宽	1.73 米

俄罗斯 T-28 中型坦克

T-28 坦克是苏联研制的一款中型坦克，主要用于支援步兵以突破敌人的坚强防线，它也被设计为用来配合 T-35 重型坦克进行作战，两车有许多零件可以通用。

▐▐▐★ 性能解析

T-28 中型坦克的中央炮塔可乘坐 6 人，炮塔上装备 1 门威力强大的两用 76.2 毫米火炮以及 3 挺 DT 机枪，其中 1 挺为同轴 DT 机枪，另外 2 挺分别配置在 2 个前部炮塔上。1938 年，苏军对该坦克进行了进一步的改进，用 26 倍口径身管的 L-10 型火炮取代了 16.5 倍口径身管火炮。改进后的坦克编号为 T-28Ob.1938。

基本参数	
长度	7.44 米
宽度	2.87 米
高度	2.82 米
重量	28 吨
最大速度	37 千米 / 时
最大行程	220 千米
乘员	6 人
装甲厚度	18~50 毫米

▐▐▐★ 服役情况

至 1940 年，T-28 坦克共装备了 4 个坦克旅，其中的 3 个坦克旅完全装备 T-28 中型坦克，第 5 重型坦克旅则混编了 T-28 中型坦克和 T-35 重型坦克。T-28 中型坦克参加的第一次战争是苏芬战争。由于严冬临近，加上芬兰军队反坦克作战能力的加强，使 T-28 坦克受到重大的损失，甚至是灭顶之灾。在芬兰军队博福斯 37 毫米反坦克炮和法制哈奇开斯 25 毫米反坦克炮的打击下，在中等作战距离（500 米以下）内，T-28 坦克显得不堪一击，被击毁或击伤的 T-28 坦克达 155 辆；触雷和被爆炸物击毁和击伤的达 77 辆；火灾损失 30 辆；沉没在沼泽地 21 辆；因机械故障损失 197 辆。以上共计损失 480 辆。有些 T-28 坦克参与了 1941 年冬季保卫列宁格勒和莫斯科的战斗，在 1941 年后，T-28 在红军服役的数量已极为稀少，并有少部分被敌军缴获使用。

俄罗斯 IS-2 重型坦克

基本参数	
长度	9.6 米
宽度	3.12 米
高度	2.71 米
重量	45.8 吨
最大速度	37 千米 / 时
最大行程	241 千米
爬坡度	31°
涉水深	1.3 米
越壕宽	2.48 米
过直墙高	0.99 米

IS-2 重型坦克是苏联 IS 系列坦克中最著名的型号，和 T–34/ 85 中型坦克一起构成了二战后期苏联坦克的中坚力量。

火力配置

IS-2 重型坦克的 122 毫米主炮身管长为 43 倍口径，装有双气室炮口制退器，采用立楔式炮闩、液压式助推机和液气复进机。火炮方向射界为 360°，高低射界为 –3°~+20°。该炮可发射曳光穿甲弹，弹丸重 25 千克，初速为 781 米 / 秒，根据二战结束后美国人的测试，在 100 米距离上穿甲厚度为 201 毫米，在 500 米距离上可以击穿 183 毫米厚的装甲。杀伤爆破榴弹的弹丸重 24.94 千克，最大射程为 14600 米。该坦克的辅助武器为 4 挺机枪：1 挺并列机枪、1 挺安装在车首的航向机枪、1 挺安装在炮塔后部的机枪和 1 挺安装在车长指挥塔上的 DShK 机枪。

装甲防护

IS-2 重型坦克的车体和炮塔的装甲板厚度分别为：车体前上装甲板倾角 70°，厚 120 毫米，侧面装甲板厚 89~90 毫米，后部装甲板厚 22~64 毫米，底部装甲板厚 19 毫米，顶部装甲板厚 25 毫米，炮塔装甲板厚 30~102 毫米。炮塔内安装有四氯化碳手提式灭火器。

机动性能

IS-2 重型坦克的发动机为 V–2–IS 型 V 形 12 缸水冷柴油机，在转速为

2000 转 / 分时功率为 377 千瓦。传动装置由机械式手操纵变速箱、二级行星转向机构及减速器等组成。变速箱为横轴式，有高、低速挡位，每个挡位又各有 4 个前进挡和 1 个倒挡，因而该变速箱共有 8 个前进挡和 2 个倒挡，有较大的变速范围，从而有利于提高坦克的平均行驶速度。二级行星转向机构在变速箱两侧各装有 1 个，均由 1 个行星排、1 个闭锁离合器和大、小 2 个制动器组成。驾驶员可根据路面和地形条件通过操纵杆分别操纵左、右两侧的行星转向机构，获得所需要的转向半径。行动装置采用扭杆悬挂装置和干销式履带，每侧的 6 个负重轮是全金属的，无橡胶轮缘。履带板为模锻钢件，它有 2 个啮合孔和 1 个诱导齿。履带通过调整装置来调整松紧程度。

 总体设计

　　IS–2 重型坦克的车体和炮塔分别采用铸造和焊接结构，配备 4 名乘员。武器采用 1 门 43 倍口径的 122 毫米火炮，使用曳光穿甲弹在 1000 毫米距离上垂直穿甲厚度为 160 毫米。车重 45.8 吨，底盘性能和 IS–1 大致相同。IS–2 坦克的重量和德国"黑豹"中型坦克（44 吨）是一个级别，但是整体性能却和更重的"虎"式坦克相当，火力更凌驾于"虎"式坦克之上，因此迫使德国不得不于 1944 年推出了火力、防护力更加强大的"虎王"重型坦克。

俄罗斯 T-34 中型坦克

　　T–34 坦克是苏联于 1940—1958 年生产的中型坦克，是二战期间苏联最好的坦克之一。

火力配置

基本参数	
长度	6.75 米
宽度	3 米
高度	2.45 米
重量	30.9 吨
最大速度	55 千米/时
最大行程	468 千米
爬坡度	30°
涉水深	1.11 米
越壕宽	3 米
过直墙高	0.73 米
乘员	4 人

T-34 中型坦克的主要武器最初是 1 门 76.2 毫米 M1939 L-11 型炮，1941 年时改为 76.2 毫米 F-34 长管型 41.5 倍口径的高初速炮，具有更长的炮管以及更高的初速，备弹 77 发。T-34/85 又改为 85 毫米 ZiS-S-53 坦克炮，备弹 56 发。除了主炮外，T-34 中型坦克还装有 2 挺 7.62 毫米 DP/DT 机枪，1 挺作为主炮旁的同轴机枪，另 1 挺则置于车身驾驶座的右方，初速为 662 米/秒。

装甲防护

T-34 中型坦克的车身装甲厚度都是 45 毫米，和德国的三号、四号坦克相当，但正面装甲有 32°的斜角，侧面也有 49°。炮塔是铸造而成的六角形，正面装甲厚度为 60 毫米，侧面也为 45 毫米，车身的斜角一直延伸到炮塔，因此 T-34 从正面看几乎是一个直角三角形。该坦克有 45 毫米厚、32°斜角的正面装甲，防护能力相当于 90 毫米，而 49°斜角的侧面装甲也相当于 54 毫米。这样的正面装甲，直接导致 1941 年德国坦克装备的任何火炮在 500 米距离上都无法穿透。

机动性能

T-34 中型坦克的底盘悬挂系统是美国工程师克里斯蒂所发明的新式悬挂系统，可以让坦克每个车轮独立地随地形起伏，产生极佳的越野能力和速度。这项技术因为规格问题未被美军采用，反而被苏联买下专利，并应用于 T-34 中型坦克上，使得 T-34 中型坦克的越野机动性优于德军坦克，而宽履带的设计也将接地压力减至最低程度。T-34 中型坦克的最大行驶速度为 55 千米/时，满载弹药时 T-34 的时速仍可达 40 千米，最大行程则有 468 千米。该车可通过高 0.73 米的障碍、宽 3 米壕沟，爬坡度达 30°。在冰天雪地的东线战场，T-34 坦克可在雪深 1 米的冰原上自由驰骋，被德军称为"雪地之王"。

总体设计

T-34 坦克车体是焊接制成的，共分 3 部分，驾驶员和机电员位于车体前部，战斗舱在车体中部，车体后部装有发动机和传动装置。炮塔为铸造结构，位于车体中部上方。T-34/85 炮塔里有 3 名乘员，车长在左边，炮长在车长前下方，

装填手在右边。炮塔顶部后边有 2 个带圆顶盖的通风口。T-34/ 76 采用空间狭小的双人炮塔，一般为炮手兼任车长，其他也有装填手，甚至驾驶员兼任车长的情况，大大降低了战斗效率。后期随着 T-34/ 85 坦克无线通信设备的改善（同时增加 1 名无线电通信员），这个弱点才逐步消除。

俄罗斯 T-35 重型坦克

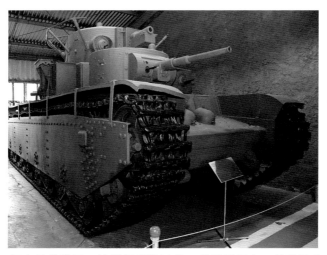

　　T-35 坦克是苏联于二战期间所设计的一款重型坦克，是世界上唯一有量产的 5 炮塔重型坦克，也是当时世界上最大的坦克。

火力配置

　　主炮塔是中央炮塔，在最顶层，装 1 门 16.5 倍口径的 762 毫米榴弹炮，携弹 90 发，另有 1 挺 7.62 毫米机枪。弹药基数为 96 发，弹种为穿甲弹和杀伤爆破弹，弹重均为 6.5 千克，穿甲弹的初速为 530 米 / 秒，杀伤爆破弹的初速为 381 米 / 秒，射速为 3~4 发 / 分。杀伤爆破弹配装杀伤引信时，破片的杀伤范围为 150 平方米；配装爆破引信时，在一般土壤上，可炸成直径 3 米、深 1.5 米的弹坑。下面一层有 4 个炮塔和机枪塔；2 个小炮塔位于主炮塔的右前方和左后方，2 个机枪塔位于左前方和右后方。

 装甲防护

T–35坦克为轧制钢板焊接结构，但有些部位为铆接结构，这反映出20世纪30年代坦克装甲结构的特点。别看它是45吨重的"铁罗汉"，可装甲防护力并不强，装甲厚度也就是20~50毫米厚的样子。多数部位的装甲厚度为20毫米，重点部位为30毫米。只是到了后期生产型，才将主要部位的装甲厚度提高到了50毫米。履带侧裙板的装甲厚度为10毫米，是较早采用侧裙板的坦克之一。

机动性能

T–35坦克的动力装置为1台M–17T型水冷V形12缸航空汽油机，最大功率为368千瓦，纵向布置。行动装置采用平衡式悬挂装置和小节距履带。每侧8个小直径负重轮中，每2个负重轮为一组，构成平衡悬挂。主动轮在后，诱导轮在前。履带板长度为526毫米，宽度为150毫米，履带着地长为6480毫米，两侧共有2×135块履带。坦克的最大速度为30千米/时，最大行程为150千米（燃油箱容量为910升）。

性能解析

T–35重型坦克的机动力低下和不可靠在实战中充分暴露了出来。所有的T–35重型坦克都在德国入侵苏联的巴巴罗萨行动初期被击毁或者俘获，然而大部分损失的T–35并非是被德军击毁，而是因为机械故障。虽然从外观上看，T–35坦克的体型巨大，但内部极为狭窄且多隔间。

总体设计

T–35坦克采用了传统的总体布置，即驾驶室在前，战斗室居中，动力舱在后。战斗全重50吨，乘员11人。车长9.72米，车宽3.2米，车高3.43米。由于布置了2层炮塔，自然显得"人高马大"，这一点有悖于T系列坦克的传统做法。车底距地高为530毫米，比一般的坦克的车底距地高也要高一些。11名乘员中，车长1名，炮长和装填手各3名，驾驶员1名，机枪手2名，另有1名无线电手。11名乘员集中在车体内的中前部，显得十分拥挤。

基本参数	
长度	9.72米
宽度	3.2米
高度	3.43米
重量	45吨
最大速度	30千米/时
最大行程	150千米
乘员	11人
爬坡度	20°
涉水深	1.2米
越壕宽	4.6米
过直墙高	1.19米

俄罗斯 BT-7 骑兵坦克

　　BT-7 坦克是苏联 BT 系列骑兵坦克的最后一种型号，于 1935—1940 年大量生产，其设计经验还成功地运用到更新型的 T-34 中型坦克上。

性能解析

　　为了克服装甲薄弱的缺点，BT-7 坦克的车体装甲使用焊接装甲，并加大了装甲板倾斜角度，以增强防护力。该坦克采用新设计的炮塔，安装 1 门 45 毫米火炮和 2 挺 7.62 毫米机枪。为使主炮和机枪能在夜间射击，坦克上增装了 2 盏车头射灯并在火炮上安装了 1 个遮罩。后来生产的 BT-7-2 型坦克还有 2 个牛角形的潜望镜。

基本参数	
长度	5.68 米
宽度	2.43 米
高度	2.29 米
重量	13.8 吨
最大速度	72 千米/时
最大行程	499 千米
乘员	3 人
推重比	23.8 千瓦/吨

总体设计

　　BT-7 坦克的首辆原型车拥有独特的倾斜椭圆形炮塔，主炮和同轴机枪都置于此炮塔上。设计规格要求该车能够在不对火炮结构做显著修改的情况下安装以下新型火炮：76 毫米 KT-26 或 PS-3 主炮，一种短身管榴弹炮；以及 45 毫米 1932/38 型 20K 火炮，一种长身管高初速火炮，能有效打击坦克，但反步兵效能低于 76 毫米炮。炮塔后部为一旋转滚筒式弹舱，可储存 18 发 76 毫米炮弹或安装 1 座无线电台。在原型车经历了 1934 年夏季和秋季的额外测试程序后，发现对于 1 辆乘员为 3 人的坦克来说机枪是没必要的，在考虑到其令炮塔的组装过程更加复杂时尤其如此。

 服役情况

BT 坦克在哈拉欣河战役中表现出色，尤其是装备新型 V-2 柴油机的 BT-7M 坦克，抗燃性好，可抵抗燃烧瓶的攻击。BT-7M 是 BT-7 的最后改型，后来定名为 BT-8。但在该战役中，BT 系列坦克损失也较大，原因仍是装甲太过薄弱。BT-7 主要有两种变形车，包括采用 76 毫米榴弹炮的 BT-7A 火炮支援型，以及 OP-7 喷火坦克。BT 系列坦克总产量约 8000 辆，其中 BT-7 达 4612 辆，BT-7M/BT-8 达 780 辆。BT-5、BT-7、BT-8 均参加了苏德战争，初期损失也十分惨重，但仍有部分幸存到战争后期,部署在远东的 BT 坦克还参加了 1945 年对日本的作战。

俄罗斯 PT-76 两栖坦克

PT-76 两栖坦克是苏联于二战后研制的一款两栖坦克，主要用于滩头攻坚和侦察等任务。

性能解析

PT-76 两栖坦克为钢铁焊接结构，车身呈船形而且阔大，其浮力储备系数约为 28.1%（对两栖车辆来说已算不错）。它和同期的其他两栖车辆相比，在推进方面要更加先进，采用了由发动机带动的喷水器，在水上行驶时把发动机输出动力全转移到喷水器（此时其履带不会有动力，其他两栖车辆则是靠履带划水前进），因此其水上速度比较快。

 总体设计

其炮塔为车长和装填手 2 人 1 组，车长要兼任炮手操作主炮瞄准开火，驾驶在车身前部中央。

基本参数	
长度	6.91 米
宽度	3.15 米
高度	2.33 米
重量	14.6 吨
最大速度	44 千米 / 时
最大行程	400 千米
乘员	3 人
发动机功率	180 千瓦

俄罗斯 T-54/55 主战坦克

T–54/ 55 系列坦克是有史以来产量最大的主战坦克，几乎参加了 20 世纪后半叶的所有武装冲突。直至今天，仍有 50 多个国家在使用 T–54/ 55 及其种类繁杂的改型。

火力配置

T–54 坦克的主要武器是 1 门口径为 100 毫米的线膛炮，该炮身长 5.6 米，最大射程为 16 千米，平均射速为 4 发 / 分。早期 T–54 坦克未装火炮稳定器，T–54A 型坦克则装有高低向火炮稳定器。该炮可发射榴弹、尾翼稳定破甲弹和曳光高速脱壳穿甲弹等，弹药基数 34 发。辅助武器为 2 挺 7.62 机枪和 12.7 毫米高射机枪，弹药基数分别为 3000 发和 500 发。而 T-55 坦克取消了 12.7 毫米高射机枪，携带 43 发炮弹和 3500 发弹药。

基本参数	
长度	6.45 米
宽度	3.37 米
高度	2.4 米
重量	39.7 吨
最大速度	55 千米 / 时
最大行程	600 千米
乘员	4 人
炮塔转动速度	48 度 / 秒

性能解析

T-54/ 55 系列坦克的机械结构简单可靠，与西方坦克相比更易操作，对乘员操作水平的要求也相对较低。T-54/ 55 坦克是一种相对较小的主战坦克，也就意味着在战场上提供给敌军的目标更小。这一坦克重量较轻、履带宽大、低温条件下启动性能好，而且还可以潜渡，这使得 T-54/ 55 坦克的机动性上佳。T-54/ 55 坦克庞大的生产数量和经久不衰的服役状况使得备件从来都不缺乏，而且相当便宜。T-54/ 55 坦克虽然与现代主战坦克相比十分老旧脆弱，但是如果加以改造，仍然可以显著提升战斗力和生存能力。T-54/ 55 坦克也拥有一些致命的弱点。较小的体型牺牲了内部空间以及乘员的舒适性。狭小的空间使得乘员操作碍手碍脚，减慢了操作的速度。炮塔太矮，使炮塔最大俯角仅为 5°（西方坦克多为 10°），所以对于山地作战常无能为力。由于 T-54/ 55 坦克的火炮稳定装置落后，因此这些坦克仅能在停车时进行稳定有效的射击。车内的火炮备弹缺乏防护，使得坦克在被击中后容易发生二次爆炸。

总体设计

T-54/ 55 系列坦克的布局与多数战后坦克没有太大区别。它的乘员座舱在车体前部，引擎舱在后，车体正中则装有 1 座半球状炮塔。其驾驶员座位在车体左前方，而后车长坐于左边，炮手坐于其前，装填手坐于其右。行走部分，驱动轮在后，路轮排在两侧，前第一个路轮与后四个的距离较大。排气管位于左挡泥板上。T-54 与 T-55 坦克在外形上极为相似（因为本质上就是同一种东西），难以辨认，很多 T-55 坦克就是由 T-54 坦克改装而来的。之所以这两种坦克常被称为 "T-54/ 55"，就是因为这种你中有我、我中有你的复杂状况。

俄罗斯 T-62 主战坦克

　　T-62 坦克是苏联继 T-54/55 坦克后于 20 世纪 50 年代末发展的新型主战坦克，其 115 毫米滑膛炮是世界上第一种实用的滑膛坦克炮。

火力配置

　　T-62 坦克的主要武器是 1 门 2A20 式 115 毫米滑膛坦克炮，高低射界为 -4° 30 '~+17°。发射炮弹后火炮自动回到 3° 30 仰角位置，以便于装弹。该炮配有自动抛壳机，可利用火炮后坐时储存的能量将射击后剩下的空弹壳抛出车外。该坦克的弹药基数为 40 发，正常配比为榴弹 17 发、脱壳穿甲弹 13 发、破甲弹 10 发。

　　该坦克的辅助武器是 1 挺 TM-485 式 7.62 毫米并列机枪，供弹方式 250 发弹箱，射速为 200~250 发 / 分。后期生产的 T-62 坦克装有 1 挺 12.7 毫米高射机枪，安装在装填手舱外，由装填

基本参数	
长度	9.34 米
宽度	3.3 米
高度	2.4 米
重量	40 吨
最大速度	50 千米 / 时
最大行程	450 千米
乘员	4 人
涉水深	1.4 米
潜渡深	5.0 米
越壕宽	2.7 米
发动机功率	426 千瓦

手在车外操作。另外，车内还备有 1 支 AK–47 式突击步枪、1 支信号枪和数枚手榴弹。

装甲防护

T–62 坦克的车体装甲厚度与 T–55 坦克基本相同，但为了减轻车重，车体顶后、底中和尾下等部位的装甲厚度有所减薄，同时采取特殊的冲压筋或加强筋等措施提高刚度。炮塔为整体铸造结构，流线型较好，防护力较 T–55 略有增加。动力舱和战斗舱都装有集中的溴化乙烯灭火装置，可以由安装在上述两舱中的 8 个热传感器自动触动灭火，也可以由车长或驾驶员手动操作。该坦克装有集体式防原子弹装置，但未装集体式防化学装置。与其他苏式坦克一样，T–62 坦克也装有热烟幕施放装置，能产生 250~400 米长的烟幕，可持续大约 4 分钟。

机动性能

T–62 坦克上安装的 B–55–5 发动机系 T–54 坦克的 B–54 发动机的改进型，与 T–55 坦克的 B–55 发动机基本相同，外形尺寸和安装位置没有太大变化，标定功率为 426 千瓦。T–62 坦克的传动装置也与 T–55 坦克的基本相同，仅作了局部修改。T–62 坦克仍采用扭杆悬挂，车体每侧有 5 个负重轮、1 个前置诱导轮和 1 个后置主动轮，在第 1 和第 5 负重轮位置处装有液压减震器。

总体设计

T–62 坦克车体为焊接结构，驾驶舱在车体前左，前右是弹药舱，车体中部是战斗舱，动力舱在车体后部。驾驶员有 1 个可向上升起并向左旋转打开的单扇舱盖，舱前有 2 个观察镜，靠左边的观察镜在夜间可换成 30°视场、60 米视距的 TBH–2 红外驾驶潜望镜。在驾驶椅后的车体底甲板上开有向车内打开的安全门。车体前上装甲板装有防浪板，板的右侧有 2 个前灯，靠左边的是白光灯，靠右边的是红外灯。炮塔为整体铸造结构，呈圆形，安装在车体中部。炮长在火炮左侧，车长位于炮长后上方，装填手在火炮右侧。车长和装填手各有 1 个舱口，舱盖为单扇结构，向后开启，可在垂直状态时闭锁。炮塔外部焊有供搭载步兵使用的扶手，炮塔顶部正后方开有 1 个抛壳窗。

俄罗斯 T-64 主战坦克

T-64 坦克是苏联在 20 世纪 60 年代研制的主战坦克，是苏联标准下第一款第三代主战坦克，在苏联及其解体后的多个独联体国家中服役。

火力配置

T-64 坦克最为突出的技术革新就是装备 1 门使用分体炮弹和自动供弹的 115 毫米滑膛炮（型号 2A21/ D-68，后升级为 125 毫米 2A26M 式），让坦克不再需要专职供弹手（副炮手），使乘员从 4 名减少到 3 名，有利于减少坦克体积和重量。2A26 式 125 毫米火炮通常发射 3 种不同类型的炮弹：一是尾翼稳定脱壳穿甲弹，初速为 1600 米 / 秒，最大有效射程为 2100 米，穿甲厚度为 335~375 毫米。二是尾翼稳定榴弹，初速 850 米 / 秒，最大直接瞄准距离为 2300 米。三是空心装药破甲弹，初速 900 米 / 秒。除发射普通炮弹外，该炮还可以发射 9M112 型炮射导弹，有效射程为 3000~4000 米，破甲厚度为 600~650 毫米。

基本参数	
长度	9.23 米
宽度	3.42 米
高度	2.17 米
重量	38 吨
最大速度	60.5 千米 / 时
最大行程	700 千米
乘员	3 人
爬坡度	31°
涉水深	1.4 米
潜渡深	5.5 米
越壕宽	2.72 米
过直墙高	0.8 米

装甲防护

T-64 坦克车体前部采用了复合装甲结构，T-64A 坦克的炮塔是整体铸造加顶部焊接结构，并列机枪射孔附近的炮塔壁厚约为 400 毫米，主炮两侧的间隙装甲中填有填料，顶装甲板厚度为 40~80 毫米不等，炮塔侧面装甲厚 120 毫米，后部装甲厚 90 毫米。

附加装甲是 T-64 坦克提高装甲防护的重要措施。在车体前下甲板装有推土铲，乘员舱内壁装有含铅防中子辐射的衬层，车体侧面装有张开式侧裙板。T-64B 坦克除采用新型复合装甲外，还在车体前上装甲部位和侧裙板上，炮塔的正面、侧面和顶部等部位，装有 111 块反应式装甲。T-64 坦克的三防装置与 T-72 坦克相同，还装有类似于 T-80 坦克的激光报警装置。

机动性能

T-64 坦克使用的是 2 冲程卧式 5 缸水冷涡轮增压柴油机，输出功率为 551 千瓦。传动装置与 T-72 坦克相同，为机械式行星变速箱，有 7 个前进挡和 1 个倒挡，采用液压式操纵系统。T-64A 坦克可以进行以任何一侧履带为中心的转向，但不具备原位转向能力。T-64 坦克采用液气式悬挂和扭杆弹簧。车体每侧有 6 个小直径负重轮，有 4 个单轮缘托带轮，仅托住履带板的靠车体的半边。诱导轮位置在前部，其直径与 T-72 坦克相同，主动轮在后部，齿圈上有 12 个齿。在第 1、2、5、6 对负重轮位置处装有筒式液压减震器。

总体设计

T-64 坦克的总体布置与 T-72 坦克大致相同，然而主要部件，例如，火炮型号、液气悬挂、履带、发动机和炮塔，均与 T-72 坦克不同。T-64A 型坦克的高度比 T-62 坦克低，火线高度大约下降 110 毫米，主要原因是该坦克采用了既小又矮的炮塔。车体用装甲钢板焊制而成。车内分为驾驶舱、战斗舱和动力舱三部分。驾驶员位于车体内前部中央，有 1 个向上抬向右旋开的单扇舱盖，舱前有观察潜望镜，前上装甲板两侧各有一个驾驶照明灯。

车体前上装甲板中央位置有 V 形凸起，其间有 3~4 条横筋，这样凸起可起防浪板作用。前下装甲板外装有推土铲，还备有安装 KMT 扫雷器的托架。车体两侧装有外张式侧裙板。炮塔为铸钢件，装在车体中部上方，中弹率高的正面面积窄小，炮塔呈卵形，顶视图呈盘状，高度比从前炮塔都矮。炮塔内有 2 名乘员，车长在右边，炮长在左边，因采用自动装弹机装填炮弹，故无装填手。

俄罗斯 T-72 主战坦克

T-72 坦克是苏联在 T-64 主战坦克的基础上研制而成的，是一种产量极大、使用国家众多的主战坦克。

火力配置

T-72 坦克的主要武器是 1 门 2A46 125 毫米滑膛炮，可发射包括尾翼稳定脱壳穿甲弹、破甲弹以及反坦克导弹在内的多种弹药，其中反坦克导弹的发射能力从 T-72B 坦克才开始具备。其穿甲弹的炮口初速可达 1800 米。T-72 坦克的辅助武器为 1 挺 7.62 毫米口径同轴机枪和 1 挺 12.7 毫米防空机枪，在坦克炮塔两边还装有多联装烟幕弹发射器。

基本参数	
长度	6.9 米
宽度	3.36 米
高度	2.9 米
重量	46.5 吨
最大速度	80 千米 / 时
最大行程	450 千米
涉水深	1.2 米
潜渡深	5.0 米
爬坡度	31°
过直墙高	0.8 米
越壕宽	2.7 米

T-72 坦克的火控系统较差，在远距离上的命中精度不太理想，特别是发射反坦克导弹时，需要停车状态才能进行导引。T-72 坦克配有自动装弹机，装弹速度可达 6.5~7 发 / 秒，这使其具备了 6~8 发 / 分的高射速。

装甲防护

T-72 坦克的重点部位采用了复合装甲，最厚处达 200 毫米，装甲板的中间为类似玻璃纤维的材料，外面为均质钢板。该坦克还使用反应装甲，不过初期的苏联反应装甲虽能大幅提升坦克对成形弹头武器的防护能力，但是反应装甲的外层却容易被小口径武器贯穿从而引爆。T–72坦克的驾驶舱壁和战斗舱壁装有含铅的内衬，具备防护辐射和快中子流的能力。另外，该坦克也安装有集体式三防装置和自动灭火装置等设备。T–72坦克最为人诟病的缺陷是自动装弹机的炮弹存放在炮塔底下的圆形转盘中，当这里面的弹药被点燃引爆后，往往造成炮塔被炸离车体。

▐▐▐▐ ★ 机动性能

　　T–72坦克采用12缸V–46型发动机，输出功率为574千瓦。该坦克采用高强度扭杆悬挂装置，车体每侧有6个负重轮、3个托带轮、1个前置诱导轮、1个后置主动轮，在第1、2和第6负重轮位置处装有液压减震器。T–72坦克的最大行驶速度可达80千米/时，最大行程为450千米。该坦克具备一定的涉水能力，其潜渡设备由进气管、密封盖、排气阀、导航仪、排水泵等部件组成。

▐▐▐▐ ★ 总体设计

　　T–72坦克的车体用钢板焊接制成，车内分为前部驾驶舱、中部战斗舱和后部动力舱3部分。驾驶椅在车体前部中央位置，1名驾驶员位于车体顶装甲板上的舱口盖，可从车内开关舱盖。驾驶员开窗驾驶时，首先必须将火炮向一侧转动一定角度并加以固定；关窗驾驶时，昼间借助潜望镜、夜间借助红外或微光潜望镜观察。车体前上装甲板上有1个V形防浪板，并装有前灯，型号为"ФГ–125"。驾驶员两侧的车首空间存放可防弹的燃油箱。车体前下甲板上装有推土铲，平时起防护作用。车体两侧翼子板上有燃油箱和工具箱，车体后部还可以安装2个各200升柴油的附加油桶。

　　炮塔系铸造结构，呈半球形，位于车体中部上方，炮塔内有车长和炮长2名乘员。车长在炮塔内右侧，炮长在左侧，他们各有1个炮塔舱口盖。车长指挥塔采取双层活动座圈结构，可相对炮塔做同步反向旋转。战斗舱中装有转盘式自动装弹机，取消了装填手，战斗舱的布置围绕自动装弹机安排。整个战斗部分连同车体顶甲板前倾1° 30′，因此加大了火炮向前时的俯角，可达 –6°，而且火炮转向后方时俯角自动抬高3°，以避免与后部凸起部相碰。

俄罗斯 T-80 主战坦克

　　T-80 坦克是苏联在 T-64 主战坦克的基础上研制的主战坦克，外号"飞行坦克"，是历史上第一款量产的全燃气涡轮动力主战坦克。

火力配置

　　T-80 坦克的主要武器仍是 1 门与 T-72 坦克相同的 2A46 式 125 毫米滑膛坦克炮，既可以发射普通炮弹，也可以发射反坦克导弹，炮管上装有与 T-72 坦克 2A46 火炮相同的热护套和抽气装置。主炮右边装有 1 挺 7.62 毫米并列机枪，在车长指挥塔上装有 1 挺 HCBT 式 12.7 毫米高射机枪。该坦克的火控系统比 T-64 坦克有所改进，主要是装有激光测距仪和弹道计算机等先进的火控部件。

装甲防护

　　T-80 坦克的车体正面采用复合装甲，前上装甲板由多层组成，其中外层为钢板、中间层为玻璃纤维和钢板、内衬层为非金属材料，不计内衬层的总厚度为 200 毫米，与水平面成 22°夹角。车体前下装甲分为 3 层，总厚度为 80 毫

基本参数	
长度	9.72 米
宽度	3.56 米
高度	2.74 米
重量	46 吨
最大速度	65 千米 / 时
最大行程	580 千米
乘员	3 人
爬坡度	32°
过直墙高	1 米
越壕宽	2.85 米
涉水深	1.4 米

米的 2 层钢板和 1 层内衬层。除此之外，在前下装甲板外面还装有 20 毫米厚的推土铲。前下装甲板与水平面的夹角为 30°，包括推土铲在内的钢装甲厚度达到 100 毫米。T-80 坦克的炮塔前半圈和车体的前上装甲部位装有附加反应式装甲。此外，T-80 坦克还装有集体防护装置、烟幕弹发射装置和激光报警装置。

机动性能

　　与 T-64 坦克不同，T-80 坦克装有 1 台新型燃气轮机，是苏联采用燃气轮机的第一种主战坦克，标定功率约为 724 千瓦。发动机的排气口开在车体尾部装甲板上。T-80U 坦克采用了功率更大的 GDT-1250 燃气轮发动机。T-80 坦克的最大公路速度为 65 千米 / 时，越野速度不超过 50 千米 / 时。推进系统有 4 个前进挡和 1 个倒车挡。由于扭矩较大，T-80U 坦克的加速性能良好，速度从 0 加速至 40 千米 / 时只需 9 秒。

总体设计

　　T-80 坦克的总体布置与 T-64 主战坦克相似，驾驶员位于车体前部中央，车体中部是战斗舱，动力舱位于车体后部。为了提高对付动能穿甲弹和破甲弹的防护能力，车体前上装甲比 T-64 坦克又进一步改进，前下装甲板外面装有推土铲，还可以安装 KM-4 扫雷犁。炮塔为钢质复合结构，带有间隙内层，位于车体中部上方，内有 2 名乘员，炮长在左边，车长在右边，车长和炮长各有 1 个炮塔舱口。

俄罗斯 T-90 主战坦克

T-90 坦克是俄罗斯于 20 世纪 90 年代研制的新型主战坦克，于 1995 年开始服役，目前已经装备包括俄罗斯在内的多国军队。

火力配置

T-90 主战坦克采用 125 毫米口径滑膛炮，型号为 2A46M，并配有自动装弹机。该炮可以发射多种弹药，包括尾翼稳定脱壳穿甲弹、破甲弹和杀伤榴弹。为了弥补火控系统与西方国家的差距，该坦克还可发射 AT-11 反坦克导弹。AT-11 导弹在 5000 米距离上的穿甲厚度可达 850 毫米，而且还能攻击直升机等低空目标。尾翼稳定脱壳穿甲弹的型号为 3VBM17，该弹在 1000 米距离上着角 60°的情况下穿甲厚度超过 250 毫米。

基本参数	
长度	9.53 米
宽度	3.78 米
高度	2.22 米
重量	46.5 吨
最大速度	65 千米/时
最大行程	550 千米
乘员	3 人
涉水深度	5 米
发动机功率	750 千瓦
越壕宽	2.8 米
过直墙高	0.85 米

T-90 坦克的辅助武器为 1 挺 7.62 毫米并列机枪和 1 挺 12.7 毫米高射机枪，其中 7.62 毫米并列机枪一次可装弹 250 发，备弹 7000 发，12.7 毫米高射机枪备弹 300 发。

装甲防护

T-90 坦克的装甲防护包括复合装甲、爆炸反应装甲和传统钢装甲三种。

爆炸反应装甲安装于炮塔上，包括炮塔顶部，以抵御现在流行的攻顶导弹。炮塔前端还加装了 2 层复合装甲特别加强保护，这种复合装甲通常采用特殊塑料和陶瓷制成。T-90 坦克装有 Shtora-1 主动防御套件，在发现被敌方激光照射后，该防御套件会发出警告，并自动将炮口对准威胁来源。其红外线干扰装置可干扰多种反坦克武器的线性瞄准系统，并可自动发射可阻挡激光的烟幕弹。T-90 坦克还安装有三防系统和灭火装置等。

机动性能

　　T-90 坦克的发动机为由车里亚宾斯克拖拉机厂开发、乌拉尔机车车辆厂生产并升级的 12 缸柴油发动机，输出功率为 750 千瓦。该发动机相比燃气轮机经济性更好，相对 46.5 吨的车重，可为 T-90 提供 65 千米 / 时的最大速度。T-90 坦克在加挂外油箱之后最大行程可达 550 千米。它可以越过 2.8 米宽的壕沟和 0.85 米高的垂直矮墙，并能通过深达 1.2 米的水域，在经过短时间的准备之后，涉水深度可达 5 米。

总体设计

　　T-90 坦克车体前上装甲倾斜明显，装有附加装甲。炮塔位于车体中部，动力舱后置。通常在车尾装有自救木和附加油箱。发动机排气口位于车体左侧最后 1 个负重轮上方。顶部右侧装有 1 挺 12.7 毫米高射机枪。炮塔后部两侧安装有烟幕弹发射器。125 毫米炮两侧各有 1 个"窗帘"光电防御系统的箱式传感器。车体两侧各有 6 个负重轮，主动轮后置，诱导轮前置。行动装置上部遮有侧裙板，裙板靠车前端部分装有附加的大块方形装甲板。

俄罗斯 T-95 主战坦克

　　T-95 坦克是俄罗斯正在研制的主战坦克，由 T-90 坦克发展而来，2000 年曾对外公布宣称 2009 年量产，但至今未能证实是否量产。

火力配置

　　T-95 坦克装有世界各国主战坦克中口径最大的主炮，即 145 毫米滑膛炮，这预示着其射程更远、破坏力更大。它配备有新型自动装弹机和先进的火控系统，具备对昼夜移动目标完全自动跟踪、识别、选定目标等功能，大大缩短了从发现目标到射击的时间，提高了射击精度，而且操作简单，反应迅速。

　　据称，T-95 坦克在运动中射击的命中率接近于静止时射击的命中率。并且，T-95 坦克有发射制导弹药（射程为 6000~7000 米）的能力。

基本参数	
长度	9.72 米
宽度	3.56 米
高度	2.74 米
重量	55 吨
最大速度	65 千米/时
最大行程	700 千米
乘员	4 人
炮管俯仰范围	−5°~+14°
炮塔回转速度	20 度/秒

装甲防护

由于 T-95 坦克不设传统炮塔，只在车身后部装置了小口径自动炮塔，因而它有效地减少了车体正面面积，增加了坦克隐形能力。该坦克将安装新型爆炸式反应装甲，现役 120 毫米坦克炮都无法在 2000 米射程内正面贯穿它。加强了装甲防护的 T-95 坦克还能抵御装有串联弹头的反坦克武器的攻击。T-95 坦克还将安装主动防御系统。该系统由多用途小型雷达、反应迅速的防御弹药和专用计算机组成，主要任务是拦截、摧毁来自任何方向的以 70~700 米 / 秒速度飞行的各型来袭反坦克武器。

机动性能

T-95 坦克的动力系统经过大幅度改进后，已超过了西方最新型主战坦克的发动机功率。T-95 的发动机为 GTD-1250 型燃气轮机的改进型，具有更大的单位功率与加速性能，其速度比现被俄军士兵称为"飞行坦克"的 T-90 坦克还快，公路最大速度超过 65 千米 / 时，最大行程达 700 千米。它采用一种新型悬挂装置，不仅能确保其在高低起伏的地面上高速平稳地行驶，而且可任意调节车底距地面高度，具有优异的越野能力。

总体设计

T-95 坦克的车体为全焊接结构，驾驶员位于车体前部中央，其上方有 1 扇向右开的滑动式舱盖。舱盖上装有 3 具潜望镜。在需要时，中间的 1 具可换成微光或红外潜望镜。

T-95 坦克的底盘从 T-72 坦克的基础上发展而来，每侧有 6 个挂胶负重轮和 5 个托带轮，两侧履带均有张力调节油缸。动力传动装置位于车体后部，主发动机旁装有 1 台辅助发动机。发动机室顶采用封闭式盖板，排气口在车体尾部；进气口设在炮塔后方正中的位置，可提高进气的净化程度。从布置上看，全车从前往后，还是分成驾驶部分、战斗部分和动力系统三大部分。由于是无人炮塔，不用考虑人员的位置与安全，所以炮塔比 T-72 坦克的小了约 1/4，更加低矮。前部呈碟形扁平，炮塔正面倾角达到 70°，安装有复合装甲，防弹性能一流。炮的后部两侧各安装了 12 台烟幕弹发射器。

德国"豹2"主战坦克

　　"豹2"坦克是德国联邦国防军的主战坦克，被公认为当今性能最优秀的主战坦克之一，在同时代的西方主战坦克中拥有极为突出的外销业绩。

火力配置

　　"豹2"坦克使用莱茵金属公司的120毫米滑膛炮，炮管内膛表面进行了镀铬硬化处理，具有较强的抗疲劳性和抗磨损性，发射标准动能弹的寿命为650发。该炮主要使用尾翼稳定脱壳穿甲弹和多用途破甲弹，尾翼稳定脱壳穿甲弹型号为DM13，初速为1650米/秒，最大有效射程约为3500米。多用途破甲弹型号为DM12，初速为1143米/秒。"豹2"坦克的火控系统由光学、机械、液压和电子件组成，采用稳像式瞄准镜，具有很高的行进间对运动目标射击命中率。此外，

基本参数	
长度	7.69 米
宽度	3.7 米
高度	2.79 米
重量	62 吨
最大速度	70 千米/时
最大行程	470 千米
涉水深	1 米
潜渡深	4 米
过直墙高	1.1 米
越壕宽	3 米
发动机功率	1103 千瓦

该坦克还安装有激光测距仪、热成像仪以及多种其他电子设备。该坦克的辅助武器为1挺7.62毫米并列机枪和1挺7.62毫米高射机枪，并列机枪射速1200发/分，高射机枪高低界射界为−10°~+75°，2挺机枪一共备弹4754发。在"豹2"坦克的炮塔侧后部还安装有八联装烟幕发射器，两侧各1组。

装甲防护

　　"豹2"坦克安装有集体式三防通风装置，其空气过滤器可从外部更换，并

配有乘员舱灭火抑爆装置（从第 5 批生产型开始）。该坦克的车体和炮塔采用的是间隙复合装甲，车体前端为尖角形，并对侧裙板进行了增强。炮塔外轮廓低矮，具有较强的防弹性能。主炮弹药存储在炮塔尾舱，并用气密隔板将其和战斗舱隔离，在坦克中弹后不容易造成弹药殉爆。

▶ 机动性能

"豹 2"坦克采用 MTU 公司的 MB873Ka-501 柴油发动机，输出功率为 1103 千瓦。该发动机的转速为 2600 转 / 分，平均有效压力为 1.07 兆帕，从静止状态加速到 32 千米 / 时仅需 7 秒。该坦克使用扭杆悬挂，车体每侧有 7 个负重轮、4 个托带轮、1 个前置诱导轮、1 个后置主动轮和 1 个履带调节器。履带为 570A 型履带，宽为 635 毫米，节距为 183.5 毫米，寿命为 6400 千米，其上的橡胶衬垫寿命为 1600 千米。

"豹 2"坦克的机动性能较强，最大越野速度为 55 千米 / 时，公路速度达到 70 千米 / 时以上。在没有准备的情况下可通过 1 米深的水域，稍作准备后涉水深度可达 2.35 米，并可越过 1.1 米高的垂直矮墙和 3 米宽的壕沟。

▶ 总体设计

"豹 2"坦克车体由间隙复合装甲制成，分成 3 个舱：驾驶舱在车体前部，战斗舱在中部，动力舱在后部。驾驶员位于车体右前方，有 1 个向右旋转开启的单扇舱盖和 3 具观察潜望镜，其中间 1 具潜望镜可以更换成被动夜视潜望镜。驾驶舱左边的空间储存炮弹。炮塔在车体中部上方，车长和炮长位于右边，装填手位于左边。炮塔后部有 1 个可储存一部分炮弹的大尾舱；炮塔顶上有 2 个舱盖，右边 1 个是车长舱盖，左边 1 个为装填手舱盖；炮塔左边有 1 个补给弹药用的窗口。

德国"虎王"重型坦克

　　"虎王"坦克是德国在二战后期研制的重型坦克，又称为"虎Ⅱ"。该坦克参加了二战后期欧洲战场的许多战役，直到最后还参加了标志着欧洲战场结束的柏林战役。

火力配置

基本参数	
长度	7.62 米
宽度	3.76 米
高度	3.09 米
重量	69.8 吨
最大速度	41.5 千米/时
最大行程	170 千米
乘员	5 人
过直墙高	0.85 米
涉水深	1.9 米
越壕宽	2.5 米

　　"虎王"坦克采用了两种新型炮塔，首批 50 辆安装由保时捷公司设计的炮塔，之后的安装由亨舍尔公司设计的炮塔。其中，保时捷炮塔装备 1 门单节 88 毫米火炮（备弹 80 发），亨舍尔炮塔则装备双节式 88 毫米火炮（备弹 86 发）。这种火炮是二战期间德军装备的坦克炮中威力最大的一种，身管长达 6.3 米，可发射穿甲弹、破甲弹和榴弹，具备在 2000 米的距离上直接击穿美国 M4"谢尔曼"中型坦克主装甲的能力。除了主炮外，"虎王"坦克还安装了 3 挺 MG34/MG42 型 7.92 毫米机枪，备弹 5850 发，用于本车防御和对空射击。

装甲防护

　　"虎王"坦克的车体和炮塔为钢装甲焊接结构，正面装甲的厚度比"虎"式坦克加强了很多，并且防弹外形较好。其车身前装甲厚度为 100~150 毫米，侧装甲和后装甲厚度为 80 毫米，底部和顶部装甲厚度为 28 毫米。炮塔的前装甲厚度为 180 毫米，侧装甲和后装甲厚度为 80 毫米，顶部装甲厚度为 42 毫米。即使在近距离上，同时期内也很少有火炮能摧毁它的正面装甲。不过，"虎王"坦克的侧面装甲还是能被盟军坦克摧毁的。

机动性能

　　"虎王"坦克采用 HL230P30 型 V 形 12 缸水冷汽油机，传动装置为"奥尔瓦"401216B 型机械式变速箱，有 8 个前进挡和 4 个倒车挡。行动装置包括双扭杆独立式弹簧悬挂装置和液力减震器，车体每侧有 9 个直径 800 毫米的负重轮，分为两排交错排列。主动轮在前，诱导轮在后。"虎王"坦克有 2 种履带，即用于铁路运输的 660 毫米履带和 800 毫米战斗履带。由于重量极大，且耗油量大，"虎王"坦克的机动性能较差，最大公路速度为 41.5 千米 / 时。

服役情况

　　"虎王"坦克于 1944 年开始正式服役，其分发模式和"虎"式战车一样，分发至 4~5 个小单位来使用。其首次部署是 1944 年 6 月 11 日划归德国第 503 独立重装甲营"统帅堂"1 连的"虎王"，它于 1944 年 6 月 18 日在诺曼底首次参战。此后于 1944 年 8 月 12 日投入东线作战，首战为第 501 独立装甲营参与的争夺苏联维斯图拉河上巴拉诺夫桥头堡之战。在奥格莱德的战斗中，几辆"虎王"曾被数辆 T-34-85 伏击击毁，其中 1 辆被送往库宾卡博物馆展出至今。在德布勒森战役中，503 重坦营于匈牙利奋战，取得了 121 辆坦克、244 门反坦克炮、5 架飞机和 1 列火车的战果。

德国"豹"式中型坦克

　　"豹"式中型坦克是二战期间德国最出色的坦克之一，又称为五号坦克，主要在东线战场服役。

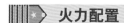 **火力配置**

"豹"式坦克的主要武器为莱茵金属公司生产的 75 毫米半自动 KwK42 L70 火炮，通常备弹 79 发 (G 型为 82 发)，可发射 APCBC–HE、HE 和 APCR 等炮弹。该炮的炮管较长，推动力强大，可提供高速发炮能力。此外，"豹"式坦克的瞄准器敏感度较低，击中敌人更容易。因此，尽管"豹"式坦克的火炮口径并不大，但却是二战中最具威力的火炮之一，其贯穿能力甚至比 88 毫米 KwK36 L56 火炮还高。"豹"式坦克还有 2 挺 MG34 机枪，分别安装于炮塔上及车身斜面上，用于扫除步兵及防空。

基本参数	
长度	8.66 米
宽度	3.42 米
高度	3.00 米
重量	44.8 吨
最大速度	55 千米 / 时
最大行程	250 千米
乘员	5 人
涉水深	1.8 米
越壕宽	2.45 米
过直墙高	0.9 米

装甲防护

"豹"式坦克的倾斜装甲采用同质钢板，经过焊接及锁扣后非常坚固。整个装甲只留有 2 个开孔，分别提供给机枪手和驾驶员使用。最初生产的"豹"式坦克只有 1 块 60 毫米的斜甲，但不久就加厚至 80 毫米，而"豹"式 D 型以后的型号更把炮塔装甲加强至 120 毫米，以保护炮塔的前端。"豹"式坦克的炮塔也采用倾斜装甲，内部空间狭小，但为车长设计了一个良好的顶塔。坦克两侧装有 5 毫米厚的裙边，以便抵挡磁性地雷的攻击。

机动性能

"豹"式坦克采用迈巴赫 HL230P30 V–12 汽油发动机，功率为 514 千瓦，以齿轮箱及掌控系统驱动。为了减少发动机故障，"豹"式坦克特别安装了调速器，以把发动机的转数下调至 2500 转 / 分。此外，调速器的安装也使得"豹"式坦克行进的速度由 55 千米 / 时下降至 46 千米 / 时。

服役情况

"豹"式坦克除了装备德军，还有少量输出到匈牙利、瑞典以及意大利等德国盟国，不过对于整个战争的进程并没有起到很大的作用。"豹"式坦克和苏联的 T–34 中型坦克是二战中最好的两种中型坦克。"豹"式坦克在德军中一直服役到战争结束。到 1947 年，法军的一个坦克营还装备有 50 辆"豹"式坦克。

德国"豹1"主战坦克

"豹1"坦克是由联邦德国于20世纪60年代研制的主战坦克,也是德国在二战后研制的首款坦克。

火力配置

"豹1"坦克的主炮为英国L7线膛炮,炮塔是带有弧度曲面组成的铸造件,炮塔两侧各有1个突出的光学测距仪,炮塔后方有个杂物篮,车顶有1挺由上弹兵操作的MG3防空机枪,而其同轴机枪也是MG-3。"豹1"坦克的射击控制由炮手全权负责,车长则专心搜索目标。找到目标后只需简单操作,炮塔就会自动转到目标方位,方便炮手瞄准开火。车长除了有360°观测窗之外,还有和炮手一样的操作设备,必要时也可以操作主炮进行瞄准开火。

基本参数	
长度	9.55 米
宽度	3.37 米
高度	2.62 米
重量	42.5 吨
最大速度	65 千米/时
最大行程	600 千米
乘员	4 人
无准备时涉水深度	1.2 米
潜渡深	4 米
越壕宽	3 米
过直墙高	1.15 米

装甲防护

"豹1"坦克车体装甲板较薄,只能防爆破榴弹弹片,在近战条件下,只能防口径在20毫米以下的武器。炮塔为铸造结构,具有较好的防弹外形,但装甲较薄,防护性较弱。为提高炮塔防护能力,从1975年开始,豹1A1坦克炮塔增加了屏蔽装甲,屏蔽装甲分成若干块,均附有橡胶衬里,分别装在防盾、炮塔体两侧和尾部框架外面。豹1A1坦克安装屏蔽装甲后,战斗全重增至42.5吨。豹1A2坦克的装甲防护力有所增强,豹1A3和豹1A4坦克均采用新设计的焊接炮塔。非均质炮塔装甲使这些坦克的防护力有了较大提高,炮塔结构也有所变化，取消了炮塔外部框篮，内部储存空间增加了 1.5 平方米，炮塔防盾为焊接件，呈楔形。

 机动性能

　　"豹 1"坦克的车轮为 7 对并以扭力杆式悬挂系统承载，其中除了第 4 对和第 5 对车轮之外，其余都有油压减震器。数目较多的车轮可以减少车高和接地压力。虽然"豹 1"坦克（42.5 吨）比 AMX–30（36 吨）要重，但由于使用了由 MTU 研发的 610 千瓦 MB838CaM–500 柴油发动机，故两者机动性能相差无几。

　　"豹 1"坦克可以涉水深 2.25 米（有准备时），若加上通气管可涉水深达 4 米（潜渡深度）。总的来说，"豹 1"坦克在机动力、火力和防护力三个方面都有均衡而良好的表现。

德国"虎"式重型坦克

　　"虎"式重型坦克是德国在二战期间研制的重型坦克，又称为"六号坦克"或"虎 I"，自 1942 年进入德国陆军服役至 1945 年投降为止。

火力配置

　　"虎"式重型坦克的主要武器是 1 门 88 毫米 KwK 36 L/ 56 火炮，电动击发，准确度较高，是二战时期杀伤效率最高的几款坦克炮之一。该炮可装载 3 种型号弹药：PzGr.39 弹道穿甲爆破弹、PzGr.40 亚口径钨芯穿甲弹和 HI. Gr.39 型高爆弹。"虎"式坦克所发射的炮弹能在 1000 米距离上轻易贯穿 130 毫米厚装甲。除了主炮外，"虎"式坦克还装有 2 挺 7.92 毫米 MG34 机枪。

基本参数	
长度	6.3 米
宽度	3.7 米
高度	3 米
重量	57 吨
最大速度	38 千米 / 时
最大行程	125 千米
乘员	5 人
越壕宽	2.3 米
过直墙高	0.79 米
爬坡度	35°

装甲防护

"虎"式坦克车体前方装甲厚度为 100 毫米，炮塔正前方装甲则厚达 120 毫米。两侧和车尾也有 80 毫米厚的装甲。在二战时期，这样的装甲厚度能够抵挡大多数近距离攻击，尤其是来自正面的反坦克炮弹。

"虎"式坦克的炮塔四边接近垂直，炮盾和炮塔的厚度相差无几，要从正面贯穿"虎"式的炮塔非常困难。"虎"式坦克的装甲是焊接而成的，外形设计极为精简，履带上方装有长盒形的侧裙。"虎"式坦克的薄弱地带在车顶，装甲仅有 25 毫米（1944 年 3 月增加至 40 毫米）。

机动性能

尽管为了增强装甲防护力和攻击力，"虎"式坦克适度地牺牲了机动性能，但并没有差到不可接受的地步。与美国 M4"谢尔曼"中型坦克和苏联 T-34 中型坦克相比，"虎"式坦克的机动性确实逊色许多，但在同时期的重型坦克中，"虎"式的机动性却名列前茅。由于"虎"式坦克的重量较大，通过桥梁非常困难，因此它被设计为可以涉水 4 米深。但入水前它必须准备充分，炮塔和机枪要密封并且固定在前方，坦克后部需要升起大型呼吸管，整个准备过程大约需要 30 分钟。

衍生型号

虎式坦克只有两种正式的型号——E 型和 H 型，但在生产过程中，改进始终在进行。早期生产的型号炮塔上的射击窗在中期生产的型号中改为了逃生舱口（也可用来上载弹药）；早期型炮手的 2 个视窗的窗盖的装甲在中期生产时得到了加强，在后期又改为了 1 个；早期的 2 个前灯在后期只剩了 1 个。后期生产的"虎 I"坦克的发动机也更换了。"虎 I"坦克装备了 2 种履带：窄履带，用于运输；宽履带，用于战场。为了方便"虎"式坦克的运输，加快装卸速度，还生产了它专用的列车。但由于其高昂的成本，从 1942 年 7 月到 1944 年 8 月末仅生产了 1355 辆"虎I"坦克。

德国一号中型坦克

一号坦克是德国于 20 世纪 30 年代研制的轻型坦克，在德国于二战初期的一连串闪电战攻势与胜利中占据相当重要的地位。

总体设计

一号坦克 A 型为轻型双人座坦克，车身装甲极为薄弱，且有许多明显的开口、缝隙以及缝合处，而引擎的马力也相当小。齿轮箱为标准的商用撞击式，共有 5 个前进挡和 1 个倒车挡。车身乘载系统外部有大型的横杠，自外部连接每个路轮的轮轴直到惰轮为止。履带的驱动轮位于前方，以至坦克底板下方有根传动轴从引擎经由驾驶员的脚旁连接到驱动轮。2 名乘员共用同 1 间战斗舱，驾驶员从车旁的舱门进入，而车长则由炮塔上方

基本参数	
长度	4.02 米
宽度	2.06 米
高度	1.72 米
重量	5.4 吨
最大速度	40 千米 / 时
最大行程	170 千米
涉水深	0.58 米
过直墙高	0.36 米
越壕宽	1.4 米
引擎功率	75 千瓦

进入。在舱盖完全闭合的情况下，车内乘员的视野极差，因此车长大多数的时候都要露出炮塔以求获得更佳的视野。炮塔是借助手来转动，由车长负责操控炮塔上的 2 挺机枪，共携有 1525 发弹药。

B 型换装了迈巴赫 NL38 TR 引擎，车体加长，发动机盖改为纵置式，每侧有 5 个负重轮（后 4 个装在平衡架上）和 4 个托带轮。C 型与 A、B 型在外形上完全不同，它的短粗车体上装有平衡式交错重叠负重轮并使用现代化的扭杆式悬挂。搭载改进的早期二号坦克炮塔，装有 EW141 机关炮 1 门和 MG34 机枪 1 挺，其中 EW141 为 20 毫米口径的反坦克速射炮。

 服役情况

第一辆量产的一号坦克于 1934 年 9 月装备部队，至 1935 年 7 月装备数量已经达到了 475 辆。最初，这些坦克被用于组成规模较小的装甲教导部队，以培训坦克手熟悉机械化的战争方式。战争爆发后，A 型坦克参加了波兰、法国战役。自 1940 年年末至 1941 年，A 型坦克开始逐步从一线部队撤装，它们最后的战斗完成在 1941 年的芬兰和北非。

德国二号轻型坦克

二号坦克是德国于 20 世纪 30 年代研制的轻型坦克，在二战中的波兰战役与法国战役扮演了十分重要的角色。

 火力配置

二号坦克的主要武器为 1 门 20 毫米机炮，它只能射击装甲弹，全车带有 180 发 20 毫米弹药和 1425 发 7.92 毫米机枪弹药。大多数车型都配备有无线电。二号坦克的承载系统设计十分特别，5

基本参数	
长度	4.8 米
宽度	2.2 米
高度	2 米
重量	7.2 吨
最大速度	40 千米 / 时
最大行程	200 千米
乘员	3 人
发动机功率	105 千瓦

个路轮分别安装在 1/4 椭圆的避振叶片上。前轮位于前方、惰轮则在后方，履带虽为窄型，但仍十分坚固。

 总体设计

二号坦克的车体和炮台由经过热处理的钢板焊接而成，前方装甲平均厚约 30 毫米，而后侧方装甲则为 16 毫米。发动机室位于车体后方，动力经由战斗舱传至前方 ZF 撞击式的齿轮箱，总计有前进 6 挡、倒车 1 挡，通过离合器以及刹车进行控制。驾驶座位于车身左前方，战斗舱上方为炮台，位置略往左偏。

德国三号中型坦克

三号坦克是德国于 20 世纪 30 年代研制的一种中型坦克，并广泛地投入在二战中。

火力配置

早期生产的三号坦克（A 型 ~E 型，以及少量 F 型）安装由 PAK36 反坦克炮所修改而成的 37 毫米坦克炮，以应付 1939 年及 1940 年的战事。后来生产的三号坦克 F 型 ~M 型都改装 50 毫米 KwK38 L/ 42 及 KwK39 L/ 60 型火炮，备弹 99 发。该炮虽然初速度仍然偏低，但也因此可以发

基本参数	
长度	5.52 米
宽度	2.9 米
高度	2.5 米
重量	22 吨
最大速度	40 千米/时
最大行程	155 千米
乘员	5 人
装甲厚度	30 毫米

射高爆弹药，而射程也超过英军的 2 磅炮。1942 年生产的 N 型换装 75 毫米 KwK37 L/ 24 低速炮（四号坦克早期所使用的火炮），备弹 64 发。辅助武器方面，A 型 ~H 型都使用 2 挺 7.92 毫米机枪，以及 1 挺在车身中的机枪。而从 G 型则开始使用 1 挺同轴 MG34 机枪以及 1 挺在车身上的机枪。

装甲防护

三号坦克 A 型 ~C 型均装上了以滚轧均质钢制成的 15 毫米轻型装甲，而顶部和底部分别装上了 10 毫米及 5 毫米的同类装甲。后来生产的三号坦克 D 型、E 型、F 型及 G 型换装新的 30 毫米装甲，但在法国战场中仍然无法防御英军 2 磅炮的射击。之后的 H 型、J 型、L 型及 M 型遂在坦克正后方的表面覆上另一层 30~50 毫米的装甲，这也导致了三号坦克无法有效地作战。

机动性能

三号坦克 A 型 ~ C 型采用 170 千瓦的 12 汽缸迈巴赫 HL 108 TR 发动机，而以后的型号使用 235 千瓦的 12 汽缸迈巴赫 HL 120 TRM 发动机，越野能力较强。早期各型装有 1 组预选式变速齿轮箱，提供前进 10 挡以及倒车 1 挡的功能。虽然该坦克操控性相比同时期的其他坦克高，但也使齿轮箱的结构变得很复杂，维修困难。之后的 H 型进行了改良，将复杂的 10 段变速齿轮箱改为 6 段的手动操作式，而履带也加宽以承受改装所增加的重量。悬吊系统采用裴迪南·保时捷所研发的扭力杆，比四号坦克所采用的板状弹簧复杂了许多。

服役情况

三号坦克在波兰战役、法国战役、北非战役、东线的战斗中都有使用。波兰战役爆发时，只有 98 辆极早期型的三号坦克（主要是 D 型）可以使用。因此，三号坦克在波兰战役中并未成为主力。一共有 350 辆三号坦克参与了法国战役，尽管当时 F 型已经投入生产，但大部分的三号坦克安装的还是无法有效击穿英法联军战车装甲的 37 毫米火炮。尽管如此，三号坦克仍是当时德军最好的坦克，而且性能远远超过了法国的 R35 坦克。

德国四号中型坦克

四号中型坦克是德国在二战中研制的一种中型坦克，是德国在二战中产量最多的一种坦克。

火力配置

四号坦克采用 1 门 75 毫米火炮，最初型号为 KwK 37 L/ 24，主要配备高爆弹用于攻击敌方步兵。后来为了对付苏联 T-34 坦克，便为 F2 型和 G 型安装了 75 毫米 KwK 40 L/ 42 反坦克炮，更晚的型号则使用了威力更强的 75 毫米 KwK 40 L/ 48 反坦克炮，该炮的威力仅次于德国 "虎" 式坦克的 88 毫米 KwK 36 L/ 56 坦克炮，可在 1000 米距离上击穿 110 毫米厚度的装甲。该坦克的辅助武器为 2 挺 7.92 毫米 MG 34 机枪，主要用于对付敌方步兵。

基本参数	
长度	5.89 米
宽度	2.88 米
高度	2.68 米
重量	23 吨
最大速度	40 千米 / 时
最大行程	300 千米
爬坡度	30°
涉水深	1 米
过直墙高	0.6 米
越壕宽	2.2 米

装甲防护

四号坦克有多种型号，其装甲厚度各不相同，A 型的侧面装甲厚度为 15 毫米，顶部和底部分别为 10 毫米和 5 毫米。虽然这样的装甲厚度非常薄弱，但是出于其反步兵的作战任务还是够用的。反坦克型的四号坦克装甲厚度得到了大幅增强，其中 B 型装甲厚度为 30 毫米，E 型达 50 毫米，H 型达 80 毫米。而且许多四号坦克还添加了附加装甲层，且常在车身涂上一层防磁覆盖物。

 机动性能

早期型号的四号坦克采用迈巴赫 12 缸 HL108 TR 发动机，输出功率约为170 千瓦，后期型号改为迈巴赫 12 缸 HL 120 TRM 发动机，输出功率为 235 千瓦，采用钢板弹簧悬挂系统，最大速度为 40 千米 / 时，最大行程达 300 千米。

服役情况

从战火未起到二战结束，德国总共生产逾 8800 辆四号坦克或其改造型。四号坦克参加了几乎所有的战役，而且极为可靠，没有像"豹"式坦克初期型号般有大量技术问题，被德军装甲兵昵称为"德意志军马"。四号坦克除了由德国自行使用，也出口至其他国家，甚至二战结束后仍有国家将其投入战争。

德国 A7V 坦克

A7V 坦克是德国研制的第一种坦克，在德国战车发展史上具有重要意义，但由于设计仓促且产量极低，该坦克对战局几乎没有任何影响。

基本参数	
长度	7.34 米
宽度	3.1 米
高度	3.3 米
重量	33 吨
最大速度	9 千米 / 时
最大行程	80 千米
乘员	18 人
发动机功率	298 千瓦

火力配置

A7V 坦克的主要武器是 1 门 57 毫米低速火炮，备弹 180 发 (后增加到 300 发)。火炮的高低射界为 ±20°，方向射界为左右各 40°。发射全装药弹时的初速为 487 米 / 秒，最大射程为 6400 米。辅助武器为 6 挺 "马克沁" 7.92 毫米重机枪，车体两侧各 2 挺，车体后部 2 挺，弹药基数为 18000 发。

机动性能

A7V 坦克以 2 台戴姆勒直列 4 缸、水冷汽油机为动力装置，发动机排量为 17 升，每台的最大功率为 75 千瓦，2 台为 150 千瓦。A7V 坦克的行动装置很有特色。它采用平衡式螺旋弹簧悬挂装置，每侧有 15 个小直径负重轮，每 5 个为 1 组，分 3 组，通过平衡轮轴架，再通过 8 个螺旋弹簧与车体相连。

总体设计

A7V 坦克为典型的箱式结构的坦克，在设计和总体布置上有许多独到之处。它没有严格的战斗室，车体前部有火炮和 2 挺机枪。发动机位于车体中部，车长和驾驶员席布置在发动机的上方，有固定的指挥塔，这使得 A7V 坦克的整车高度增加。发动机的动力通过传动轴传至车体后部的变速箱，带动主动轮旋转，推动履带前进。A7V 坦克只用 1 名驾驶员开车，而英国 Mark Ⅰ型坦克上有 4 名乘员来开车。由于 A7V 坦克上采用了螺旋弹簧式悬挂装置，乘坐舒适性上也比 Mark Ⅰ型坦克强。A7V 坦克的整个车体为铆接结构，但它只采用普通钢板，不是装甲钢板，其防弹性一般。前甲板的厚度为 30 毫米，侧甲板的厚度为 15 毫米，底装甲的厚度为 6 毫米。

德国八号"鼠"式超重型坦克

八号"鼠"式超重型坦克是德国在二战期间设计的最重型坦克之一，一共有2辆原型车问世。

性能解析

重量能够达 188 吨，表示八号"鼠"式超重型坦克的装甲相当厚实，车体前方 35°倾斜装甲就厚达 220 毫米。该车的主要武器为 1 门 128 毫米 KwK 44 L/ 55 大炮、75 毫米 KwK 44 L/ 36.5 同轴副炮。

就音源来说，发动机在运转时会发出低频音源，能引起环境中相符介质的共振；不过八号"鼠"式超重型坦克的发动机能够有效抑制己身的音源讯号传递而实现一定的隐身效果。

基本参数	
长度	10 米
宽度	3.7 米
高度	3.63 米
重量	188 吨
最大速度	13 千米 / 时
最大行程	160 千米
乘员	6 人
爬坡度	30°
越壕宽	3 米
涉水深	1.63 米

服役情况

"鼠"式超重型坦克只生产了 2 辆样车，还有 9 辆正在生产过程中。原计划生产 150 辆，但是由于二战的进程，"鼠"式坦克基本上没有发挥什么作用。"鼠"式坦克火力强大，防护坚固，但是它极差的机动能力几乎使它只能在原地作为固定的火力点，而且生产的比较晚，数量也很少，根本无法挽救第三帝国必然灭亡的命运。

德国四号"家具车"式防空坦克

四号"家具车"式防空坦克是德国二战中使用的一款防空坦克，由于它的独特方形炮塔，所以得到了"家具车"的称号。

性能解析

四号"家具车"式防空坦克是以四号中型坦克的底盘作为基础，配备了 1 个方形的中空炮塔而成的。炮塔的四面装上了 10 毫米的装甲（后来更替换成 20 毫米装甲），这些装甲可以随意地放下，让炮塔内的防空炮能 360°旋转，以扩大射击角度。炮塔的装甲可以完全合上，以便保护炮塔内的乘员，但此时它的火力便不能完全发挥，只能进行小型火力的攻击。

基本参数	
长度	5.92 米
宽度	2.95 米
高度	2.73 米
重量	24 吨
最大速度	38 千米 / 时
最大行程	200 千米
乘员	6 人
发动机功率	224 千瓦

总体设计

而其底盘所使用的装甲为 80 毫米厚的装甲。大多数的"家具车"式防空坦克都是使用四号坦克 H 型或 J 型的底盘，而这两款型号都没有装配回转装置，令炮塔无法自由转动。

 服役情况

1944 年 6 月 15 日，德国军方率先在陆军第九、第十一及第一百一十六这三个装甲师配备了这款防空坦克，并尽数送往西线战场抗击盟军。同年 7 月，第六、第十九装甲师也被分配了一定数量的"家具车"式防空坦克往东线战场。随后，德国军方在其余的装甲师中配备少量"家具车"式防空坦克。

在整场战争中，德国当局只生产了不足 300 架"家具车"式防空坦克。而一些后来研发的新式防空坦克如"旋风"式及"东风"式却更能兼顾乘员的安全及射击范围，这都使得"家具车"式防空坦克逐渐被淘汰。

德国四号"旋风"式防空坦克

四号"旋风"式防空坦克是由二战后期德军以四号中型坦克的底盘为基础研制出来的，用于取代"家具车"式防空坦克。

性能解析

四号"旋风"式防空坦克是以拆去炮塔的四号中型坦克的底盘为基础，安装了开放式九角形炮塔，并装备了 20 毫米 Flak 43 高射炮。其他方面和"家具车"式防空坦克相差无几。

总体设计

基本参数	
长度	5.89 米
宽度	2.88 米
高度	2.76 米
重量	22 吨
最大速度	40 千米 / 时
最大行程	200 千米
乘员	5 人
装甲厚度	10~80 毫米
发动机功率	221 千瓦

虽然顶部封闭式的设计可防止敌军投入手榴弹，但由于该车的 4 支高射炮在开火时会产生大量的浓烟，故采用开放式。由于 2 厘米子弹在跟 3.7 厘米子弹比较时被证实效用较低，所以"旋风"式自走防空炮最终被东风式自走防空坦克所取代。"东风"式自走防空坦克装备了 37 毫米 Flak 43 高射炮。装甲化和高射速的火力使它对攻击地面人员目标时也有不错的效果。

德国四号"东风"式防空坦克

四号"东风"式防空坦克是由二战后期德军以四号中型坦克的底盘为基础研制的自走防空坦克，因此也被叫作"东风式自走防空炮"。

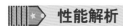
性能解析

　　四号"东风"式防空坦克使用四号中型坦克为底盘，炮塔换成开放式六角形炮塔，装备了37毫米 Flak 43 高射炮。除了本身作为防空武器外，其速射炮也是一种对抗轻型坦克、装甲车和小型防御工事非常有效的武器。虽然顶部封闭式的设计可防止敌军投入手榴弹，但由于该车在开火时会产生大量浓烟，所以还是采用了开放式。

基本参数	
长度	5.92 米
宽度	2.95 米
高度	3 米
重量	25 吨
最大速度	38 千米 / 时
最大行程	200 千米
乘员	5 人
装甲厚度	10~80 毫米
发动机功率	221 千瓦

总体设计

　　"东风"式防空坦克的炮塔采用六边形敞开式设计，可以 360°自由旋转射击，打击力较强。该炮的设计目的是替代原来火力较弱的 20 毫米自行高炮，以进一步增强防空能力，更好地为地面部队提供火力掩护。

德国四号"闪电球"式防空坦克

　　四号"闪电球"式防空坦克是德军在二战后期研制的，只有 5 辆被试制出来。与早期的防空坦克不同，它有一个全封闭式的可旋转炮塔。

性能解析

四号"闪电球"式防空坦克最开始的设计方案是安装修改过的 U 形潜艇的防空炮塔，并使用四号中型坦克的底盘，配备 30 毫米 MK303 布卢恩炮。然而，最终因为设计不切实际、布卢恩炮尚未研发完成而放弃，何况布卢恩炮原计划是要给德国海军所使用的。因此，四号"闪电球"式改为使用 2 挺 30 毫米的 Zwillingsflak103/ 38。四号"闪电球"式的炮塔被封闭，用以保护炮手，而炮塔本身可以 360°旋转。

基本参数	
长度	5.92 米
宽度	2.95 米
高度	3 米
重量	23 吨
最大速度	38 千米 / 时
最大行程	200 千米
乘员	5 人
发动机功率	224 千瓦

服役情况

四号"闪电球"式防空坦克于 1945 年 3 月开始生产，计划月产量 30 辆。但是由于奔驰公司和分包商斯坦林德斯公司的配合问题，到 1945 年 3 月只有 5 辆底盘交付。这其中也有战争局势的影响，另外四号坦克也基本上停产了。这批"球形闪电"对空坦克被运到奥德福，分配给了反坦克训练后备营，是否参加过实战不得而知，有种说法称它们参加了 1945 年 4 月德军西线最后的战斗，并全部损失。

德国 / 西班牙"兰斯"主战坦克

"兰斯"坦克是德国克劳斯 – 玛菲·威格曼公司为西班牙专门设计的主战坦克，其安装了与火炮配套的先进火控系统，具有行进间射击能力。

火力配置

"兰斯"坦克采用德国莱茵金属公司的 120 毫米滑膛炮。它带有热护套和抽气装置，最大有效射程为 4000 米，可发射曳光尾翼稳定脱壳穿甲弹和多用途曳光破甲弹。弹药存放在车体前部驾驶员右侧和炮塔尾舱左侧。该坦克在火炮左侧装有 1 挺 7.62 毫米并列机枪，在炮塔顶部装有 1 挺 12.7 毫米机枪，由装填手操纵，用于地面支援和防空，炮塔两侧各装 4 具 76 毫米威格曼公司的烟幕弹发射器。

基本参数	
长度	9.07 米
宽度	3.74 米
高度	2.5 米
重量	49 吨
最大速度	70 千米 / 时
最大行程	550 千米
爬坡度	31°
过直墙高	1.1 米
越壕宽	3 米
涉水深	0.85 米

装甲防护

"兰斯"主战坦克外形低矮，前部采用最新的特种装甲，可防动能穿甲弹和空心装药破甲弹；底甲板采用特种钢构件使靠近两侧部位得到加强，改善了对地雷的防护。动力舱和乘员舱内均装有火警探测和灭火抑爆系统。

机动性能

该坦克发动机采用德国 MTU 公司的 MB871Ka–502 型 V–8 柴油机，带有废气涡轮增压器和中冷器，标定功率为 895 千瓦。与之配套的是一种液力机械传动装置。该坦克采用扭杆悬挂，每侧有 6 个负重轮和 3 个托带轮，履带具有可更换的橡胶衬垫。

总体设计

该坦克采用传统布置，驾驶舱在前，战斗舱居中，发动机和传动装置在后。驾驶员位于车首左侧，配有 3 个前视潜望镜。装填手在炮塔内火炮左侧，车长在右侧，炮长在车长前下方。该坦克炮塔比"豹 2"坦克的小，前部两侧形状各异，防盾四周较倾斜，弹药补给窗口设在炮塔左侧，炮塔尾部有 1 筐篮，电台装在炮塔尾舱内。

英国 A1E1 "独立者" 多炮塔坦克

　　A1E1 "独立者" 坦克是英国于一战结束后设计的一款多炮塔坦克，它的设计影响了各国的坦克制造业。

性能解析

　　A1E1 "独立者" 坦克设计的目的是作为突破壕沟的坦克，除了车体中央的炮塔以外还安装了 4 座机枪炮塔。其火力自然非常猛烈，但缺点也非常多，其中包括：为了安装多炮塔导致坦克大型化、重量直线上升、机动力低落；为了减轻重量使得坦克无法安装厚重装甲；操作人员过多导致坦克内部指挥混乱；内部空间不足而使设备维修困难等。

基本参数	
长度	7.59 米
宽度	2.67 米
高度	2.72 米
重量	33 吨
最大速度	32 千米 / 时
最大行程	95 千米
发动机功率	257 千瓦
装甲厚度	13~28 毫米

　　总而言之，A1E1 "独立者" 多炮塔坦克是在对未来战争趋势错误估计之下的产物，由于堑壕战并非日后战争的主流，以这种战争形态设计出来的产品自然也就失去了立足之地。

英国"玛帝尔达 I"步兵坦克

"玛帝尔达 I"坦克是英国于二战期间使用的一款步兵坦克，目前有 3 辆被保存在波文顿坦克博物馆。

火力配置

由于设计思想的限制，其主要武器仅为 1 挺 7.7 毫米机枪，火力太弱。后来虽然换装了 12.7 毫米机枪，但由于原来的炮塔太小，乘员操纵射击很费劲。动力装置为福特 8 缸汽油机，最大功率仅为 51.5 千瓦，最大速度仅为 12.87 千米 / 时。行动装置采用平衡式悬挂装置，主动轮在后。

性能解析

基本参数	
长度	4.85 米
宽度	2.28 米
高度	1.86 米
重量	11.17 吨
最大速度	12.87 千米 / 时
最大行程	130 千米
过直墙高	0.61 米
越壕宽	2.1 米
涉水深	0.91 米
乘员	4 人

"玛帝尔达 I"步兵坦克的车身和炮塔对于当时的反坦克武器具有很好的防御作用。但是它的履带和行走部分则完全是裸露的，而且这些部分很容易受到攻击。另外，它的火炮没有任何反坦克能力，这更加限制了它在战场上的作用。炮塔内部没有安放无线电台的空间，车长必须进入车体内部才能使用无线电台。此外，车长还要操作机枪，同时给驾驶员引路。所以"玛帝尔达 I"步兵坦克的性能确实不敢恭维。

英国"玛帝尔达 II"步兵坦克

"玛帝尔达 II"是英国于二战期间生产的一款步兵坦克,与"玛帝尔达 I"步兵坦克外形相似,但是它们是两种完全不同的设计,完全没有共用组件。

火力配置

"玛帝尔达 II"步兵坦克的主要武器为 QF 型 2 磅火炮,口径为 40 毫米,身管长为 52 倍口径。尽管口径不大,但这种车载火炮是二战前夕英军中有一定威力的坦克炮。它既可以发射穿甲弹,也可以发射榴弹。弹药基数为 93 发。不过,由于火炮口径的限制,在二战的中后期,它已不能击穿德军坦克的主装甲。

基本参数	
长度	5.61 米
宽度	2.59 米
高度	2.52 米
重量	26.9 吨
最大速度	24 千米 / 时
最大行程	258 千米

1942 年中期之后,英军将"玛帝尔达 II"型坦克改装成各种特种车辆,如扫雷坦克、喷火坦克、架桥坦克等,一直使用到二战结束。由于穿甲威力不足,在"玛帝尔达 III"型坦克上,将主要武器换装为 76.2 毫米榴弹炮,但它只能发射榴弹和烟幕弹,不能发射穿甲弹,只能作为火力支援车辆使用。

装甲防护

"玛帝尔达 II"步兵坦克的设计包括装有 1 挺机枪及可转动炮塔(3 人炮塔),以及用 2 部现成的商业用引擎来提供动力。其中,坦克的炮塔计划采用铸造的生产方式，以确保良好的装甲防御。

 机动性能

"玛帝尔达 II"步兵坦克动力装置为 2 台 AEC 公司制造的直列 6 缸民用柴油机，每台的最大功率为 64 千瓦，最大总功率为 128 千瓦。2 台发动机为并联连接，通过齿轮汇总到一根输出轴将动力输出到变速箱。尽管是民用柴油机，但它是英国较早采用柴油机为坦克动力装置的尝试，这一点是有意义的。后来生产的"玛帝尔达 II"型坦克，换装为 2 台里兰直列 6 缸柴油机，总功率达到 140 千瓦。

英国"挑战者 2"主战坦克

"挑战者 2"主战坦克由英国阿尔维斯·威克斯研制，曾创下世界最远坦克击毁纪录。目前，"挑战者 2"坦克是英国陆军和阿曼皇家陆军主要的主战坦克。

火力配置

"挑战者 2"主战坦克的主炮采用的是 BAE 系统公司皇家军械分部制造的 L30A1 型 120 毫米线膛炮，该炮也曾在"挑战者 1"和"酋长"

基本参数	
长度	8.3 米
宽度	3.5 米
高度	3.5 米
重量	62.5 吨
最大速度	59 千米 / 时
最大行程	450 千米
发动机功率	895 千瓦
乘员	4 人

坦克上使用。它采用电炉渣精钢制成，可发射尾翼稳定脱壳穿甲弹和高爆破甲弹等多种弹药，坦克车内备弹 50 发。该坦克的辅助武器为 1 挺 7.62 毫米并列机枪和 1 挺 7.62 毫米防空机枪。

装甲防护

"挑战者 2"主战坦克的炮塔采用了第二代"乔巴姆"复合装甲，并安装有三防系统。在炮塔两侧各有 1 组五联装 L8 烟幕弹发射器，而且该坦克的发动机也可以制造烟幕。

机动性能

"挑战者 2"主战坦克使用的发动机为帕金斯 CV-12 柴油发动机，变速装置为戴维布朗 TN54 变速器，最大越野速度为 40 千米/时，公路速度为 59 千米/时。

总体设计

"挑战者 2"主战坦克是以"挑战者"为名的第三种车型。第一种车型是第二次世界大战时制造的 Mk VIII "挑战者"巡航坦克（克伦威尔坦克衍生型），而第二种车型则是现身于海湾战争的"挑战者 1"坦克。"挑战者 2"主战坦克采用了 TN54 传动装置、1533 数据总线、新型电子部件及新型火控部件。主炮为新型 L30 高膛压坦克线膛炮，能对付任何移动目标。弹药贮藏在炮塔底圈下面。装备有第 2 代"乔巴姆"装甲。

英国"丘吉尔"步兵坦克

"丘吉尔"步兵坦克是英国最后一种步兵坦克，也是二战中英国生产数量最多的一种坦克。

性能解析

"丘吉尔"步兵坦克的装甲防护能力非常好，I～VI型的最大装甲厚度（炮塔正面）达到了102毫米，VII型和VIII型的最大装甲厚度更增加到了152毫米。和所有其他英国步兵坦克一样，"丘吉尔"坦克最大的弱点就是火力不足，依旧无法和"虎"式、"豹"式坦克正面对抗。"丘吉尔"I型坦克的主要武器为1门40毫米火炮，此外在车体前部还装有1门76.2毫米的短身管榴弹炮。自II型开始，均取消了车体前部的短身管榴弹炮，而代之以7.92毫米机枪。

基本参数	
长度	7.4 米
宽度	3.3 米
高度	2.5 米
重量	38.5 吨
最大速度	24 千米 / 时
最大行程	90 千米
乘员	5 人
爬坡度	30°
过直墙高	1.13 米
越壕宽	2.8 米
涉水深	0.8 米

III型采用了焊接炮塔，其主炮换为57毫米加农炮，大大提高了坦克火力。IV型仍采用57毫米火炮，但又改为铸造炮塔。VI型和VII型都采用了75毫米火炮，均于1943年提供给英国陆军使用。V型和VIII型则采用了短身管的95毫米榴弹炮，专门用于提供对步兵的火力支援。

总体设计

　　"丘吉尔"坦克型号十分繁杂，共有18种车型。其中主要的是"丘吉尔"I～Ⅷ型，它们的战斗全重都接近40吨，乘员5人。

　　依型号不同，车全长为7.35~7.65米，车宽3.3米，车高2.48~2.68米。车体内部由前至后分别为：驾驶室、战斗室、动力–传动舱。驾驶室中，右侧是驾驶员、左侧是副驾驶员兼前机枪手；中部的战斗室内有3名乘员，左侧为车长和炮长（炮长在前，车长在后），右侧是装填手；车体后部的动力舱由隔板与战斗室隔开，发动机位于中央，两侧是散热器和燃油箱，最后部是变速箱和风扇。主动轮在后，诱导轮在前。

英国"谢尔曼萤火虫"中型坦克

　　"谢尔曼萤火虫"中型坦克是二战时唯一可以在正常作战距离上击毁"豹"式坦克和"虎"式坦克的英军坦克。

性能解析

　　"谢尔曼萤火虫"坦克的主要武器是1门QF 76.2毫米反坦克炮，这是英国在战时火力最强的坦克炮，也是所有国家中最有威力的坦克炮之一，其穿甲能力优于"虎"式坦克的 88 毫米坦克炮、"豹"式坦克的 75 毫米炮和 M26"潘兴"坦克的 M390 毫米炮。当使用标准的钝头被帽穿甲弹，入射角度为 30°时，"谢尔曼萤火虫"的主炮可以在 500 米距离处击穿 140 毫米厚的装甲，在 1000 米距离处击穿 131 毫米厚的装甲。若用脱壳穿甲弹，入射角度同样为 30°时，在 500 米距离处可击穿 209 毫米厚的装甲，在 1000 米距离处则可以击穿 192 毫米厚的装甲。

基本参数	
长度	5.89 米
宽度	2.4 米
高度	2.7 米
重量	34.75 吨
最大速度	40 千米/时
最大行程	193 千米

尽管"谢尔曼萤火虫"坦克有优秀的反坦克能力，但在对付软目标，如敌人步兵、建筑物和轻装甲的战车时，被认为比一般的"谢尔曼"差。因此，盟军的坦克单位一般会拒绝完全换用"谢尔曼萤火虫"坦克。另一个问题是 76.2 毫米炮开火时会扬起大量的尘土以及烟幕，使得炮手很难观测到炮弹的落点，而必须依赖车长观察落点并修正。烟尘同时也会暴露开火位置，因此"谢尔曼萤火虫"坦克每射击几次后就必须转移位置。

▐▌▌▶ 服役情况

"谢尔曼萤火虫"坦克的生产开始于 1944 年年初，到了 5 月 31 日，已经有 342 辆被分配到蒙哥马利的准备进行诺曼底登陆的第 21 集团军。

随着 75 毫米火炮"谢尔曼"坦克生产数量的逐渐减少，"谢尔曼萤火虫"坦克的生产受限于可以改装的坦克数量。为了提高数量，"谢尔曼"坦克也加入改装的行列。从 6 月到 8 月底诺曼底战役结束，约生产了 550 多辆"谢尔曼萤火虫"坦克，比用来替换战损需求的数量还高。到 1944 年年末，因可供 17 磅炮使用的有效高爆弹开始配发，每个英国连队开始接收 2 辆"谢尔曼萤火虫"坦克。到 1945 年 2 月，已生产了 2000 多辆"谢尔曼萤火虫"坦克，在英国的装甲部队使用 75 毫米和 17 磅炮的"谢尔曼"坦克各占一半。到 1945 年的春天，"谢尔曼萤火虫"坦克的制造开始缩小规模，到 1945 年 5 月最后一辆被分派到部队。

英国"挑战者1"主战坦克

"挑战者1"坦克原名"挑战者"坦克,是英国皇家兵工厂研制的第三代主战坦克,1983年开始装备部队,主要用于地面进攻和机动作战。

火力配置

"挑战者1"主战坦克的主炮沿用"酋长"坦克的L11A5式120毫米线膛炮,弹种和备弹量(64发)也相同。该炮可以发射L15A4脱壳穿甲弹、L20A1脱壳弹、L31碎甲弹、L32A5碎甲教练弹、L34白磷发烟弹和新研制的L23A1尾翼稳定脱壳穿甲弹。辅助武器为1挺与主要武器并列安装的7.62毫米L8A2式机枪和1挺安装在车长指挥塔上的7.62毫米L37A2式高射机枪。在炮塔正面两侧各安装1组由5具发射器组成的电击发烟幕弹发射装置。

基本参数	
长度	11.56米
宽度	3.52米
高度	2.5米
重量	62吨
最大速度	56千米/时
最大行程	400千米
涉水深	1.07米
爬坡度	30°
过直墙高	0.9米
越壕宽	2.8米

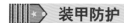

装甲防护

"挑战者1"主战坦克的车体和炮塔60°范围采用结构新颖的"乔巴姆"装甲，由2层钢板之间夹数层陶瓷材料组成，对破甲弹的防护力为均质钢甲的3倍。所有发射弹药都储存在车体底部的防火箱中，加上其他各种防护措施，使坦克具有相当高的战场生存能力。

机动性能

"挑战者1"主战坦克采用帕金斯公司生产的"秃鹰"V-12型涡轮增压柴油机、TN37传动系统和马斯顿公司的冷却系统，发动机最大功率为882千瓦。除主发动机外，该坦克另有1台小功率柴油机和1台发电机工作，在主发动机不工作时，为各耗电装置供电。"挑战者1"车体每侧有6个铝合金负重轮、4个托带轮、1个前置诱导轮和1个后置主动轮。新型履带可以与"酋长"坦克的履带互换。

服役情况

在海湾战争中，"挑战者1"主战坦克首次用于实战，在恶劣的沙漠环境中，该型坦克的完备率较高，开战前为98%，战争结束时为95%，显示出了良好的适应性，作战效果好于人们对它的期望。1991年2月25日，英国第一装甲师的176辆"挑战者1"主战坦克和135辆"武士"步兵战斗车突入科威特，掩护美第7军翼侧安全，消灭科境内的伊拉克坦克预备队。在击溃了伊军小股部队后迅速突入伊军第12装甲师的防区，并对其装甲第6师发起猛攻。经一夜激战，横跨科威特城，抵达巴士拉公路。在4天的地面作战中，"挑战者1"主战坦克共击毁300多辆伊军坦克和大量的其他装甲战斗车辆，自身无损失。

英国"百夫长"主战坦克

　　"百夫长"主战坦克是英国在二战末期研制的主战坦克,但未能参与实战,二战结束后,"百夫长"坦克持续生产并且在英国陆军服役。

火力配置

　　"百夫长"MK 1 型和 MK2 型装有 1 门 77 毫米火炮,MK3 型和 MK4 型改为 1 门带抽气装置的 83.4 毫米火炮,携弹量为 65 发,可发射初速为 914 米/秒的榴霰弹、初速为 1432 米/秒的曳光脱壳穿甲弹和初速为 601 米/秒的榴弹。从 MK5 型开始换装了 L-7 105 毫米线膛坦克炮起,正式拉开了英国陆军主战坦克"线膛路线"的序幕。L-7105 毫米炮发射曳光脱壳穿甲弹时的有效射程为 1800 米,发射碎甲弹时有效射程为 3000~4000 米,训练有素的炮长和装填手可使射速达到 10 发/分。

基本参数	
长度	9.8 米
宽度	3.38 米
高度	3.01 米
重量	52 吨
最大速度	35 千米/时
最大行程	450 千米
涉水深	1.45 米
爬坡度	31°
过直墙高	0.914 米
越壕宽	3.352 米

装甲防护

"百夫长"坦克的装甲也先后加厚两次，MK5 型之前的装甲厚 76 毫米，到 MK13 型时已经增加到 150 毫米。除主要武器可发射烟幕弹外，炮塔两侧各装有 6 个电击发的烟幕弹发射器。该坦克未装三防装置。

机动性能

"百夫长"坦克安装 1 台劳斯莱斯公司生产的"流星"12 缸汽油机，最大输出功率为 485 千瓦。发动机功率经离合器输入梅利特 – 布朗公司传动装置。该传动装置为机械式，包括变速机构、差速转向装置和汇流行星排。变速机构可提供 5 个前进挡和 2 个倒车挡。每个排挡都有 1 个规定转向半径，最小转向半径为车宽的一半。"百夫长"车体每侧有 6 个负重轮，每 2 个负重轮为 1 组，每组有 1 套同心螺旋弹簧，前后两组悬挂装置带液压减震器。英国二战后的坦克发展一向重火力、防护而轻机动，速度低、最大行程小的缺陷一直到 20 世纪 90 年代的"挑战者 2"主战坦克才得到了比较好的解决。"百夫长"坦克的缺陷主要与机动性有关，其车体较重，而发动机功率不足且燃油储备较少，导致最高速度仅为 35 千米 / 时，最大行程也只有 450 千米。

总体设计

"百夫长"坦克车体为焊接结构，各部位装甲厚度不等，用两块横隔板分成前后 3 部分，前部又分成左右两半，右部是驾驶舱，左部是储存舱，内装弹药和器材箱，中部是战斗舱，动力舱在车体后部。驾驶员坐在车体右前的驾驶舱内，有 1 个向左右开启的双扇舱盖，每扇舱盖有 1 个潜望镜。圆锥形铸造炮塔体上焊有顶装甲板，炮塔和火炮总重 13 吨，炮塔座圈直径 2300 毫米。车长指挥塔在炮塔顶装甲右边，左边是装填手出入舱口，炮塔两侧外部带有装甲储物箱，左侧开有 1 个补弹孔，多数坦克炮塔后面有 1 个储物架。炮长在火炮右侧，车长在炮长后上方，装填手在火炮左侧。早期生产的 MK3 型坦克炮塔后部有 1 个安全口。

车长指挥塔可以由车长手摇机构进行 360°旋转，其上有 1 个双开式舱盖、1 个带弹道分划的潜望式瞄准镜和 7 个潜望观察镜，车长位置处可以安装 1 个红光探照灯。装填手舱口有 1 个前后对开的双扇舱盖和 1 个潜望式观察镜。

英国"蝎"式轻型坦克

"蝎"式轻型坦克是英国 20 世纪 60 年代为陆军研制的，被多个国家的军队所采用。目前阿尔维斯有限公司仍在不断地改进车辆的零部件，以改进其越野性和可靠性。

性能解析

"蝎"式轻型坦克的前置传动装置为脚操纵、带差速转向装置的 7 挡变速箱。履带为钢质但重量轻，而且带橡胶衬套和衬垫，在公路和越野行驶条件下寿命为 5000 千米。该坦克采用扭杆悬挂，在前后负重轮安装有液压杠杆式减震器。无线电设备安装在炮塔尾舱，车后部有三防装置。任选设备包括三防探测器、车辆导航仪和空调设备。

基本参数	
长度	4.79 米
宽度	2.35 米
高度	2.1 米
重量	8.1 吨
最大速度	79 千米/时
最大行程	644 千米
涉水深	2.102 米
爬坡度	30°
过直墙高	0.5 米
越壕宽	2.057
发动机功率	145 千瓦

总体设计

"蝎"式侦察车车体为铝合金全焊接结构，驾驶员位于车体前部左侧，动力舱在前部右侧，战斗舱在后部。驾驶员有 1 个单扇舱盖，装有 1 个广角潜望镜，夜间可换为皮尔金顿被动式潜望镜。车长位于铝合金全焊接结构的炮塔左侧，炮长在右侧，各有 1 单扇舱盖。车长有 7 个潜望镜和 1 个安装在其舱盖前的 1×、10× 顶置瞄准镜，水平视角约为 85°。炮长有 2 个潜望镜和 1 个 1×、10× 顶置瞄准镜。主炮的右侧安装有兰克精密仪器工业公司的被动夜视仪，有 5.8×、8°视野和 1.6×、28°视野两种放大倍率，两者之间不会发生干涉。像增强管由一光线挡板保护，从而免受火炮出口强光的危害，挡板由火炮射击线路电控。当选择高倍率时，光控的明亮弹道投影分划自动引入光学系统。裸露的物镜带有刮水器和洗净器，瞄准镜由装甲盖防护，装甲盖上开有 1 门，当瞄准镜不用时门关闭。瞄准镜还可探测红外设备。

英国"酋长"主战坦克

　　"酋长"坦克是英国于 20 世纪 50 年代末研制的主战坦克，曾被英国、伊朗、伊拉克和约旦等国使用，目前仍有一部分在服役。

火力配置

　　"酋长"坦克的主要武器是 1 门 L11A5 式 120 毫米线膛坦克炮，这也是英国主战坦克的特色（其他国家通常都采用法国地面武器系统公司或德国莱茵金属公司的滑膛炮）。该炮采用垂直滑动炮闩，炮管上装有抽气装置和热护套，炮口上装有校正装置。火炮借助炮塔耳轴的弹性装在炮塔耳轴孔内，这种安装方式可减少由于射击撞击而使坦克损坏的可能性。该炮射速较高，第 1 分钟可发射 8~10 发弹，以后射速为 6 发 / 分。

装甲防护

"酋长"坦克的车体装甲厚度在 80~90 毫米，炮塔正面装甲厚度则为 150 毫米。炮塔正面有大角度的倾斜造型，避弹能力颇佳，此外，整体车高也比较低矮，生存性优于美制 M60 坦克。车体两侧装有侧裙，以保护悬吊系统，降低成形装药弹头的破坏。"酋长"坦克还拥有极佳的核生化防护能力，不仅配备核生化防护系统（安装在炮塔后方）来过滤空气，空调、

基本参数	
长度	7.5 米
宽度	3.5 米
高度	2.9 米
重量	55 吨
最大速度	48 千米 / 时
最大行程	500 千米
乘员	4 人
发动机功率	529 千瓦
装甲厚度	80~90 毫米

用水、粮食的储备也能使乘员在密闭的车内持续作战 7 天之久。此外，车内还装有 5 具灭火抑爆系统。

机动性能

"酋长"坦克采用里兰德公司的 L60 型 2 冲程直列 6 缸水冷多种燃料发动机。MK1 型的发动机功率仅为 430 千瓦，MK2 的发动机功率为 480 千瓦，都比当初要求的 551 千瓦低。随着 L60 发动机的不断改进，MK5 型的发动机功率提高到了 529 千瓦。与 L60 发动机匹配使用的是 TN12 传动装置，该装置由离心式离合器、行星式变速机构、梅利特 – 威尔逊公司差速转向系统和电动液压式变速操纵装置组成。变速机构有 6 个前进挡和 2 个倒车挡。转向系统在每个挡位都有 1 个规定转向半径，挂空挡时，可得到转向半径为零的原位转向。"酋长"坦克车体每侧有 6 个负重轮、3 个托带轮和 1 个前置诱导轮。

总体设计

"酋长"式坦克车体用铸钢件和轧制钢板焊接而成，驾驶舱在前部，战斗舱在中部，动力舱在后部。驾驶员有 1 后倾的驾驶椅和先升起再向右转动开启的单扇舱盖，舱盖后有 1 个 36 号 MK1 广角潜望镜，在夜间使用时可换成红外潜望镜或皮尔金顿公司的巴杰尔被动式夜间潜望镜。炮塔用铸钢件和轧制钢板焊接制成，内有 3 名乘员，装填手在左边，车长和炮长在右边。车长有 1 个能手动旋转 360°的指挥塔，塔上有 1 个向后打开的单扇舱盖，装填手有 1 个前后对开的双扇舱盖和 1 个可以旋转的折叠式 30 号 MK1 潜望镜。

英国"十字军"巡航坦克

"十字军"巡航坦克是英国在二战时期最主要的巡航坦克，但由于可靠性不足和装甲薄弱，在入侵意大利时被美国坦克取代。

火力配置

"十字军"Ⅰ型是最初生产的型号，与"盟约者"坦克的共同点最多，战斗全重为 19 吨，乘员为 5 人。在结构上，它的最大特点是除了有 1 个主炮塔外，在车体前部左侧还有 1 个小的机枪塔，可以进行有限的转动。主要武器是 1 门 40 毫米火炮，辅助武器为 2 挺 7.92 毫米机枪。此外，车内还有 1 挺对空射击用的"布伦"轻机枪，但不是固定武器。"十字

基本参数	
长度	5.97 米
宽度	2.77 米
高度	2.24 米
重量	19.7 吨
最大速度	43 千米 / 时
最大行程	322 千米
乘员	3 人
发动机功率	254 千瓦

军"Ⅱ型是Ⅰ型的改进型，也称为Ⅰ型的装甲强化型。其特点是所有的装甲厚度都加厚了 6~10 毫米，车体正面和炮塔正面焊接上 14 毫米厚的附加装甲板。"十字军"Ⅲ型的生产数量最多，最大变化是换装了 57 毫米火炮，炮塔也做了重新设计。辅助武器是 1 挺"比塞"7.92 毫米并列机枪，弹药基数为 5000 发。乘员人数减为 3 人，取消了前机枪手和装填手。

机动性能

　　动力装置为"诺非尔德 – 自由"型 V 形 12 缸航空发动机，位于车体后部动力舱内，最大功率由 294 千瓦调到 254 千瓦。行动装置采用了克里斯蒂式行动装置，每侧有 5 个大直径的负重轮，主动轮在后，诱导轮在前。较高的单位功率、大直径负重轮，使得"十字军"坦克的最大公路速度达到了 43 千米 / 时，在二战前期的坦克中名列前茅。"十字军"坦克的车体和炮塔以铆接式结构为主，3 种型号的装甲都比较薄弱。

服役情况

　　"十字军"坦克首次服役于 1941 年 6 月的战斧行动中，其后的十字军行动亦因英军大量投放这种坦克而命名。虽然"十字军"坦克的速度比任何德军坦克都要快，但装甲薄弱和可靠性存在问题，且 40 毫米口径的 QF 2 磅炮的穿甲弹火力太弱，就算发射高爆弹效能也相当不足，德军部队以隐藏在远处的反坦克炮作攻击，"十字军"坦克的射程和火力根本难以反击。在北非战役后，"十字军"坦克被性能更好的 M4 雪曼、克伦威尔坦克所取代，"十字军"坦克大多退下火线，剩余的改变成自走防空炮和火炮牵引用途。

英国"克伦威尔"巡航坦克

"克伦威尔"巡航坦克是英国在二战中研制的巡航坦克，是英国在二战中使用的性能最好的巡航坦克系列之一，也是后来的"彗星"巡航坦克的设计原型。

性能解析

"克伦威尔"坦克的车体和炮塔多为焊接结构，有的为铆接结构，装甲厚度为8~76毫米。Ⅰ、Ⅱ、Ⅲ型坦克的战斗全重约28吨，乘员为5人，主要武器是1门57毫米火炮，辅助武器有1挺7.92毫米并列机枪和1挺7.92毫米前机枪。

发动机为V-12水冷汽油机，功率为441千瓦。传动装置有4个前进挡和1个倒车挡，行动装置采用"克里斯蒂"悬挂装置。Ⅳ、Ⅴ、Ⅶ型坦克换装了

基本参数	
长度	6.35 米
宽度	2.91 米
高度	2.83 米
重量	28 吨
最大速度	64 千米 / 时
最大行程	270 千米
乘员	5 人
发动机功率	450 千瓦
装甲厚度	76 毫米

75毫米火炮，增装了炮口制退器，发射的弹种由以穿甲弹为主转向以榴弹为主。Ⅳ、Ⅴ、Ⅶ型的区别是，Ⅳ型采用铆接车体，Ⅴ型采用焊接车体，Ⅶ型加装附加装甲。Ⅵ、Ⅷ型坦克换装了95毫米榴弹炮。Ⅵ型的车体为铆接结构，Ⅷ型的车体为焊接结构，有附加装甲。"挑战者"坦克和"复仇者"坦克换装了76.2毫米加农炮，车体加长，战斗全重增加到31.5吨。

总体设计

"克伦威尔"巡航坦克全重28吨，车长6.35米，车宽2.91米，高2.83米，乘员5人——车长、炮长、驾驶员、装填手、前机枪手。动力为441千瓦的流星12缸水冷汽油机，是二战中期很强劲的坦克，传动装置为梅里特－布伦Z5差速式变速转向机，有5个前进挡和1个倒车挡、并有转向机构。最大时速为64千米，最大行程为270千米。主要武器坦克炮因为型号不同而异，辅助武器为2挺7.92毫米机枪（并列，前射各一），共携弹4950发，还可以在顶部安装1挺7.7毫米高射机枪，携弹600发。炮塔顶部有1个2英寸烟幕弹固定发射器，携弹30发。

英国"彗星"巡航坦克

　　"彗星"巡航坦克是英国研制的最后一种巡航坦克，性能优秀，但未能在二战中一显身手。

性能解析

　　"彗星"巡航坦克战斗力大致和德军"豹"式坦克差不多，主要武器为 1 门 77 毫米火炮，备弹 61 发；次要武器为 2 挺 7.92 毫米贝莎机枪，备弹 5175 发。该坦克的动力装置为劳斯莱斯"流星"Mk3 V12 水冷式汽油引擎，功率为 441 千瓦，悬挂系统为梅里特－布朗 Z5 型。最厚达 102 毫米的装甲使它能够抵挡德国大部分反坦克武器的攻击。

基本参数	
长度	6.55 米
宽度	3.04 米
高度	2.67 米
重量	33.2 吨
最大速度	51 千米 / 时
最大行程	250 千米
乘员	5 人
发动机功率	447 千瓦

服役情况

　　"彗星"坦克于 1944 年 9 月开始配发给驻比利时的英军装甲部队，但进度缓慢，直至 1945 年 3 月第 11 装甲师的侦察团才完全配备"彗星"坦克，由于在二战时装备"彗星"坦克的英军部队不多，故也没有什么轰动的战绩，只有一些零星的遭遇战。在战场上的"彗星"坦克也作为装甲运兵车，步兵坐在其车身上，为防其车尾排气管会灼伤乘坐的步兵而加上护罩。

英国"维克斯"MK7主战坦克

维克斯MK7坦克是英国维克斯公司与德国"豹2"主战坦克主承包商克劳斯·玛菲公司合作研制的一种出口型主战坦克，于1986年在英国陆军装备展览会上首次公开展出。

火力配置

"维克斯"MK7主战坦克的主要武器是1门英国皇家兵工厂研制的L11式120毫米线膛坦克炮，也可以换装法国地面武器工业集团的120毫米滑膛坦克炮或德国莱茵金属公司的120毫米滑膛坦克炮。安装L11式120毫米线膛炮时弹药基数为38发，安装莱茵金属公司120毫米滑膛炮时弹药基数为44发。辅助武器包括并列安装在火炮左侧的1挺7.62毫米机枪和安装在车长指挥塔转动环上的

基本参数	
长度	7.72 米
宽度	3.42 米
高度	2.54 米
重量	54.64 吨
最大速度	72 千米/时
涉水深度	1.7 米
爬坡度	31°
过直墙高	1.1 米
越壕宽	3 米

1挺12.7毫米机枪，前者由弹匣供弹，弹匣由装填手补弹，后者可以高平两用。

装甲防护

"维克斯"MK7 主战坦克采用"乔巴姆"复合装甲，对尾翼稳定脱壳穿甲弹和破甲弹均有较好的防护效果。装甲表面涂有防红外涂层，使该坦克具有较好的被动防护性能。"维克斯"MK7 主战坦克的制式防护设备还有三防及通风装置、动力舱的固定式灭火系统以及由格莱维诺公司提供的乘员舱自动灭火抑爆系统。

机动性能

"维克斯"MK7 主战坦克装有德国 MTU 公司的 MB873Ka-501 柴油机，标定功率 1103 千瓦。传动装置为"豹2"坦克使用的伦克公司 HSWL 354/ 3 型传动装置，由可闭锁的液力变矩器、行星式自动变速机构和液力 – 液压转向装置组成，有 4 个前进挡和 2 个倒车挡。悬挂装置为扭杆式，车体每侧有 7 个负重轮、4 个托带轮、1 个前置诱导轮和 1 个后置主动轮。在第 1、2、3、6 和第 7 负重轮位置处装有旋转式减震器。

总体设计

"维克斯"MK7 主战坦克采取常规的总体布置，驾驶舱在车体前右位置；前左位置是弹药储存仓，可存放 23 发 120 毫米炮弹；车体中部是战斗舱；发动机和传动装置位于车体后部。乘员座位的设计考虑了人体工程因素。驾驶员的控制装置与汽车的驾驶装置相类似，有方向盘、油门踏板和制动踏板。

"维克斯"MK7 主战坦克的炮塔用装甲钢板焊制而成，正面和侧面装有"乔巴姆"装甲。车长在炮塔内右边，炮长在车长前下位置，装填手在火炮左边，乘员座位可以随同炮塔一起旋转。

英国"小威利"坦克

"小威利"坦克是世界上第一种坦克，其绰号"大水柜"是"坦克"这一名称的来源。虽然该坦克性能较差且没有大量生产，但它在坦克发展史上的地位却是不容忽视的。

性能解析

"小威利"坦克使用柯尔特拖拉机的履带，履带上是一个装甲箱。车尾是一对液压控制的轮子，用米协助转向和跨越堑壕。该坦克装有 1 台 78 千瓦"戴姆勒"汽油发动机，主要武器是 1 门 40 毫米口径的主炮，备弹 800 发，另外还有若干 7.7 毫米口径机枪。"小威利"坦克运作起来至少需要 2人共同操作，而全体乘员仅为 6 人。

基本参数	
长度	5.87 米
宽度	2.86 米
高度	3.05 米
重量	18.29 吨
最大速度	3.2 千米 / 时
最大行程	约30 千米
乘员	6 人

机动性能

"小威利"坦克只使用了 10 毫米厚的钢板作为装甲，但车体依然很沉重，使得其最大速度仅为 3.2 千米 / 时。当时的战场主要是英德之间的"壕沟战"，而"小威利"坦克的乘员舒适性极差，其越野性也没有达到英国政府的设计要求，所以未能大量生产。

英国"维克斯"MK.E 轻型坦克

"维克斯"MK.E 轻型坦克又称为"维克斯"6 吨坦克,由英国维克斯朗公司研制。该坦克虽然没有被英国陆军大量采用,但却被其他国家大量采用或授权生产,各型产量高达 12000 辆以上。

性能解析

"维克斯"MK.E 坦克的车身采用当时技术成熟的铆焊制法,为了保持一定程度的机动性,装甲略显薄弱。动力来源为维克斯公司研制的直立式 4 缸汽油引擎,可让坦克在铺装路面上以 35 千米 / 时的最

大速度前进。该坦克的车身悬吊系统上采用了台车式悬吊系统。双轨构造,左右各 4 对。这种悬吊系统被认为是一种相当好的系统,可以承受长距离行驶。

"维克斯"MK.E 坦克在设计时即提供两种款式的武装供客户选择:A 构型为双炮塔,每个炮塔搭载 1 挺维克斯机枪。B 构型为单炮塔,炮塔为双人式,搭载 1 挺机枪及 1 门短管 47 毫米榴弹炮。B 构型在当时属于新设计,以往炮塔设计都是单人炮塔,车长除了观测敌情以外,还要兼任武器装填手及射手,对于战况的掌控有诸多限制。"维克斯"MK.E 坦克

基本参数	
长度	4.88 米
宽度	2.41 米
高度	2.16 米
重量	7.3 吨
最大速度	35 千米 / 时
最大行程	160 千米
乘员	3 人
装甲厚度	13 毫米

的双人炮塔可以让车长专心观测,将火力装填的任务交给装填手,并具有即时射击的能力。这种新设计受到肯定,并被后来大多数新型坦克采用。除了炮塔以外,车体装甲初期设计最厚为 13 毫米,但可接受客户需求增厚至 17 毫米。虽然名称为 6 吨坦克,但是如果加上了客户需求,该款坦克的重量会增至 8 吨左右。

机动性能

"维克斯"MK.E 坦克装备了阿摩斯特朗 – 西得利公司的山狮汽油引擎,水平直列风冷发动机。气缸容积为 6.667 升,发动机功率有不同的版本,包括

59、64、68 千瓦。功率与重量比为 8.1~9.6 千瓦 / 吨。全车可以携带 182 升燃料，行驶距离为 160 千米，最大时速为 35 千米 / 时。

英国 Mark I 坦克

Mark I 坦克是英国研制的世界上第一种正式参与战争的坦克。该坦克是在"小威力"坦克的基础上研制而成，因此又被称为"大威利"（或译为"大游民"）坦克。其主要作用是破坏战场上的铁丝网并越过战壕，能抵御小型武器的射击。

性能解析

Mark I 坦克的外形特点是战车底盘与上部车身结合为一体，成为一个高大的菱形，加上低重心及特长履带，如同把整个车体变成了一个大车轮，令车体可以滚过铁丝网与壕沟。车体内的乘员室并无任何隔间，引擎和武器等机械同处于一个空间内，加上引擎没有减震减音装置，因此环境非常恶劣。

基本参数	
长度	9.94 米
宽度	4.33 米
高度	2.44 米
重量	28.4 吨
最大速度	5.9 千米 / 时
最大行程	37 千米
乘员	8 人
装甲厚度	8~12 毫米

服役情况

Mark I 坦克在 1916 年 8 月开始服役，并于 1916 年 9 月 15 日首次应用在索姆河战役中。它的主要作用是破坏战场上的铁丝网、越过战壕，亦能抵御小型武器的射击。

意大利 M11/39 中型坦克

M11/39 坦克是意大利于二战初期使用的一种中型坦克。尽管意大利将其以中型坦克的名义进行研制，但以该坦克的吨位和火力与同时期其他国家相比，较接近轻型坦克的级别。

性能解析

除了极为贫弱的火力外，M11/39 坦克还有许多缺点：不仅机械可靠性和耐久性差，行驶速度也很慢。该坦克最厚才 30 毫米的铆接式装甲钢板仅能抵挡 20 毫米机关炮的火力，英军的 2 磅炮即使是在对 M11/39 主炮有利的距离内，也能击毁该坦克。所有的 M11/39 坦克在设计时都有预定配置无线电，但在生产时没有 1 辆有装备。

基本参数	
长度	4.7 米
宽度	2.2 米
高度	2.3 米
重量	11 吨
最大速度	32 千米 / 时
最大行程	200 千米
乘员	3 人
装甲厚度	15~30 毫米

火力配置

M11/39 坦克的主要武器是 1 门 37 毫米火炮，其位置极为固定，仅能左右 15° 横摆移动。辅助武器是 2 挺在 1 座旋转炮塔上的 8 毫米机枪。机枪由 1 人操控，而此人必须在狭窄且需要手动操作的炮塔里开火。该坦克的作战设计概念为：以主炮对付敌人的重型坦克，而用炮塔上的武器防御其他全方面威胁。

意大利 M13/40 中型坦克

　　M13/40 坦克是二战中意大利使用最为广泛的中型坦克，尽管是以中型坦克的理念来设计的，但其装甲与火力的标准较接近轻型坦克。

火力配置

　　M13/40 坦克的主要武器为 1 门 47 毫米口径火炮，共载有 104 发穿甲弹与高爆弹，能够在 500 米距离贯穿 45 毫米的装甲板，虽然可以有效对付英军的轻型与巡航坦克，但仍无法对付较重型的步兵坦克。M13/40 坦克还装有 3~4 挺机枪：1 挺主炮同轴机枪和 2 挺前方机枪，置于球形炮座。第 4 挺机枪则弹性装设于炮塔顶，作为防空机枪。该坦克有 2 台潜望镜，分别供车长和炮手使用，还有无线电作为标准配备。

基本参数	
长度	4.9 米
宽度	2.2 米
高度	2.39 米
重量	14 吨
最大速度	32 千米 / 时
最大行程	210 千米
涉水深	1 米
过直墙高	0.8 米
越壕宽	2.1 米

装甲防护

M13/ 40 坦克的装甲由铆接的钢板所构成，厚度分别为：车前 30 毫米（同 M11/ 39）、炮塔前 42 毫米（M11/ 39 为 30 毫米）、侧面 25 毫米（M11/ 39 为 15 毫米）、车底 6 毫米（这使它非常容易被地雷破坏）和顶部 15 毫米。乘员在前方战斗舱，引擎置于车后方，传动装置则在前方。战斗舱可容纳 4 名乘员：驾驶、机枪手在车体中，而炮手与车长则在炮塔中。

机动性能

M13/ 40 坦克使用自维克斯衍生而来的传动系统，有 2 个转向架和两侧各 8 个的小型路轮，使用弹簧叶片悬吊装置。履带则以传统的钢板做骨架连接，且相当得窄。这样的设计曾让意军以为在山区作战时会有良好的机动性，但后来 M13/ 40 坦克被部署到沙漠后则发现机动性极差。该坦克创造性地以 1 台 92 千瓦的柴油引擎为动力，它比汽油引擎耗油更少、航程更长，且引发火灾的可能性较低。

服役情况

二战时期，在轴心国非洲军团中，M13/ 40 坦克性能远不及德国的 Ⅲ、Ⅳ 号坦克，装甲薄弱而且缺乏倾角，但其火力要强于 Ⅱ 号和 38T 坦克，关键是比意大利初期大量装备的 L 系列坦克强太多。因此在非洲军团中这两种坦克也成为主力装备，作为 Ⅲ、Ⅳ 号坦克的补充，在阿拉曼战役之前的一系列作战中发挥了一定的作用。盟军在 1941 年和 1942 年的北非作战中也使用过缴获的这两种坦克。不过随着其相对性能日趋落后，在意大利 1943 年投降后这些坦克基本被淘汰。

意大利 M14/41 中型坦克

M14/41 坦克是意大利早期使用的 M13/40 坦克的改良型，它使用与 M13/40 相同的底盘但车体设计更佳，拥有较好的装甲。

性能解析

M14/41 坦克的主要武器是 1 门 47 毫米火炮，辅助武器为 2 挺 8 毫米 Modello 38 机枪，其中 1 挺为同轴机枪，另 1 挺作为防空机枪。该坦克的装甲厚度 15~42 毫米不等，防护能力较差。M14/41 坦克的动力装置为 SPA 15-TM-40 8 汽缸汽油引擎，输出功率为 114.84 千瓦。悬挂系统为"竖锥"形弹簧悬吊装置。该坦克最大速度为 32 千米 / 时，最大行程为 200 千米。

基本参数	
长度	4.92 米
宽度	2.2 米
高度	2.38 米
重量	14 吨
最大速度	32 千米 / 时
最大行程	200 千米
乘员	4 人
发动机功率	114.84 千瓦
装甲厚度	15 ~ 42 毫米

服役情况

M14/41 坦克首先被部署于北非战场，很快就暴露了其缺点：可靠性低、内部空间拥挤和被击中容易起火。随着意军从北非退出，M14/41 坦克越来越少遭遇到敌人，但仍有大量的 M14/41 被英国与澳大利亚的部队缴获使用，但没有服役很久。

意大利 P-40 重型坦克

P-40 重型坦克是二战中意大利最为出色的重型坦克，尽管意军将其归类为重型坦克，但按其他国家的吨位标准只能算是中型坦克。

性能解析

P-40 坦克的设计最初类似于 M11/ 39 坦克，但拥有更强的火力与装甲。意军在东线遭遇苏联 T-34 坦克后，设计思想发生了较大变化。P-40 坦克采用避弹性佳的斜面装甲，并加强了火炮，即换装 75 毫米 34 倍口径火炮。该炮仅有 65 发弹药，而 T-34 和 M4A1"谢尔曼"坦克则各有 77 发和 90 发。P-40 坦克的机枪也与 M 系列坦克不同，数量大幅减少。P-40 坦克最初设计要搭载 3 挺机枪，但 1 挺前部机枪被移除，变成在双炮塔上架设。

基本参数	
长度	5.8 米
宽度	2.8 米
高度	2.5 米
重量	26 吨
最大速度	40 千米 / 时
最大行程	241 千米
乘员	4 人
发动机功率	242.55 千瓦

机枪备弹量仅有 600 发，低于 M 系列坦克的 3000 发和二战时期的大多数坦克。

总体来说，P-40 坦克的设计就当时标准来说比较新式，但缺乏几个现代特点，如焊接、可靠的悬吊装置和保护车长的顶盖等。虽然 P-40 坦克存在缺点，但它仍是二战中期意大利唯一能与德军和盟军媲美的坦克。

装甲防护

　　如同当时的"豹"式坦克，P-40坦克的外形也受T-34坦克的影响。装甲倾斜的设计，炮塔前面与侧面约有50毫米厚，而M13/40仅有42毫米，但在当时多数国家已改用焊接技术时，P-40坦克仍使用铆钉连结装甲。其倾斜设计也逊于T-34，P-40正面装甲为倾斜45°的50毫米（约相当70毫米厚），而不是T-34的60°45毫米装甲（相当90毫米厚）。炮塔方面采用2人炮塔，类似T-34/76。装甲本身以意大利的水准来说相当厚，有能力抵抗早期如英军2磅炮（口径40毫米）的反坦克炮武器，但在1943年时面对英军的6磅炮（口径57毫米）、17磅炮（口径76毫米）等能穿透100毫米装甲的反坦克武器就没有抵抗力了。

 机动性能

　　除了引擎外，坦克技术发展迅速，意大利总参谋部认为应使用柴油引擎，而建造者却认为它应配备汽油引擎。然而当时的意大利没有引擎能达到220千瓦的出力要求（汽油与柴油皆是），意大利坦克工业的飞雅特和安萨尔多公司也并不像当时的英美两国做法，将飞机引擎改装给坦克使用。设计新式引擎的工程进度相当缓慢，完成后的汽油引擎最终测试为310千瓦。

意大利 C1 "公羊" 主战坦克

　　C1"公羊"坦克是意大利陆军第三代主战坦克，由意大利国内自行研制与生产，并于1995年开始服役至今。

火力配置

C1"公羊"坦克的主要武器是1门奥托·梅莱拉公司生产的120毫米滑膛炮，为德国RH120坦克炮的仿制品，弹药也可与RH120通用。"公羊"坦克可携带42发炮弹，其中15发储存于炮塔尾舱，27发储存于车体内。该坦克主要使用钨合金穿甲弹，还可携带多用途弹。"公羊"坦克的辅助武器包括1挺与主要武器并列安装的7.62毫米机枪和1挺安装在车长指挥塔盖上的7.62毫米高射机枪，高射机枪可由车长在车内遥控射击。

基本参数	
长度	9.67 米
宽度	3.42 米
高度	2.5 米
重量	54 吨
最大速度	65 千米/时
最大行程	550 千米
爬坡度	31°
发动机功率	956 千瓦
乘员	4 人

装甲防护

"公羊"坦克的车体和炮塔均采用焊接结构，车体前方和炮塔正面采用复合装甲，其他部位则为均钢质装甲。该坦克的第1、2负重轮位置处的装甲裙板也采用了复合装甲，可以有效防御来自侧面的攻击，保护坦克的驾驶员。作为第三代主战坦克，"公羊"坦克也配备了超压式全密封三防系统、自动灭火抑爆装置和烟幕发射装置。

机动性能

"公羊"坦克的动力装置为由菲亚特·依维柯公司生产的MTCA V-12水冷式涡轮增压柴油机，最大功率为956千瓦。传动装置为德国ZF公司制造的LSG-3000自动变速箱。悬挂装置为扭力杆式，并附有液压避振器。"公羊"坦克的加速性较好，从静止加速到32千米/时只需要6~7秒。

总体设计

"公羊"主战坦克的车体和炮塔用轧制钢板焊接而成，重点部位采用新型复合装甲。车内分3个舱室：右前部是驾驶舱，中部是战斗舱，发动机和传动装置位于车体后部。驾驶员有1个单扇舱盖和3个潜望镜，中间1具可以更换成被动式夜视潜望镜。炮塔在车体中部上方，有3名乘员，车长在炮塔右侧，炮长在车长前下方，装填手在炮塔左侧。这也是第三代主战坦克的常规布置方式。车长和装填手各有1个向后开启的单扇舱盖，车长舱盖前有1个周视潜望镜。炮塔左侧开有补弹窗。炮塔呈长方形，后部有1个大尾舱。

法国索玛 S-35 中型坦克

　　索玛 S-35 中型坦克是法国在二战中使用的一种骑兵坦克，以当时的重量标准来说，它是同级坦克中机动性相当高的，武器与装备也优于法军和外国其他同级的坦克。

性能解析

　　S-35 坦克的炮塔和车体由钢铁铸造而成，具有优美的弧度，无线电对讲机是标准设备。这些独特设计影响了后来的美国"谢尔曼"坦克和苏联 T-34 坦克。S-35 坦克战斗全重将近 20 吨，乘员为 3 人，炮塔正面装甲厚度为 55 毫米，车身装甲厚度为 40 毫米，最薄弱的后部也有 20 毫米，防护效果相当不错。该坦克还有自动灭火系统，关键位置还设有洒出溴甲烷的装置。

基本参数	
长度	5.38 米
宽度	2.12 米
高度	2.62 米
重量	19.5 吨
最大速度	40 千米 / 时
最大行程	230 千米
爬坡度	20°
过直墙高	0.76 米
越壕宽	2.13 米
涉水深	1 米

装甲防护

　　S-35 坦克战斗全重将近 20 吨，乘员 3 人，炮塔正面装甲厚度为 55 毫米，车身装甲厚度为 40 毫米，最薄弱的后部也有 20 毫米，防护效果相当不错。

火力配置

S–35 坦克装备 1 门 47 毫米 L/40 加农炮，堪称西线战场威力最大的坦克炮之一。

机动性能

动力系统是 1 台 8 缸汽油发动机，功率为 140 千瓦，公路最高速度为 40 千米 / 时。与德军三号坦克相比，S–35 坦克的火力和防护力都毫不逊色，只是机动性能略差。

服役情况

S–35 坦克在 20 世纪 30 年代中期开始装备法军骑兵部队，这是当时设计最先进的坦克，炮塔和车体由钢铁铸造而成，具有优美的弧度，无线电对讲机是标准设备，这些独特设计影响了后来的美国谢尔曼和苏联 T–34 坦克。法军一共有超过 400 辆 S–35 坦克，但只有 243 辆装备部队，其余的都停在仓库里面。S–35 坦克跟德军的对手 Pz3 型相比，火力和防护都胜过一筹，只是动力稍逊。

法国 B1 重型坦克

B1 坦克是法国陆军在二战前开发，用于支援步兵作战、攻坚突破的重型坦克。

性能解析

最终型号的 B1 重型坦克配备 47 毫米及 75 毫米火炮各 1 门，正面装甲为 40~60 毫米，战斗重量为 30 吨。该坦克设计新颖，主炮塔关闭之后仍有相当良好的视野，车底设有紧急逃生门，传动系统也有装甲保护，堪称二战初期火力及防护力最强的坦克之一。

总体设计

B1 坦克的重量使它在机动时显得十分笨重迟缓，而且主炮塔的设计只能容纳车长 1 人，必须同时兼顾搜索、装填以及射击等任

基本参数	
长度	6.37 米
宽度	2.46 米
高度	2.79 米
重量	30 吨
最大速度	28 千米 / 时
最大行程	200 千米
发动机功率	198 千瓦
乘员	4 人
装甲厚度	40 毫米
爬坡度	26°
越壕宽	2.74 米
过直墙高	0.93 米

务，令车长负担太重。不过 B1 坦克有两位负责无线电的乘员，其中 1 名可以帮助装填炮弹，加快发射炮弹的速度，增加战场的主动性。B1 坦克车身战斗室的弹药架后方就是引擎所在，极易发生引擎被毁后诱爆弹药的惨剧。

法国 AMX-30 主战坦克

AMX–30 坦克是法国于 20 世纪 60 年代研制的主战坦克，除了法国陆军自己采用了 1200 余辆外，还外销给近 10 个国家。

火力配置

AMX-30 坦克的主要武器是 1 门 CN-105-F1 式 105 毫米火炮,身管长是口径的 56 倍,既无炮口制退器,也无抽气装置,但装有镁合金隔热护套,能防止炮管因外界温度变化而引起的弯曲。该炮既可以发射法国弹药,也可以发射北约制式 105 毫米弹药,最大射速为 8 发 / 分。该坦克的辅助武器包括 1 门装在火炮左侧的 F2 式 20 毫米并列机关炮 (备弹 1050 发) 和 1 挺装在车长指挥塔右边的 F1C1 型 7.62 毫米高射机枪 (

基本参数	
长度	9.48 米
宽度	3.1 米
高度	2.28 米
重量	36 吨
最大速度	65 千米 / 时
最大行程	600 千米
乘员	4 人
装甲厚度	18~80 毫米
发动机功率	540 千瓦

备弹 2050 发)。并列机关炮可以随火炮一起俯仰,也可以单独俯仰,最大仰角为 +40°,俯角与火炮相同,为 -8°。高射机枪由车长操纵,可从车内遥控射击。该机枪的俯仰范围为 -10°~+45°,可随指挥塔做 360°旋转,有效射程为 700 米。

装甲防护

AMX-30 坦克的车身和炮塔是铸造的,以斜面和曲面组成。二战后的法国坦克设计以机动性优先,但 AMX-30 坦克的装甲却比"豹 1"坦克还重。

机动性能

AMX-30 坦克的机动性良好,以 540 千瓦发动机推动 36 吨重的车身,其推重比为 15 千瓦 / 吨。车轮采用扭力杆式悬挂系统,第 1 对和第 5 对车轮有油压减震设备。AMX-30 坦克能涉水深 1.3 米,加装通气管后能涉水深 4 米。

总体设计

AMX-30 主战坦克为传统式炮塔型坦克,由车体和炮塔两大部分组成。车体用轧制钢板焊接而成。驾驶舱在车体左前方;车体中段是战斗舱,其上有炮塔;车体后部为动力舱。炮塔为铸造件,内有 3 名乘员;车长位于火炮右侧,炮长位于车长前下方,装填手位置在火炮左侧。大型炮塔尾舱中装有 18 发炮弹。

法国 AMX-56 "勒克莱尔" 主战坦克

　　AMX-56 "勒克莱尔" 坦克是由法国地面武器工业集团 研制的主战坦克，用于取代 AMX-30 主战坦克。该坦克主要服役于法国和阿拉伯联合酋长国。

火力配置

　　AMX-56 "勒克莱尔" 主战坦克使用法国地面武器工业集团制造的 CN120-26 120 毫米滑膛炮，并且能够与美国 M1 "艾布拉姆斯" 主战坦克和德国 "豹 2" 主战坦克通用弹药。该坦克炮配有自动装弹机（装弹速度约为 12 发 / 分），因此减少了 1 名坦克乘员。"勒克莱尔" 坦克的火控系统比较先进，使其具备在 50 千米 / 时的行驶速度下命中 4000 米外目标的能力。该坦克的辅助武器为 1 挺 7.62 毫米防空机枪和 1 挺 12.7 毫米并列机枪。

基本参数	
长度	6.88 米
宽度	3.6 米
高度	2.53 米
重量	56.5 吨
最大速度	72 千米 / 时
最大行程	650 千米
乘员	3 人
发动机功率	1103 千瓦
涉水深	1 米
爬坡度	31°
过直墙高	1.25 米
越壕宽	3 米

装甲防护

　　AMX-56 "勒克莱尔" 主战坦克的炮塔和外壳采用焊接钢板外挂复合装甲式设计，可以轻松升级或更换装甲块，据称其正面可抵抗 "霍特 2" 反坦克导弹的攻击。该坦克装有法国地面武器工业集团的 Galix 战斗载具防御系统，可发射烟幕弹、榴弹和红外线干扰弹。此外，"勒克莱尔"坦克还装有三防装置、萨吉姆公司的"达拉斯"激光报警装置以及屏蔽和对抗装置。

机动性能

AMX-56"勒克莱尔"主战坦克的发动机为 SACMV8X-1500 型 8 缸柴油发动机，输出功率为 1103 千瓦。变速装置为 SESM ESM 500 自动变速器，拥有 5 个前进挡和 2 个倒车挡。该坦克的公路最大速度为 72 千米 / 时，越野速度为 55 千米 / 时，最大行程为 550 千米，加挂外油箱之后可增加到 650 千米。

总体设计

AMX-56"勒克莱尔"主战坦克除了具备 M1、豹 2 等当代最精锐坦克必备的任何杰出特质之外，更以大量应用最尖端科技著称于世。由于设计之初便引用最新的科技与概念（尤其是紧凑的新型动力系统），"勒克莱尔"坦克的体积相当紧致，长度比 M1、豹 2 坦克短了 1 米左右，车高仅 2.53 米。"勒克莱尔"坦克节省的体积重量不仅被用在装甲防护上，也替未来的提升预留了空间。体积减小不仅使得被弹面积缩小，也让"勒克莱尔"坦克在拥有与 M1A2 坦克同样厚实的装甲之下维持 56.5 吨左右的战斗重量，使得机动性大幅提升，并能降低战略运输与桥梁承载的负荷，而且各国的装甲救援车几乎都拖得动，降低了换装的成本。

法国 AMX-40 主战坦克

　　AMX-40 主战坦克是由法国地面武器工业集团设计生产的一款主战坦克，它集中了法国当时最先进的技术成果，因此不仅保持了前代坦克机动性较高的传统优点，而且在装甲防护和火力方面取得了较大进展。

火力配置

　　AMX-40 主战坦克的主要武器是 1 门地面武器工业集团研制的 120 式 120 毫米滑膛炮，炮管上不装抽气装置，但装有热护套。该滑膛炮配用尾翼稳定脱壳曳光穿甲弹、多用途破甲弹和尾翼稳定脱壳穿甲曳光训练弹。为了减轻装填手装弹负担，车上装有 1 台辅助装弹装置。120 毫米滑膛炮的左侧装有 1 门 F2 式 20 毫米并列机关炮，可在 -8°~+40°俯仰，能击穿 1000 米距离上的轻型装甲目标，它也是 AMX-40 坦克的防空武器。　车长指挥塔右边装有 1 挺 7.62 毫米机枪和 1 只白光探照灯。该机枪由车长在车内操作，用于对付地面有生力量，也可用于防空。

基本参数	
长度	6.8 米
宽度	3.36 米
高度	2.38 米
重量	43 吨
最大速度	70 千米 / 时
最大行程	600 千米
涉水深	1.3 米
过直墙高	1 米
越壕宽	3.2 米
发动机功率	809 千瓦

装甲防护

AMX-40 主战坦克是法国最早采用复合装甲的坦克，通过外形和装甲倾角的合理设计，使 43 吨总重量坦克的防护性能达到最佳程度。其动力舱中装有自动灭火装置，乘员舱中装有自动灭火抑爆系统。在炮塔前部两侧各装 2 个一组的电击发烟幕榴弹发射器。车体侧面装有裙板，完全遮盖了上支履带，裙板可以向上翻转，便于维修悬挂系统。前 4 个负重轮上的裙板比其余裙板厚一些，目的在于重点保护乘员舱乘员。

机动性能

AMX-40 主战坦克的动力装置是 12 缸 V 形 90° 夹角水冷普瓦约柴油机，传动装置具有带负荷换挡能力，悬挂形式为扭杆式，车体两侧各有 6 个双轮缘负重轮、5 个托带轮、1 个后置主动轮及 1 个前置诱导轮。在前 2 个负重轮上装有默西埃公司的减震器。该坦克的履带比 AMX- 30 的宽，但也可使用标准型履带和连接器型履带，需要时可加装防滑履带齿，以防止履带打滑。平时，防滑履带齿固定在驾驶员右边的车体前上装甲板上。

总体设计

AMX-40 主战坦克的总体布置与 AMX-30、AMX-32 坦克基本相同，驾驶舱在车体前左，前右为炮弹储存舱，战斗舱在车体中段，上面有一个常规炮塔，车体后部是动力舱。车体底部呈船形结构，对地雷有较好的防护性。 在第四辆样车的前下装甲板上，固定着 1 个推土铲，使用时由 1 名乘员用手操作放下推土铲，通过驾驶车辆推土，为本车构筑隐蔽射击工事。在驾驶员门上装有 3 具前视潜望镜，中间 1 具潜望镜夜间可换成微光夜间驾驶仪。在驾驶员座椅后边通往炮塔的通道底装甲板上开有 1 个供乘员从车底逃生的安全门。炮塔内部布置与 AMX-30 坦克相似，车长在火炮右侧，炮长在车长前下方，装填手位于火炮左侧。装填手有 3 具观察潜望镜。在车长指挥塔顶上装有 1 个周视潜望观察瞄准镜，其物镜装在装甲壳体内，可 360°旋转。

法国雷诺 FT-17 坦克

雷诺 FT-17 坦克是法国在一战时期生产的轻型坦克。它作为世界上第一款 360° 旋转炮塔式坦克而闻名于世，被著名历史学家史蒂芬·扎洛加称为"世界第一部现代坦克"。

性能解析

为方便批量生产，雷诺 FT-17 坦克的车身装甲板大部分采用直角设计，便于快速接合。雷诺 FT-17 坦克首次采用引擎、战斗室、驾驶舱各以独立舱间安装的设计，这样的设计使引擎的废气与噪声被钢板隔开，改善了士兵作战环境。为了改善作战人员的视野与缩小火力死角，因此设计了可 360°转动的炮塔。这些创新的实用设计日后成为各国坦克设计的核心概念。考虑到量产便利性，原型车使用的铸造圆锥形炮塔在量产初期改为铆钉接合的八角形炮塔，随后又改为铸造炮塔。

雷诺 FT-17 坦克的发动机、变速箱、主动轮在后，驾驶等操纵装置在前，而且只需 1 名驾驶员即可。其炮塔位于车体中前部，占据全车的制高点，使车长的视界非常开阔，提高了坦克的火力反应及速度。雷诺 FT-17 坦克有 4 种基本车型：第一种装备 8 毫米机枪 1 挺，配子弹 4800 发；第二种装备 37 毫米短管火炮，配弹 237 发；第三种为通信指挥车，将炮塔取消，装有固定装甲舱，并装备无线电台 1 部；第四种装备 75 毫米加农炮，未装备部队。

基本参数	
长度	5 米
宽度	1.74 米
高度	2.14 米
重量	6.5 吨
最大速度	7 千米/时
最大行程	65 千米
乘员	2 人
装甲厚度	6~22 毫米
发动机功率	25 千瓦

服役情况

1917 年 9 月，生产出第一批生产型坦克，定名为"雷诺"FT-17 轻型坦克。1918 年 3 月开始装备法军，到一战结束时，一共生产了 3187 辆。它第一次参加战斗是在 1918 年 5 月 31 日的雷斯森林防御战。在苏联国内战争期间，白匪军和外国干涉军也使用了"雷诺"FT–17 坦克。第一次世界大战以后，它还参加了法国殖民军 1925—1926 年镇压摩洛哥部落起义的战斗以及 1936—1939 年的西班牙国内战争。"雷诺"FT–17 坦克还参加了第二次世界大战。到 1940 年德军入侵法国时，法军还有 1560 辆"雷诺"FT–17 坦克。这些坦克大部分被德军缴获，被用作固定火力点或用于警卫勤务，直到 1944 年德军被逐出法国全境为止。

法国 FCM 2C 重型坦克

　　FCM 2C 重型坦克是法国于一战时期所研制生产的，在当时它是正式生产出来最重的坦克，不过并没有投入一战。

▌▌▌▶ ★ 性能解析

　　最开始 FCM 2C 重型坦克装备了 105 毫米火炮，全重达 40 吨。之后，在一个以攻击炮兵司令艾斯蒂安为首的委员会的要求下，该坦克重量变成了 70 吨，并且由 75 毫米火炮替换了原有的 105 毫米火炮。1940 年，有 6 辆 FCM 2C 重型坦克装备法国军队，并参与了二战，但其表现并不佳。

基本参数	
长度	5 米
宽度	1.74 米
高度	2.14 米
重量	6.5 吨
最大速度	7 千米 / 时
最大行程	65 千米
乘员	2 人
装甲厚度	6~22 毫米
发动机功率	25 千瓦

▌▌▌▶ ★ 服役情况

　　FCM 2C 重型坦克因为一战的结束仅仅制造了 10 辆，6 辆装备在法国军队中。该种坦克还参加了 1940 年的法国战役。

法国 FCM F1 超重型坦克

　　FCM F1 坦克是法国于一战之后、二战之前所研发生产的一款超重型坦克，其设计有点类似加大版的 B1 重型坦克。

▶ 性能解析

　　FCM F1 超重型坦克相对其他同类产品来说显得非常笨重，不便于运输。它整体造型又长又宽，拥有 2 个炮塔，一个炮塔位于前方，另一个位于后方，后方的炮塔要高一些，使得它向前射击时可以不被前方炮塔阻挡。2 个炮塔上各安装了 1 门高初速度的火炮。

▶ 服役情况

　　FCM F1 是由法国地中海冶金造船厂于一战到二战之间研发的超重型坦克。1940 年，军方曾经订购了 12 辆用于取代 2C 超重型坦克，但是在生产开始前，法国就投降了。因此，仅有一辆木质模型制造出来。

基本参数	
长度	10.53 米
宽度	3.1 米
高度	4.21 米
重量	139 吨
最大速度	20 千米 / 时
最大行程	200 千米
乘员	9 人
装甲厚度	100 毫米
发动机功率	803 千瓦

法国 ARL 44 重型坦克

ARL 44 坦克是法国于二战期间研制的一款重型坦克，一共生产了 360 辆。

性能解析

ARL 44 重型坦克底盘非常长，且十分狭窄，就像一个用于穿越壕沟的战车一样。它使用了一个十分过时的小型传动轮的悬挂，使用和 B1 重型坦克一样的履带，导致最大速度只能达到 35.75 千米 / 时。该坦克的炮塔参考了 Char F1 坦克的设计，能安装由高射炮改装的、带有炮口制退器、拥有 1000 米 / 秒初速度的 90 毫米 DCA 火炮。

基本参数	
长度	10.53 米
宽度	3.4 米
高度	3.2 米
重量	50 吨
最大速度	35.75 千米 / 时
最大行程	350 千米
乘员	5 人
装甲厚度	120 毫米
发动机功率	420 千瓦

服役情况

一部分 ARL 44 坦克被大穆尔默隆的"第 503 团主战坦克营"接收，用于替代之前的 70 辆"豹"式坦克。在战役中，ARL44 一开始是一个不太可靠的战车：齿轮箱、刹车、悬挂都过于脆弱。ARL 44 坦克只有一次在公众场合露面——10 辆战车参加了 1951 年 6 月 14 日的法国国庆阅兵。在美国，同样安装 1 门 90 毫米火炮的 M47 巴顿坦克于 1953 年后被逐步淘汰并被用作标靶。

法国 FCM 36 轻型坦克

FCM 36 坦克是法国所研发的一款轻型坦克，它还是法国第一种投入量产的使用柴油发动机的坦克。

性能解析

FCM 36 轻型坦克因为造价昂贵，仅生产了100 辆，主要装备于法国第 4 和第 7 坦克营。索玛公司曾经试图在 FCM 36 坦克上安装更加强力的火炮，但是因为炮塔焊接技术问题，并没有成功。

服役情况

因为造价昂贵，FCM 36 坦克仅仅生产了 100 辆。 索玛公司曾经试图在 FCM 36 坦克上安装更加强力的火炮，但是因为炮塔焊接技术问题，并没有成功。FCM 36 坦克参加了默兹河战役。

基本参数	
长度	4.51 米
宽度	2.14 米
高度	2.2 米
重量	12.35 吨
最大速度	24 千米 / 时
最大行程	225 千米
乘员	2 人
装甲厚度	40 毫米
发动机功率	67 千瓦

日本 90 式主战坦克

　　90 式坦克是日本研制的第三代坦克，于 1990 年进入日本陆上自卫队服役，是日本陆上自卫队现役的主要主战坦克之一。

火力配置

　　90 式坦克的主炮为德国莱茵金属公司授权生产的 120 毫米滑膛炮，该炮炮管长度为口径 44 倍，装有炮口校正装置、抽气装置和热护套，射速为 10~11 发 / 分。此外，该坦克还配有日本自制的自动装弹机，省去了装填手。该坦克使用的弹药主要为尾翼稳定脱壳穿甲弹和多用途破甲弹两种，其中尾翼稳定脱壳穿甲弹的初速达到 1650 米 / 秒，破甲弹为 1200 米 / 秒，备弹为 40 发。

　　90 式坦克的辅助武器为 1 挺 74 式 7.62 毫米并列机枪和 1 挺 12.7 毫米防空机枪，高射机枪为 M2HB 型。该坦克的火控系统比较先进，由激光测距仪、热成像仪、车长观测装置、炮长观测装置和火控电脑等部件组成，具备较高的行进间射击精度。

基本参数	
长度	9.755 米
宽度	3.33 米
高度	2.33 米
重量	50.2 吨
最大速度	70 千米 / 时
最大行程	350 千米
乘员	3 人
涉水深	1 米
爬坡度	31°
过直墙高	1 米
越壕宽	2.7 米

装甲防护

　　90 式坦克的装甲防护主要采用复合装甲，炮塔正面为垂直装甲，并未采用欧美主流的倾斜45°。在车体和炮塔前部使用复合装甲，而其他部位则采用了间歇装甲。此外，该坦克还安装有三防装置，即便在全封闭的情况下也能够作战数小时。

机动性能

90 式坦克的发动机为日本三菱公司制造的涡轮增压柴油发动机，输出功率为 1103 千瓦。传动装置为带液力变矩器的自动变速、静液转向式传动装置和电动液压操纵装置。该坦克采用液气和扭杆混合式悬挂装置，负重轮为每侧 6 个，其中第 3、4 个采用扭杆悬挂，第 1、2、5、6 个为液气悬挂。坦克最大速度为 70 千米 / 时，最大行程为 350 千米。

总体设计

90 式坦克样车为传统的炮塔式坦克，车体和炮塔均用轧制钢板焊接而成。驾驶舱在车体左前方；车体中部是战斗舱，其上是炮塔；车体后部为动力传动舱。炮塔内有 2 名乘员，车长位于火炮右侧，炮长位于左侧。驾驶舱上装有若干个潜望镜，其中也可装入红外夜视仪。

日本 10 式主战坦克

　　10 式坦克是由日本陆上自卫队以"新中期防卫力整备计划"为基础开发的主战坦克，从试验到生产皆由三菱重工负责，2012 年 1 月开始正式服役于陆上自卫队。

火力配置

　　10 式坦克的主炮为 90 式坦克所装备的 120 毫米滑膛炮升级版，试验车的主炮为日本制钢所制的国产 44 倍径 120 毫米滑膛炮，同时拥有更强穿甲力的新型穿甲弹也正在开发。日后 10 式坦克可能会换装威力更强大的 120 毫米 55 倍径主炮。该坦克炮塔尾舱内设有 1 具水平式自动装弹机。辅助武器为 1 挺勃朗宁 M2 重机枪（车顶）和 1 挺 74 式车载机枪（同轴）。

基本参数	
长度	9.42 米
宽度	3.24 米
高度	2.3 米
重量	44 吨
最大速度	70 千米 / 时
最大行程	440 千米
乘员	3 人
发动机功率	876 千瓦

装甲防护

　　10 式坦克的正面为内装式复合装甲，由于使用了碳素纤维和陶瓷等材料复合成的装甲，其装甲重量大大下降，基本重量为 40 吨，战斗全重为 44 吨，增加装甲最大限度为 48 吨。炮塔两边的模块式装甲是用螺栓固定的，安装和拆卸都很容易。这种模块式装甲应该是和德国"豹 2"坦克类似的间隙式装甲，除作为储物箱外，还有可能在必要时在中间增加装甲板。

10 式坦克的定位是城市作战坦克，其四周的探测装置是一种复合探测器，并不只有激光探测器，还有红外成像传感器和被动式厘米波极高频雷达探测器。

机动性能

10 式坦克采用 V 形 8 汽缸四行程水冷柴油引擎，功率为 876 千瓦，变速等机动性能比 90 式坦克更强。从 74 式坦克开始，日本坦克就使用液压悬挂系统，10 式坦克也不例外，这样可以更适合日本多山的地理环境，提高机动能力。10 式坦克的推重比虽然比不上 90 式坦克，但是由于无级变速技术的使用，使得发送机动力输出损耗大大降低，动力输出也更加稳定。

总体设计

10 式坦克外观仍与传统构型的坦克相似，但使用了大量先进的科技，也延续日本武器一贯的精致细腻。相较于 90 式主战坦克，10 式坦克的尺寸重量有所减少，战斗重量降至 44 吨，比 90 式坦克轻 6 吨。由于 73 式特大半拖挂车的最大承载重量为 40 吨，因此理论上在拆除模块装甲套件、卸下弹药之后，10 式坦克就能直接开上 73 式半拖挂车进行公路运输，故 10 式坦克的战役部署弹性与机动性比 90 式坦克大大增强。

日本 97 式中型坦克

97 式中型坦克是日本在二战期间装备的最成功的一种坦克，于 1937 年设计定型，1938 年开始装备部队。

火力配置

97 式中型坦克的主要武器为 1 门 97 式 57 毫米短身管火炮，可发射榴弹和穿甲弹，携弹量为 120 发 (榴弹 80 发、穿甲弹 40 发)，其穿甲弹可以在 1200 米距离上击穿 50 毫米厚的钢质装甲。辅助武器为 2 挺 97 式 7.7 毫米重机枪，携弹量为 4035 发，其中 1 挺为前置机枪，1 挺装在炮塔后部偏右的位置。

基本参数	
长度	5.52 米
宽度	2.33 米
高度	2.23 米
重量	15.3 吨
最大速度	38 千米 / 时
最大行程	210 千米
乘员	4 人
涉水深	1 米
过直墙高	0.9 米
越壕宽	2.5 米

装甲防护

97 式中型坦克的车长和炮手位于炮塔内，驾驶员位于车体前部的右侧，机枪手在驾驶员的左侧，炮塔位于车体纵向中心偏右的位置。车体和炮塔均为钢质装甲，采用铆接结构，最大厚度为 25 毫米。

机动性能

97 式中型坦克装有 1 台功率为 125 千瓦的 12 缸风冷柴油机，位于车体后部；主动轮在前，动力需通过很长的传动轴才能传到车体前部的变速箱和变速器。车体每侧有 6 个中等直径的负重轮，第 1 和第 6 负重轮为独立的螺旋弹簧悬挂，第 2~5 负重轮以 2 个为一组，要用平衡悬挂。

 服役情况

97 式中型坦克首先用于 1939 年的苏日诺门罕战役。97 式中型坦克的装甲太过薄弱，最厚处不过 30 毫米厚，美制 37 毫米反战车炮能轻易贯穿。当 97 式中型坦克在面对美军 M4 中型坦克时显得相当脆弱，M4 中型坦克能在 1000 米处击破 97 式中型坦克，而 97 式中型坦克要在 200 米处才能贯穿 M4 中型坦克的正面装甲，因此处于一面倒的惨局。在 1944 年年末到 1945 年的菲律宾战役期间，日军装甲兵甚至只能以在车前装置炸药冲撞对方的方式攻击美军坦克；1945 年 1 月 17 日在菲律宾乌达内塔，第 7 战车联队第 3 中队的和田小十郎小队长用 3 辆 97 式坦克进行埋伏，全部损失后击毁 3 辆 M4 坦克，是该型坦克最成功的对抗坦克战例。

瑞典 S 型主战坦克

S 型主战坦克是瑞典研制的主战坦克，全称 103 型坦克，20 世纪 60 年代开始进入瑞典陆军服役并持续到 20 世纪 90 年代。

 火力配置

S 型坦克的主要武器是 1 门博福斯公司 62 倍口径长的 105 毫米 L74 式加农炮，比英国 L7A1 炮的炮管长 1.2 米。火炮与坦克车体刚性固定，炮管不会发生颤动。炮管中央装有圆筒形抽气装置，无炮口制退器，炮管尾部有 2 个带中央曲柄的立楔式炮闩。

火炮瞄准是依靠车体的旋转和俯仰实现的。L74 式加农炮可以发射穿甲弹、榴弹和烟幕弹，根据需要也可发射碎甲弹。脱壳穿甲弹初速为 1463 米 / 秒，有效射程为 2000 米。榴弹初速为 730 米 / 秒，有效射程为 5000 米。由于采用了液压操纵自动装弹机，省去了 1 名装填手，且可增加火炮射速。

S 型坦克的辅助武器是 3 挺比利时 KSP58 式 7.62 毫米多用途机枪，其中 2 挺并列机枪固定安装在车体左侧平台上，与主炮交替使用，并可遥控，另外 1 挺高射机枪装在车长指挥塔左侧，由车长操纵，也能在车内瞄准射击。这些机枪发射北约通用枪弹，初速为 800 米 / 秒，有效射程为 1200 米，射速 700~800 发 / 分。另外，在车长门两侧安装有 2 组 80 毫米烟幕弹发射器，每组有 4 具。为在夜间进行目标照明，部分 S 型坦克顶部安装了 2 架莱兰照明弹发射器。

基本参数	
长度	9 米
宽度	3.8 米
高度	2.14 米
重量	42 吨
最大速度	50 千米 / 时
最大行程	390 千米
涉水深	1.5 米
爬坡度	31°
过直墙高	0.9 米
越壕宽	2.3 米

机动性能

S 型坦克采用了燃气轮机和柴油机双机联动的动力装置，动力舱内燃气轮机在左侧，柴油机在右侧，总输出功率为 537 千瓦。主机为 K-60 型 2 冲程对置活塞式多种燃料发动机，最大功率为 176 千瓦，可燃烧柴油、煤油和汽油等多种燃料。副机为波音 553 型双轴燃气轮机，最大功率为 360 千瓦。在车辆高速行驶或在复杂地形和恶劣路面上行驶时，2 台发动机同时使用。燃气轮机也可单独使用，尤其是在低温条件下，可用燃气轮机启动柴油机以对车辆进行低温启动。

装甲防护

该坦克的战场生存力较高，车体高度仅为 2.14 米，减少了中弹面积；发动机和传动装置前置也增大了乘员防护力；此外，车体前上斜装甲板倾角小，约 30°（与水平面夹角），水平厚度增加 2 倍以上。前上斜装甲板上有许多水平的加强筋和备用履带板，可提高抗穿甲弹能力。车内弹药存放在车尾部，不易被直接击中。动力舱内装有 2 套自动灭火系统，可从内部或外部控制。S 型坦克无三防装置。

瑞士 Pz61/ pz68 主战坦克

Pz61 主战坦克是瑞士自行研制的第一代坦克，装备瑞士机械化师。

性能解析

　　Pz61 主战坦克的动力是德国的 MB837Ba-500 型水冷柴油机，还有 1 台 CM636 柴油机为辅助动力。发动机通过瑞士自己生产的带液力变矩器的全自动变速箱传递动力。该坦克采用方向盘控制，非常轻便。此外采用少见的碟盘弹簧独立悬挂方式，也是 Pz61 的特点之一。这种悬挂系统虽然不占用车内空间，便于维护，但行程比较短。

基本参数	
长度	9.43 米
宽度	3.08 米
高度	2.72 米
重量	38 吨
最大速度	55 千米 / 时
最大行程	350 千米
乘员	4 人
发动机功率	462 千瓦

总体设计

　　Pz61 坦克采用传统的炮塔，车体和炮塔均为整体铸件，车体分为 3 个舱，前部是驾驶舱，中央是战斗舱，后部是动力舱。与驾驶员主战坦克相比，该坦克炮塔没有尾舱，半球形炮塔内车长和炮长位于火炮右侧，装填手在左侧。车长指挥塔有 1 单扇舱盖，四周装有 8 具潜望镜；炮长位于车长前下方；装填手观察塔上装有 6 具观察镜和左右对开的舱盖。该观察塔略高于车长指挥塔，因此后者视野受到一定限制。车内装有 1 部 SE-407 电台,有效通信距离 25 千米。此外车内还有乘员车内通话器,备有饮水箱。

火力配置

该坦克的主要武器是 1 门英国设计的 105 毫米 L7A1 式坦克炮,经修改后在瑞士制造,称为 PzKan61。该炮取消了炮口制退器,同时抽气装置移至炮管中段,以增加抽气效果。L7A1 火炮可发射瑞士设计的榴弹 (初速为 600 米 / 秒)、常规脱壳穿甲弹 (初速为 1470 米 / 秒)、碎甲弹 (初速为 730 米 / 秒) 和烟幕弹,亦可发射以色列的 M111 尾翼稳定脱壳穿甲弹,这是瑞士向以色列军事工业公司采购的。

装甲防护

该坦克炮塔呈流线型,较扁平,厚度为 120 毫米,与"逊邱伦"坦克相当。车体前上装甲倾斜度较大,车体两侧有装甲裙板,车尾部亦倾斜。车内装有较完善的三防装置。

机动性能

该坦克发动机系联邦德国 MTU 公司的 MB837Ba-500 柴油机,输出功率为 462 千瓦。由瑞士制造的传动装置包括半自动行星齿轮箱和双差速转向系统,前者提供 6 个前进挡和 2 个倒车挡,后者有液压转向装置,可实现无级和连续转向,使用方向盘操纵。除主发动机外,车内还装 1 台功率为 25 千瓦的辅助发动机,当主机不工作时用于驱动风扇和发电机等。

西班牙"豹2E"主战坦克

"豹2E"坦克是德国"豹2"主战坦克的一种衍生型，"E"代表西班牙语中的西班牙。该坦克为西班牙陆军采用现代化军备，并结合其要求设计而成，预计将服役到2025年。

性能解析

"豹2E"坦克是以"豹2A6"坦克为基础，并采用"豹2A5"炮塔上附加的楔形装甲。该装甲使得炮塔抵挡尾翼稳脱壳穿甲弹的能力得到提升。"豹2E"坦克是现役的"豹2"系列中防护力最强的一种。"豹2E"坦克的主要武器是莱茵金属公司120毫米L/55坦克炮，辅助武器为2挺7.62毫米MG3通用机枪。

基本参数	
长度	7.7米
宽度	3.7米
高度	3米
重量	63吨
最大速度	72千米/时
最大行程	500千米
乘员	4人
发动机功率	1080千瓦

该坦克使用的发动机为MTU MB 873 Ka–501 12汽缸柴油引擎。

服役情况

"豹2E"坦克比M60巴顿坦克还要先进许多，取代其成为西班牙机械化和装甲部队的主力。"豹2E"的研制共花了2.6万小时，其中9600小时在德国，共花费了19亿欧元，也使它成为全豹式坦克系列中生产最为昂贵的一种。"豹2E"坦克约有60%在西班牙生产，并于塞维利亚的圣塔巴巴拉系统公司组装车体。"豹2E"坦克的炮塔与前斜侧拥有比"豹2A6"还要厚重的装甲，还采用西班牙设计的，类似于德国"豹2"坦克的指挥与火控系统。

以色列"梅卡瓦"主战坦克

　　"梅卡瓦"坦克是以色列研制的一种主要侧重于防御的主战坦克。该坦克于 1978 年开始服役，并发展出了 4 代。

火力配置

　　"梅卡瓦"坦克已经发展了 4 代，第一代"梅卡瓦"使用的主炮为 105 毫米线膛炮，但从第三代开始换装了火力更强的 120 毫米滑膛炮。该坦克炮可发射专门研制的新型穿甲弹以及炮射导弹。"梅卡瓦"坦克的辅助武器相比其他主流主战坦克多了 1 门 60 毫米迫击炮。该迫击炮可收进车体，且能够遥控发射，主要用于攻击隐藏在建筑物后面的敌方人员。此外，该坦克还有 2 挺 7.62 毫米机枪和 1 挺 12.7 毫米机枪。

基本参数	
长度	9.04 米
宽度	3.72 米
高度	2.66 米
重量	65 吨
最大速度	64 千米 / 时
最大行程	500 千米
涉水深	1.38 米
过直墙高	1 米
越壕宽	3.5 米

装甲防护

　　"梅卡瓦"坦克非常注重防护性能，其中防护部分的重量占到整车重量的 75%，相较其他坦克的 50% 要高出不少。该坦克的炮塔扁平，四周采用了复合装甲。这种炮塔外形可有效减少正面和侧面的暴露面积，降低被敌命中的概率。"梅卡瓦"坦克的车体四周也挂有模块化复合装甲，并在驾驶舱内壁敷设了一层轻型装甲，以加强驾驶员的安全。为了抵抗地雷袭击，该坦克还对底部装甲进行了强化。此外，为了增强坦克正面的防护力，"梅卡瓦"坦克还采用了一项比较特别的设计，即将发动装置前置。

机动性能

"梅卡瓦"坦克的最初型号使用的是 662 千瓦的柴油发动机，到第四代"梅卡瓦"时换用了德国 MTU 公司的 1103 千瓦发动机，传动系统为 5 挡自动排挡箱，并采用了性能优秀的悬挂系统。

总体设计

"梅卡瓦"坦克的车体是铸造的，前上装甲焊接有良好防弹形状的装甲板，右边比左边高些。这一层铸造装甲后面有一空间，中空装甲，可填充稳定性和惰性高的柴油，其后是另一层装甲，这样的结构使该坦克有较好的防破甲弹和反坦克导弹的能力。该坦克的车内布置与普通炮塔式坦克不同，战斗舱在车体的中部和后部，驾驶舱在车体前左，车体前右是动力舱。驾驶员有 1 个向左开启的单扇舱盖和 3 个潜望式观察镜，中央有 1 个可换成被动式夜视镜。驾驶舱与战斗舱之间有 1 个通道，驾驶椅向前折叠时，驾驶员可以通向战斗舱。

车体后部可以储存炮弹，弹药装在特制的弹药箱内并放在弹架上。56 发炮弹分列左右两侧特制的弹药箱内和弹架上，只有 6 发应急弹装在炮塔内，可燃性炮弹都放在后部。弹架可以拆除，以便腾出空间乘坐一组指挥人员，或者放 4 副担架，或者载 10 名步兵。这使"梅卡瓦"主战坦克拥有强大的步兵投送、支援能力。

印度"阿琼"主战坦克

　　"阿琼"主战坦克是印度耗费 30 多年研制的一款第三代坦克，其名称来源于印度史诗摩诃婆罗多中人物阿周那。

火力配置

　　"阿琼"坦克的主炮为 1 门 120 毫米线膛炮，该炮可以发射印度自行研制的尾翼稳定脱壳穿甲弹、破甲弹、发烟弹和榴弹等弹种，改进型还可以发射以色列制的炮射导弹。

　　火控系统为巴拉特电子有限公司所研制，由热成像瞄准镜、弹道计算机、激光测距仪以及多种传感器组成。"阿琼"坦克的辅助武器为 1 挺 7.62 毫米并列机枪和 1 挺 12.7 毫米高射机枪，另外炮塔两侧还各有 1 组烟幕弹发射装置。

基本参数	
长度	10.19 米
宽度	3.85 米
高度	2.32 米
重量	58.5 吨
最大速度	72 千米 / 时
最大行程	400 千米
乘员	4 人
发动机功率	1022 千瓦

装甲防护

　　"阿琼"坦克主要着重于硬防护，采用了印度自制的"坎昌"式复合装甲。

据称该装甲性能与英国的"乔巴姆"复合装甲相近，并可外挂反应装甲。此外，该坦克还安装有三防装置。据称，印度自制的"坎昌"式复合装甲在实际测试中的性能很差。有资料称实测其装甲几乎相当于劣质锅炉钢材。

机动性能

"阿琼"坦克采用德国MTU公司生产的柴油发动机，输出功率高达1022千瓦，可为58.5吨重的"阿琼"坦克提供72千米/时的最大速度，最大行程为400千米。该坦克可以越过3米宽的战壕和0.9米高的垂直矮墙，爬坡度为31°。

服役情况

2000年印军订购124辆，花费47100万美元。预发展型的"阿琼"坦克部署在43坦克团并在2001年国庆阅兵时露过面。第一批生产型16辆于2004年服役。该团于2009年5月25日部署了45辆该坦克成为印军首个全"阿琼"的坦克团。陆军在2010年5月追加了124辆MK–I的订单，8月追加了124辆MK–II的订单。2011年6月超过100辆"阿琼"坦克已经交给印度陆军，最新一个全装备阿琼的坦克团是75团，该团一直都沿用老旧的T–55坦克。

韩国 K2 主战坦克

K2 坦克是韩国新一代主战坦克，目前在实验末期阶段，最终量产日期仍未确定。

性能解析

K2 坦克配备的武器包括引进的德国 L55 身管 120 毫米滑膛炮，具有自动装填弹药和每分钟可以发射多达 15 发炮弹的能力。该炮可以在移动中发射，即使在地势崎岖的地方也不受影响。韩国同时从德国引进了一批 DM53 穿甲弹，使用 DM53 穿甲弹时在 2000 米距离上可以轻易穿透 780 毫米厚度的北约标准钢板。由于德国对 DM53 穿甲弹输出韩国有数量限制，韩国还自己开发了一种钨合金穿甲弹，可在 2000 米距离上击穿 600 毫米厚度的北约标准钢板。

基本参数	
长度	10 米
宽度	3.1 米
高度	2.2 米
重量	55 吨
最大速度	70 千米/时
乘员人数	3 人
发动机功率	1120 千瓦
涉水深	1.2 米

▌▌▌▷ ★ 服役情况

2013 年 11 月 1 日，在首尔国际航空防务展上，现代 Rotem 公司官方证实，K2 "黑豹" 主战坦克正在批量生产，但交付时间将在 2014 年以后。

韩国陆军已经订购 100 辆 K-2 主战坦克，并于在 2016 年服役。现代公司预计，韩国陆军最终订购的 K2 主战坦克数量大约为 600 辆，其中首批 100 辆将配备 MTU 883 柴油发动机 / 伦克自动变速器动力组件。现 K2 坦克的单位功率为 20 千瓦 / 吨，比同级别其他坦克性能更高。现代 Rotem 公司希望下一批订单的坦克能装备斗山 DST 公司生产的发动机和科技动力公司开发的变速器，但这两大部件都曾因技术问题而推迟了装备。

土耳其"阿勒泰"主战坦克

"阿勒泰"坦克是土耳其的第三代主战坦克，目前仍处于研制阶段。

性能解析

  "阿勒泰"主战坦克采用 1314 千瓦的引擎，速度可达 70 千米 / 时，并能在 4.1 米深的水下作战。该坦克预计将有 120 毫米 55 倍口径滑膛炮，并有对应生物、化学与辐射性攻击之防护系统。一旦原型车生产与测试完成，土耳其国防工业局将会下发第一批 250 辆的订单，共将有 4 份订单，总数为 1000 辆，每次交货时新型坦克也预计会有额外的升级。

基本参数	
长度	7.5 米
宽度	3.6 米
高度	2.4 米
重量	65 吨
最大速度	70 千米 / 时
最大行程	430 千米
乘员	4 人
发动机功率	1314 千瓦

服役情况

  2009 年 4 月 29 日，土耳其国防工业局领导人穆拉德·巴亚在第九届阿布扎比的 IDEX 国际国防工业展中，证实了土耳其这款坦克将只使用本国资源来生产。截至 2010 年 9 月，经由国防工业局批准的坦克子系统以及软件，"阿勒泰"坦克的概念设计阶段已经完成。包括设计细节、整合、选择坦克系统以及连接。2010 年 10 月 15 日，奥托卡公司与 MTU 以及兰克公司签订大批坦克引擎的合约；同年 12 月 15 日，国防工业执行委员会决议开发本国生产的引擎；2011 年 5 月 11 日，"阿勒泰"坦克模型在 "2011 年 IDEF 展"上公布。

克罗地亚 M-95 "堕落者" 主战坦克

M-95 "堕落者" 坦克是克罗地亚正在研制中的主战坦克，是 M-84 主战坦克的升级发展型，由该国位于斯拉沃尼亚布罗德的杜洛·达克维奇特殊车辆制造厂（以下简称杜洛·达克维奇公司）负责此研制工程。

性能解析

M-95 "堕落者" 坦克采用爆炸反应装甲的应用，能提供车体前方与侧裙抵挡高爆反坦克弹的防护能力。该坦克的弹药采取了分离式储存，这样坦克遭到后方敌军攻击时，炮塔后部又多了一道安全措施保护乘员。此外，该坦克还有由炼网组成的栅栏装甲，以此保护容易被火箭筒攻击的后部。

总体设计

"堕落者" 与 M-84 坦克最大的差别在于其复合装甲与间隙装甲再加上爆炸反应装甲的应用，提供车体前方与侧裙足以抵挡高爆反坦克弹的额外防护能力。弹药也采取了分离式储存，给予坦克遭到后部攻击时，炮塔后部又多一道

基本参数	
长度	10.1 米
宽度	3.6 米
高度	2.2 米
重量	48.5 吨
最大速度	70 千米 / 时
最大行程	700 千米
乘员	3 人
发动机功率	876 千瓦

安全措施保护乘员。此外还有由炼网组成的栅栏装甲，阻挡火箭推进榴弹攻击坦克较脆弱的后部。杜洛·达克维奇公司开发的热像仪装置也增强了其夜战能力，另外还选用了 876 千瓦的引擎，令"堕落者"坦克有约 20 千瓦 / 吨的推重比。另外在火控系统、通信设备与履带等方面都有小幅改良。"堕落者"的自动装弹机也较 M84 坦克的快约 15%，1 分钟可达装载 9 发，而后者仅为 8 发 / 分。

德国"豹"2A7 主战坦克

德国克劳斯 – 玛菲·威格曼公司研制的最新型"豹"2A7 主战坦克在萨托里防务展上首次对外公开展出，该坦克采用了所有可能升级，战斗全重达 67 吨，适于传统军事作战和城区作战。

总体设计

据克劳斯 – 玛菲·威格曼公司宣称，"豹"2A7 主战坦克能够根据用户特种需求进行优化升级，是装备莱茵金属防务公司的 L/ 55 式 120 毫米滑膛炮的"豹"2A6 主战坦克的改进型，也可从装备 L/ 44 式 120 毫米滑膛炮的"豹"2A4/ 2A5 基础上升级。

基本参数	
长度	7.69 米
宽度	3.7 米
高度	2.79 米
重量	67 吨
最大速度	70 千米 / 时
最大行程	550 千米
发动机功率	1100 千瓦

"豹"2A7 升级组件包括顶置 FLW 200 遥控武器站，其上配装 12.7 毫米机枪和76 毫米榴弹发射器；车体正面区域、车体侧部和炮塔也安装附加被动装甲，腹部装甲也作为标准配置，以进一步提高生存力；所有车辆人员、车长、炮长和驾驶员配装增强热像仪，提高 360°态势感知能力；为适应高温环境，炮塔尾部

安装空调；底盘右后部安装辅助动力组件，使得车辆主要子系统能够在主发动机停止运转时工作；车体后部安装步兵电话机；如有需要，车体前部也可安装推土铲。

"豹"2A7主战坦克采用的先进装甲组件已在德国陆军联合作战中得到测试，如果投资允许预计至少升级225辆"豹"2A6和125辆"豹"2A5。拥有"豹"2主战坦克其他类型的国家也表现出了兴趣。

Chapter 03

自行火炮

　　自行火炮与坦克在外形上有相似之处，最大的区别在于前者多在战事中后段进行支援性的间接作战，故只需重视火力，对车辆性能和炮口灵活度要求不高。因此不少自行火炮只采用简易低劣的驱动系统，甚至很多没有旋转炮塔的设计。而坦克多在前线地段直接作战，往往要应付各种突发战况，故车辆性能和炮口灵活度要足够好才有优势。

美国 M7 自行火炮

M7 是美国二战时期研发的一款自行火炮。当它进入英军服役时，英国人便给它起了"牧师"的称号。

性能解析

1942 年 5 月，在 M7 自行火炮生产不足 1 个月的时间内，它又再次被改造，把炮弹的上限由 24 发提升至 69 发，其中 7 发炮弹安置在车身左侧，5 发在右侧，剩余的安放在装甲板下面。此外，M7 自行火炮在 M3 中型坦克的基础上进行了多方位的修改，大致和美军主力坦克 M4"谢尔曼"有着更多的共同性，例如，行驶速度、防护装甲等。

服役情况

虽然最早期的 M7 自行火炮是为了美军作战而制造。但根据美国提出的"租借法案"中，美国承诺为盟国提供战争物资，所以首批为数 90 辆的 M7 自行火炮在 1942 年夏季急忙运往北非，协助英军第八集团军作战；该批自行火炮在 1942 年 9 月运到开罗。经过短暂的换装训练后，英军部队在 1942 年 11 月的第二次阿拉曼战役中开始让这批自行火炮参战，而且部队的评价都相当正面。后来，M7 自行火炮在北非战场中取得极大成功，英国因此更希望美国在 1943 年前满足他们 5500 辆订单，但这个数字直到战争结束都没达成。二战后，美军部队中仍持续运用这型武器。不过20 世纪 50 年代中期后，该车地位逐渐由 M52 自行火炮与 M108 自行火炮取代；并且经由军援途径提供给美国盟邦使用。直到 2010 年，巴西陆军仍然在使用此型车。

基本参数	
长度	6.02 米
宽度	2.87 米
高度	2.05 米
重量	22.97 吨
最大速度	40 千米/时
最大行程	193 千米
乘员	7 人
发动机功率	298 千瓦

美国 M10 自行火炮

　　M10 自行火炮是美军在二战期间所使用的一款装甲战斗车辆，其官方名称为 3in GMC M10s。英国在租借法案下也装备了大量的 M10，被称为"狼獾"。

性能解析

　　M10 自行火炮使用了 M4 中型坦克的底盘，再配上开放式炮塔及 1 挺勃朗宁 M2 重机枪，以加强支援步兵攻击的效果。此外，M10 自行火炮的主炮为 M1918 火炮，它比起同期 M4 中型坦克的 75 毫米主炮更具打击威力。之后，美军还为其配备了 M93 高初速穿甲弹，使 M10 自行火炮的威力更胜德国四号坦克。

基本参数	
长度	6.83 米
宽度	3.05 米
高度	2.57 米
重量	29.6 吨
最大速度	51 千米 / 时
最大行程	300 千米
乘员	5 人
发动机功率	276 千瓦
装甲厚度	9~57.2 毫米

总体设计

　　M10 自行火炮的主炮也由本来的 T12 反坦克炮替换成 76.2 毫米的 M1918 炮，比起同期 M4 中型坦克的 75 毫米主炮更具打击威力。后来，还使用了 M93 高初速穿甲弹，威力更胜德国四号坦克，亦发挥了如德国 88 毫米高射炮一样的贯穿力。由于这门炮的末端相当重，加上炮弹放置位置、M2 勃朗宁机枪位置以及其他部件出现设计失误，让车身出现不平衡的情况。因此，为其车身后部添加负重，以平衡车身。

不仅车身重量分布出现问题，而且炮塔部分也出现一些问题。由于它的炮塔和 M4 中型坦克并不配合，造成需要手动回转炮塔的不便。

 服役情况

M10 自行火炮为美军在二战中最著名的自行火炮，在北非战役中，它赢得了莫大的成功。它的 M7 主炮能够在远距离中贯穿德国坦克的装甲。但是，它沉重的底盘无法为它带来高速的行动。因此在 1944 年年初，美国研发了 M18 地狱猫式自行火炮，以弥补 M10 自行火炮的不足。在战争后期的诺曼底战役中，由于 M10 自行火炮的主炮无法打穿德国"豹"式坦克的前装甲，所以 M10 的位置逐渐由 M36 杰克逊自行火炮所取代。虽然如此，M10 自行火炮仍然有一定的重要性，因此它仍然在部队中服役，直至战争结束。而在对日本的太平洋战争中，M10 自行火炮仍然负责执行传统的步兵支援任务。

美国 M18 自行火炮

M18 自行火炮是美国陆军在二战期间开发的一款坦克歼击车，是美军在二战时所有履带装甲战斗车辆中行走速度最快的一款，故有"地狱猫"的称号。

▮▮▮▷ 性能解析

装甲及火力上的失衡，就是 M18 自行火炮追求高速的代价。M18 自行火炮只安装了一层薄弱的装甲，而主炮威力也稍显不足。薄弱的装甲使车身及乘员们很容易受到伤害，同时主炮在远距离上无法打穿德国"虎"式及"豹"式坦克的装甲。后来，美军采用高速穿甲弹，使 M18 自行火炮的主炮得到更大的贯穿力。但是，这种炮弹无法大量补给。

基本参数	
长度	6.66 米
宽度	2.87 米
高度	2.58 米
重量	18 吨
最大速度	88 千米 / 时
最大行程	169 千米
乘员	5 人
发动机功率	253 千瓦
装甲厚度	5 ~ 25 毫米

▮▮▮▷ 服役情况

M18 自行火炮曾经在意大利的安齐澳战役中进行实战试验。后来投入生产的正式型号 M18 自行火炮则投入在西欧及意大利的战场中。起初的 M18 "地狱猫"自行火炮是作为一般装甲车使用，但是，随着后来美军重型坦克的开发及生产，M18 开始作为步兵的火力支援。然而，M18 自行火炮更出现了一种衍生型号"M39 装甲多用途车辆"。M39 装甲多用途车辆是由 M18 自行火炮拆除炮塔而成，主力用作运输兵员及淄重，亦是唯一一种正式投入生产的 M18 自行火炮派生型号。M18 自行火炮直至 1944 年 10 月才停产，此时已经接近战争的尾声。战后，它就被美国政府停止采用，但一些多余的就被售至其他国家，如南斯拉夫就一直使用这批战车，直至 20 世纪 90 年代。

美国 M36 自行火炮

M36 自行火炮是美军于二战期间使用的一款装甲战斗车。它的另外一个名字是"杰克逊"，这是为了纪念美国内战期间著名的南军将领汤玛士·乔纳森·杰克逊。

性能解析

M36 自行火炮的底盘大部分是以 M4A3 中型坦克为基础的，发动机位于车体后部，其动力通过一根很长的传动轴传至车体前部的变速箱，然后再传至差速器和主动轮。和 M10 自行火炮不同的是，M36 自行火炮的战斗室内有炮塔吊篮，且炮塔尾舱明显加大。

M36 自行火炮的车体部分的装甲厚度与 M4 中型坦克相同。炮塔装甲厚度为：正面和防盾处 76 毫米，侧面及后部为 38 毫米；炮塔顶部敞开，是它防护上的最大弱点。当初是为了追求射击操作上的方便性，后来生产的 M36 上加装了装甲盖板。

基本参数	
长度	7.46 米
宽度	3.05 米
高度	3.28 米
重量	29 吨
最大速度	42 千米 / 时
最大行程	240 千米
乘员	5 人
炮管俯仰角度	−10° ~+20°

火力配置

M36 自行火炮主要武器为 M3 式 90 毫米坦克炮，身管长为 52.5 倍口径，弹药基数 47 发，主要存放在炮塔后部的弹舱内，发射的弹种有：穿甲弹、超速穿甲弹和榴弹等。发射普通穿甲弹时，在 600 米射击距离上，可击穿"黑豹"坦克的主装甲；在 2000 米射击距离上，可击穿"黑豹"坦克的侧面和后部装甲。

美国 M107 自行火炮

　　M107 自行火炮被世界数十个国家的军队所使用，其中包括德国、西班牙、韩国、希腊和荷兰，足以见得其各方面性能都是当时同类武器中的佼佼者。

性能解析

　　M107 自行火炮是当时最大射程的机动性火炮武器，其 175 毫米 M113 主炮发射的 66.6 千克炮弹最远可达 32.8 千米（初速为 914 米／秒）。该自行火炮采用履带式动力系统，最高移动时速达 80 千米（接近主战坦克），在开火后可快速转换阵地以避开敌军的炮火反击。另外，M107 自行火炮采用的开放式车体设计虽然可降低重量，但令防护力大幅减弱，极长的炮管也影响了车体平衡。

基本参数	
长度	11.3 米
宽度	3.47 米
高度	3.15 米
重量	28.3 吨
最大速度	80 千米／时
最大行程	725 千米
乘员	5 人
发动机功率	329 千瓦

服役情况

　　M107 自行火炮在 1962 年推出，由 Pacific Car 及 Foundry Company 生产，它的车体与 M110 自走炮相同，但采用不同口径炮管，进行炮击时需要 13 人运作。美军的 M107 自行火炮在 20 世纪 70 年代后期退役，随后这些车体大多被改装为 M110 自走炮。除了美国外，以色列亦有用于多次中东战争中，其他还有德国、西班牙、韩国、希腊、荷兰、伊朗、意大利、英国、土耳其及其他部分北约国家等也有采用。

美国 M108 自行火炮

M108 是美军研制的一款自行火炮，目的是取代 M107 自行火炮，在役期间曾投入过越南战争，为美军炮兵提供不少作战支援。

性能解析

M108 自行火炮是由 L/22 式炮身结合履带式专用底盘构成。它拥有两栖作战能力；铝合金打造的车体，重量轻，使其有着比 M107 自行火炮更好的机动性能，并且可空运；缺点是射程近、威力小。

基本参数	
长度	6.11 米
宽度	3.15 米
高度	3.28 米
重量	21 吨
最大速度	56 千米 / 时
最大行程	360 千米
乘员	5 人
爬坡度	31°

美国 M109 自行火炮

　　M109 是美国研制的一款自行火炮，于 1963 年开始进入美国陆军服役，提供师和旅级部队所需的非直射火力支援。

性能解析

　　M109 自行火炮的车体结构由铝质装甲焊接而成，全车未采用密闭设计，也未配备核生化防护系统，但具备两栖浮游能力。在未准备的状况下，它可直接涉渡 1.828 米深的河流；如加装呼吸管等辅助装备，则可以每小时约 6 千米的速度进行两栖登陆作业。

火力配置

基本参数	
长度	9.1 米
宽度	3.1 米
高度	3.3 米
重量	27.5 吨
最大速度	56 千米/时
最大行程	350 千米
乘员	6 人
爬坡度	31°
发动机功率	296 千瓦

　　M109 自行火炮的主炮采用 1 门 M126 155 毫米 23 倍径榴弹炮，射击高爆榴弹时最大射程为 14600 米，射速 1 发/分，冲刺射速则为 3 发/分。它的

炮塔两侧各有 1 扇舱门，后方有 2 扇舱门供弹药补给使用。

总体设计

全车可搭载乘员 6 人（车长、射手、3 名弹药装填手及驾驶员），驾驶舱位于车身左前方，设有 3 具 M45 潜望镜供驾驶使用，具有夜视装备可于夜间使用。车长舱口位于炮塔右侧，装有 1 具 M2 12.7 毫米机枪架，可 360°旋转射击。炮锄无装置动力释放装置，射击前必须以手动操作。

美国 M110 自行火炮

　　M110 是美军研制的一款大口径自行火炮（主炮口径 203 毫米），于 1961 年开始在美军服役。之后由于性能的出众，衍生了许多不同的型号，其中包括 M110A1、M110A2 和 M578 等。

性能解析

　　除了主炮以外，M110 与 M107 结构大致相同，为了符合空运需求也严格限制了其重量，采用了开放式炮塔。现今，由于科技更新，155 毫米榴弹炮的射程已追上 203 毫米的范围，而且重装备需要更多资源进行运作。因此，各国的 M110 自行火炮已经开始退役，并由新型小口径 155 毫米自行火炮取代。

基本参数	
长度	10.732 米
宽度	3.15 米
高度	3.15 米
重量	28.35 吨
最大速度	54.7 千米 / 时
最大行程	523 千米
乘员	5 人
炮管俯仰范围	−2° ~+65°
发动机功率	296 千瓦

总体设计

　　M110 自行火炮车体为铝合金装甲全焊接结构。驾驶室位于车体的左前部，驾驶员有 3 具潜望镜。变速箱位于车体前部右侧，其后是发动机。车体后部为炮架和火炮，没有炮塔。车体的最后左侧装有装弹机，车体后部下方装有大型驻锄，射击时放下，以吸收射击时的后坐能量。

俄罗斯 ASU-57 空降自行火炮

ASU-57 是苏联于二战结束后设计生产的一款空降自行火炮，主要由空降部队使用，但其本身体积小，起到的作用并不大，所以于 1962 年被淘汰。

性能解析

ASU-57 空降自行火炮的设计重点是尽可能小巧轻盈，车身主要为铝合金制造，正面装甲为 6 毫米厚而侧方和后方为 4 毫米厚。该自行火炮动力为原本用于"嘎斯牌"汽车的 41 千瓦汽油发动机，无炮塔而且采用开放式战斗室，主要武器为 1 门 57 毫米 Ch-51 炮。当要空投时，把 ASU-57 固定在 1 个地台上，此地台和 1 个拉出伞、4 个直径 30 米的主降落伞相连，也可直接用米 -6 直升机空运。

基本参数	
长度	3.48 米
宽度	2.8 米
高度	1.18 米
重量	3.4 吨
最大速度	45 千米 / 时
最大行程	250 千米
乘员	3 人
装甲厚度	4 ~ 6 毫米
发动机功率	41 千瓦

俄罗斯 SU-122 自行火炮

SU-122 是苏联研制的一款自行火炮，其拥有较高火力武器，对敌方的步兵阵地和轻装甲目标有着极高的威慑力。

▌▌▌▷ 性能解析

SU-122 自行火炮是以 T-34 中型坦克的底盘为基础的，使用与其相同的发动机和变速器，以降低成本并简化生产。该自行火炮前装甲 45 毫米厚，以 60°倾斜，所装备的 M-30S 榴弹炮可以升高 26°或下调 3°，左右各移动 10°。SU-122 自行火炮不足之处在于 122 毫米榴弹装填时间较长，且装甲并不算太厚，而且全车只有 1 个可供乘员进出的舱门，给乘员逃生带来了不便。

基本参数	
长度	6.95 米
宽度	3 米
高度	2.32 米
重量	30.9 吨
最大速度	55 千米/时
最大行程	465 千米
乘员	5 人
装甲厚度	20~65 毫米
过直墙高	0.76 米
越壕宽	2.49 米
涉水深	0.89 米

▌▌▌▷ 服役情况

SU-122 自行火炮于 1942 年年底开始量产，共生产 638 辆，1943 年 11 月停产。SU-122 作为突击炮被用于提供火力支援，尤其是为步兵部队。强大的 122 毫米榴弹炮对堡垒、步兵阵地和轻装甲目标有良好效果。此外，SU-122 自行火炮也曾用于反坦克作战。采用 1943 年装备部队的 BP-460A 高爆反坦克弹时，理论上可以击穿 200 毫米装甲。122 毫米榴弹炮能有效打击德军装甲车辆，即使是装甲厚重的"虎"式坦克，所以在实战中也可以作为自行反坦克炮使用。

俄罗斯 SU-85 自行火炮

SU-85 是苏联研制的一款自行火炮。二战期间它一直在东线服役于苏联、波兰和捷克斯洛伐克的军队，直至战争结束。

▶ 性能解析

SU-85 自行火炮相比 SU-122 自行火炮而言，前者主要是更换了后者的 122 毫米 M-30S 榴弹炮，改装 D-5T 高速 85 毫米反坦克火炮。这种火炮能在长距离有效对付"虎"式重型坦克。此外，它的车体也有所缩小，能有效地提高机动性能。该自行火炮有 2 种版本，基本型有固定的指挥塔和可旋转的观测仪；而改良过的 SU-85M 型 则有与 SU-100 自行火炮相同的车顶盖和与 T-34 中型坦克相同的车长指挥塔。

基本参数	
长度	8.15 米
宽度	3 米
高度	2.45 米
重量	29.6 吨
最大速度	55 千米 / 时
最大行程	400 千米
乘员	5 人
装甲厚度	20~55 毫米
爬坡度	29°
过直墙高	0.76 米
越壕宽	2.49 米
涉水深	0.9 米

▶ 服役情况

1943 年 9 月，在强渡第聂伯河战役中首次使用了 SU-85 自行火炮。良好的性能使其在苏军中十分受欢迎。1944 年夏季攻势中，苏军装备 SU-85 自行火炮的第 1021 自行火炮团摧毁了 100 多辆德军坦克。近卫第 1 坦克集团军的一名指挥官在报告中说："新的坦克歼击车在整个战役中对我们的装甲部队进攻起到了关键性的作用，对敌军坦克构成了巨大的威胁。它们拥有良好的装甲防护，装备的火炮可以远距离杀伤目标。同时，新的坦克歼击车在防御中也表现出色。"

俄罗斯 SU-100 自行火炮

基本参数	
长度	9.45 米
宽度	3 米
高度	2.25 米
重量	31.6 吨
最大速度	48 千米 / 时
最大行程	320 千米
乘员	4 人
装甲厚度	20~65 毫米
爬坡度	30°
过直墙高	0.63 米
越壕宽	3 米
涉水深	0.9 米

SU-100 是苏联研制的一款自行火炮，主要活跃在二战末期，战后还参与了数次局部战争，各方面性能都是值得信赖的。

▌▌▌★ 性能解析

SU-100 自行火炮的火力相比德军"虎王"重型坦克有所逊色，但比起其他同类武器来说，绝对是有过之而无不及。它拥有 1 门 100 毫米的火炮，可在 1000 米、仰角 30°下贯穿 160 毫米的装甲。SU-100 参与了二战末期苏军的每一场战役。最辉煌的战果是在 1945 年 3 月，苏军在匈牙利的巴拉顿湖战役将大量的 SU-100 自行火炮投入作战，德军装甲部队被 SU-100 自行火炮全面击溃。尽管这次胜利对战事大局并无影响，但是充分表现了 SU-100 自行火炮对德军的压制能力。

▌▌▌▷ 服役情况

1944 年 12 月，一些苏军的自行火炮团和旅开始装备 SU-100 自行火炮。每个团装备 4 组，每组 5 辆，其中 1 辆 SU-100/ T-34 为指挥车。而一个自行火炮旅则装备有 65 辆 SU-100 自行火炮。1945 年 1 月 8 日，SU-100 自行火炮首次在匈牙利参加战斗，1945 年 3 月在德军臭名昭著的巴拉顿湖反击中 SU-100 被苏军大量使用。SU-100 自行火炮在苏军中服役一直到 20 世纪 70 年代，华约组织以及亚洲（包括中国），非洲和拉丁美洲的很多国家军队都装备过 SU-100 自行火炮。二战后，SU-100 自行火炮在中东战争、安哥拉冲突中都被使用过。目前，在越南陆军中仍有 SU-100 自行火炮服役。

俄罗斯2S4"郁金香树"自行火炮

2S4"郁金香树"是苏联研制的一款自行火炮,于1975年在苏联陆军服役,故北约给予M–1975的代号。

▌▶ 性能解析

2S4"郁金香树"自行火炮采用GMZ装甲布雷车的底盘,车体由钢板焊接而成,并强化抗弹能力,以防御小口径武器和炮弹破片。驾驶员和车长位于车辆左前方的驾驶舱,右前方则为动力舱,车体后半部为乘员战斗舱。它还配备1个可360°旋转的顶塔,并加装1挺7.62毫米机枪和1具红外线探照灯。主炮装置在车体后半部,需要3个人配合才能操作。

基本参数	
长度	8.5 米
宽度	3.2 米
高度	3.2 米
重量	30 吨
最大速度	62 千米 / 时
最大行程	420 千米
乘员	5 人

▌▶ 总体设计

2S4"郁金香树"自行火炮于20世纪70年代初由乌拉尔运输与机械工业发展,结构上与2S3和2S5两种152毫米自走炮共用部分零组件。底盘选用GMZ装甲布雷车,车体由钢板焊接而成,并强化抗弹能力,以防御小口径武器和炮弹破片。驾驶员和车长位于车辆左前方的驾驶舱,右前方则为动力舱,车体后半部为乘员战斗舱。车长配备1个可360°旋转的顶塔,并加装1挺7.62毫米机枪和1具红外线探照灯。迫击炮装置在车体后半部,需要3个人才能操作,所以每套系统编制人员为5人。

俄罗斯 2S5 "风信子" 自行火炮

2S5 "风信子" 是苏联研制的一款自行火炮，主要部署于苏联陆军和华沙公约组织国家的陆军，并少量出售给芬兰陆军。

性能解析

2S5 自行火炮如同 2S4 自行火炮一样，采用 GMZ 装甲布雷车作为底盘，车体由钢板焊接而成。不同的是，2S5 自行火炮动力系统改用 1 台 4 缸涡轮增压引擎，可使用多种燃料，最大输出 380 千瓦。在整体结构上，2S5 自行火炮与美军的 M107 和 M110 自行火炮相似，故缺点也相同。例如，战斗室缺乏装甲防护，炮班在操炮时容易遭到敌方火力杀伤；非密闭式车体，缺乏核生化防护能力；方向射界（仅左右各 15°）狭窄，对战术运用极为不利。

基本参数	
长度	8.33 米
宽度	3.25 米
高度	2.76 米
重量	28.2 吨
最大速度	62 千米/时
最大行程	500 千米
乘员	5 人
装甲厚度	15 毫米
发动机功率	380 千瓦

火力配置

2S5 主炮选用 2A36 152 毫米拖曳式榴弹炮的车载衍生版本，炮口装有五叶式制退器，可作为辨认的特征。该炮炮管为 53.8 倍径，无炮身抽气装置，装填弹药时可使用半自动装填系统，以节省人员的体力消耗。最高射速为 5~6 发/分，战斗室内装有 30 枚待射炮弹。接获射击任务、进入待射位置后，会将车尾的大型驻锄插入地面，以提供射击时的稳定性，待命备射约需 1 分钟，撤收约需 2 分钟。

　　弹药采用弹头与装药分离的分离式弹药设计。使用的弹药种类，除 46 公斤重的高爆破片炮弹（最大射程为 28.4 千米），另有火箭助推式炮弹（最大射程 40 千米），其他还可使用化学炮弹、特殊用途炮弹和战术核子炮弹等，亦可发射激光导引炮弹以精确攻击点目标。

德国三号自行火炮

　　三号自行火炮是德国二战期间使用的一款装甲武器，直至战争完结，德国一共生产了 10 500 辆。

性能解析

　　三号自行火炮以轻型的钢材结构、StuK 37 L/24 火炮为特色，德军将其配备给步兵，充当近距支援战斗的角色。该车在对法作战、巴尔干战役、1941 年的巴巴罗萨行动与随后的冬季防御战中获得前线士兵的好评。

　　芬兰陆军在 1944 年从德国接收了 59 辆三号自行火炮，并以之抗击苏联。这些自行火炮至少击毁了 87 辆苏联坦克，而自己只损失了 8 辆。即使

基本参数	
长度	6.85 米
宽度	2.95 米
高度	2.16 米
重量	23.9 吨
最大速度	40 千米 / 时
最大行程	155 千米
乘员	4 人
装甲厚度	80 毫米
发动机功率	520 千瓦

在战后，芬兰陆军也继续以三号自行火炮为主力战车直至 20 世纪 60 年代初。

 服役情况

依照原始设计，早期的三号自行火炮被配署于步兵师或机械化步兵师协助步兵作战，并在对法作战、巴尔干战役、1941 年的侵俄之役与随后的冬季防御战中获得前线士兵的好评。而在这个时期，三号自行火炮的反坦克潜力已在少数战例中显露出来，其中最为著名的例子是发生在 1941 年 9 月，日后闻名于世的"虎"式坦克王牌车长米歇尔·魏特曼，在一次支援任务中利用三号自行火炮低矮的车身对一队苏联 T-26 坦克进行了长达半小时的袭击，在自身毫发未伤的情况下摧毁了其中的六七辆。

在装备了长倍径的反坦克炮后，三号自行火炮更成为前线倚重的全能性火力载台（主要仍着重在反装甲能力上），斯大林格勒战役中的某个战例即可证明其优异的表现：军士长库特·普弗瑞德纳指挥的三号自行火炮 F 型，就曾经在 20 分钟内击毁 9 辆苏联坦克。因此，他在 1942 年 9 月 18 日被颁授骑士铁十字勋章，以表扬他的这次行动。而在 1943 年 1 月的 1 日至 4 日，下级军官霍斯特·纽曼在德米扬斯克地区与苏军交战，并击毁苏联 12 辆坦克。

德国"灰熊"式自行火炮

"灰熊"自行火炮是二战时期由德国以四号中型坦克的底盘为基础所研制出来的，主要用作对步兵的支援。

⫸ 性能解析

"灰熊"自行火炮拥有较厚重的装甲，车内配有 MG34 机枪与 MP40 冲锋枪。与四号中型坦克相比，"灰熊"自行火炮由于主炮的搭载位置与厚重的前面装甲而使得头重脚轻（重心集中于前方）。此外，因为它没有炮搭，为了瞄准就必须让车体左右旋转，所以对其传动系统与变速箱的负荷较大，比较容易出故障。

基本参数	
长度	5.93 米
宽度	2.87 米
高度	2.52 米
重量	28.2 吨
最大速度	24 千米 / 时
最大行程	210 千米
乘员	4 人
装甲厚度	10~100 毫米

⫸ 服役情况

1943 年 3 月到 1945 年 3 月，一共有 298 辆"灰熊"自行火炮被制造出来。这些车辆全部使用了翻新的或新造的 IV 式坦克底盘，许多家分包商提供的部件均在德国埃森工厂 Deutsche Eisenwerke 进行组装。

"灰熊"自行火炮的第一次露面是在 1943 年夏季随第 216 突击炮营（陆军中校荣根费尔德的第 656 重型猎坦克团的一部分）在库尔斯克作战。荣根费尔德在库尔斯克会战后获得骑士十字勋章，在随后的哈尔科夫作战后晋升上校。第 216 突击炮营后来活跃在意大利的安奇奥战线。后来另外 3 个突击炮营——第 217、218、219 突击炮营组建后分别在东线和西线活动，每营装备 46 辆"灰熊"自行火炮和 85 辆其他车辆（如 SdKfz.9 装甲车等），他们在前线一直作战到战争结束。"灰熊"自行火炮还装备了一个特殊单位——第 218 连级特遣队（Kompanie z.b.V. 218），出现在镇压华沙起义的德军部队中。"灰熊"自行火炮在部队中还另有一个外号"斯图帕"。

德国"犀牛"式自行火炮

"犀牛"式自行火炮是德国二战时期研制的一款装甲武器，主要用于击溃敌方坦克装甲，使其步兵无法行进。

性能解析

"犀牛"式自行火炮的主炮是二战期间最有效的坦克炮之一。它的 Pzgr. 40/43 碳化钨包芯弹头可以贯穿 1000 米距离外、倾斜 30°的 190 毫米轧压均质装甲。主炮强大的威力使得其可以在敌方坦克火炮射程外攻击对手。它的长程火炮攻击能力抵消了本身装甲薄弱、火炮外露部分过多以及过高车身暴露在大草原平坦地形中的不利因素。

基本参数	
长度	8.44 米
宽度	2.95 米
高度	2.65 米
重量	24 吨
最大速度	42 千米/时
最大行程	235 千米
乘员	4 人
发动机功率	223 千瓦
装甲厚度	20~30 毫米

服役情况

"犀牛"式自行反坦克炮的主炮是二战期间最有效的坦克炮之一，它的 Pzgr. 40/43 碳化钨包芯弹头可以贯穿 1000 米距离外倾斜 30°的 190 毫米轧压均质装甲，主炮强大的威力使得"犀牛"式自行反坦克炮可以在敌方坦克火炮射程外攻击对手。

"犀牛"式自行反坦克炮初次登场是在库尔斯克会战，表现良好。它的长程火炮攻击能力抵消了本身装甲薄弱、火炮外露部分过多以及过高车身暴露在大草原平坦地形的不利因素。如同德国其他装载 Pak 43/ KwK 43 坦克炮的装甲车辆，"犀牛"式自行反坦克炮可以击穿任何盟军坦克的正面装甲。根据 1945 年年初的报告，"犀牛"式自行反坦克炮可在 4600 米外击破苏联的 IS–2 斯大林重型坦克，同时它也是德军唯一拥有击破美国 M26 "潘兴"坦克勋绩的坦克，"潘兴"坦克只在欧洲战场战斗结束前几个月才有非常少的数量参战。

德国"野牛"式自行火炮

　　"野牛"式自行火炮是德国在二战初期使用的一款步兵装甲武器，由于其设计存在一些缺陷，所以在二战中期被淘汰。

性能解析

　　"野牛"式自行火炮是以一号中型坦克的底盘为基础、配搭 SiG33 150 毫米榴弹炮作为主炮改装而成的，曾参加过 1940 年对法国的入侵作战。其最大特色在于可拆卸的火炮设计，既可以固定在底盘作为标准的自行火炮来使用，又可以拆卸下来作为普通的榴弹炮用于阵地战。

基本参数	
长度	4.67 米
宽度	2.06 米
高度	2.8 米
重量	8.5 吨
最大速度	40 千米 / 时
最大行程	140 千米
乘员	4 人
发动机功率	48 千瓦

德国"黄鼠狼Ⅰ"自行火炮

　　"黄鼠狼Ⅰ"自行火炮是德国二战时期使用的一款装甲武器，和"犀牛"式自行火炮是同一时间出现的。

性能解析

　　"黄鼠狼Ⅰ"自行火炮的引擎位置非常适合自行火炮的设计（位于车体中央）。它撤除车体后部的兵员乘坐用空间，用以安装火炮及设置开放式的战斗室。不过战斗室只是由9~10毫米厚的装甲板所构成，仅能防护乘员免于轻兵器及炮弹破片的伤害，无法防护来自敌方坦克的炮击。

基本参数	
长度	5.38 米
宽度	1.88 米
高度	2 米
重量	8.2 吨
最大速度	34 千米 / 时
最大行程	135 千米
乘员	4 人
发动机功率	52 千瓦
装甲厚度	9~12 毫米

服役情况

　　最初一批"黄鼠狼Ⅰ"型自行火炮是在 1942 年投入东部战线，配备于步兵师团坦克驱逐大队。但是这些"黄鼠狼Ⅰ"型在后续车型如"黄鼠狼Ⅱ"型、"黄鼠狼Ⅲ"型出现后，就陆续被后送回法国境内使用。主要理由是因为 Lorraine 牵引车以及其他法军坦克底盘，在法国会比较容易由当地其他的法军车辆来取得、挪用零件的关系。而在联军登陆诺曼底的前后，配备于大西洋防线的几个装甲师由于坦克不足，许多都是以法军坦克底盘改造的"黄鼠狼Ⅰ"型来填补缺额。

德国"黄鼠狼Ⅱ"自行火炮

"黄鼠狼Ⅱ"自行火炮是德军二战时期使用的一款装甲武器，依据车体设计、使用的底盘不同大致分为两类，即 Sd.kfz.132 型和 Sd.kfz.131 型。

性能解析

"黄鼠狼Ⅱ"自行火炮因为其搭载火炮的优秀，而成为能充分对抗盟军坦克的一项利器。它的缺点是：车较高，没有车顶，背后也为开放式，加上战斗室的装甲相对薄弱，对于乘员的保护极度不足。除了装甲完全无法抵挡敌军反坦克炮的炮击之外，开放且脆弱的战斗室导致"黄鼠狼Ⅱ"很容易因为步兵的肉搏攻击而被击毁。

基本参数	
长度	5.38 米
宽度	1.88 米
高度	2 米
重量	8.2 吨
最大速度	34 千米/时
最大行程	135 千米
乘员	4 人
发动机功率	52 千瓦
装甲厚度	9~12 毫米

服役情况

在二战中"黄鼠狼Ⅱ"自行火炮为国防军和武装党卫队的装甲师的反坦克营，以及一些空军单位（如赫尔曼·戈林装甲师）所使用。

不过以坦克的标准来看待"黄鼠狼"（貂鼠）系列本来就不公平。比起坦克或是突击炮，"黄鼠狼Ⅱ"顶多只能算是有自走能力的反坦克炮，不适合用于主动的对坦克战斗。原则上均使用在被动的防御性战斗，相较于牵引式的反坦克炮能够迅速的转移阵地是其优点所在。

虽然"黄鼠狼Ⅱ"自行火炮是种十分有效的自行反坦克炮，但是因其生产线已经决定转换来制造同样使用二号坦克底盘为基础的黄蜂式自走榴炮，所以结束了生产。不过配备于反坦克部队的"黄鼠狼Ⅱ"自行火炮，仍然与后继型的"黄鼠狼Ⅲ"自行火炮共同活跃于前线，坚持战斗至德国投降为止。

德国"黄鼠狼Ⅲ"自行火炮

"黄鼠狼Ⅲ"自行火炮是德国"黄鼠狼"系列的第三种型号，是以LT-38坦克底盘为基础所研制出来的，一直服役到二战结束。

性能解析

为了能满足前线需求，德军把LT-38坦克的炮塔去除，然后在底盘上安装一个新的结构体，最后在结构体上安装了F-22野战炮和扩大过的炮盾。炮盾（装甲厚度10~50毫米）给予指挥官和装填手有限的保护。主炮、指挥官和装填手的位置在引擎的甲板上。该型号自行火炮高度远比LT-38坦克高，因此在敌人的火力下显得较为不利，容易受到敌人的攻击。

基本参数	
长度	4.65 米
宽度	2.35 米
高度	2.48 米
重量	10.67 吨
最大速度	35 千米/时
最大行程	190 千米
乘员	4 人
装甲厚度	10~50 毫米
发动机功率	92 千瓦

服役情况

"黄鼠狼Ⅲ"自行火炮参与了前线所有的战斗，Sd.Kfz. 139 型在东线战场广泛使用，有一些也在突尼斯战斗，甚至在 1945 年 2 月，仍然有 350 辆 M 型在军中服役。"黄鼠狼Ⅲ"自行火炮被德国国防军和党卫军装甲师的驱逐坦克营所使用，纳粹德国空军也有用到一些，如赫尔曼·戈林领导的第 1 伞降装甲师。"黄鼠狼Ⅲ"自行火炮的机械很可靠，就如同其他以 LT–38 坦克底盘制成的车种一样，它们的火力足以在射程内击毁大部分的苏联坦克。

"黄鼠狼Ⅲ"自行火炮的缺点和存活率有很大的关系，敞篷装甲在面对敌方火炮（特别是榴弹炮）间接射击的时候不堪一击，装甲也特别薄，使得在面对敌方坦克或是在近距离遇上机枪火力时完全招架不住。"黄鼠狼Ⅲ"自行火炮并不适宜作为突击炮或是坦克的替代品，这是由于薄弱以及无顶盖的装甲在市区或其他近战战斗中相对脆弱，它们在防守或是监视、伏击方面的任务表现较为杰出。尽管缺点较多，但它们仍然比普通的牵引式反坦克炮更有效率。

德国"猎虎"式自行火炮

　　"猎虎"式自行火炮是二战时期德国投入使用的最重的装甲战斗车辆，目前仅剩下 3 辆。它们分别展示在美国、英国及俄罗斯的军事博物馆。

性能解析

　　"猎虎"式自行火炮使用固定炮塔结构，这样相比使用同样底盘的可转动炮塔结构，它能装备更大口径的火炮，而且固定炮塔结构也能减少制造周期和成本。该车由于过于夸张的车重和马力明显不足的发动机，所以也存在许多机械和技术上的问题。在战场上没有任何一型盟军的火炮可以击穿"猎虎"式的正面装甲，绝大多数的被丢弃的"猎虎"式都是因为机械故障和缺乏燃料。

基本参数	
长度	10.65 米
宽度	3.6 米
高度	2.8 米
重量	71.7 吨
最大速度	35 千米 / 时
最大行程	120 千米
乘员	6 人
装甲厚度	250 毫米
发动机功率	515 千瓦

服役情况

　　第一辆配发的"猎虎"式自行火炮是在 1944 年 9 月装备部队，约 20% 的"猎虎"式自行火炮是在作战行动中损失的，但在令人绝望的战争后期，大多数的"猎虎"是被自己乘员在弃车之后击毁的，主要是因为机械故障，甚至有时仅仅是因为缺乏燃料。"猎虎"式自行火炮的 128 毫米 PaK 44 反坦克炮采用了分离式装药，这意味着需要有两个装填手来分别装填弹体和发射药，这导致了"猎虎"式自行火炮的射速不太高。发射炮弹时的巨大烟幕也会常常暴露己方的位置，而且会使己方乘员的视野受限，当然由于再次装填时间很慢，后一种情况在事实上并不会妨碍己方的乘员。美军的测试表明 128 毫米炮能在 2100 米上正面击毁 M26 坦克。

德国 "蝗虫 10" 自行火炮

　　"蝗虫 10" 自行火炮,由克虏伯 – 古森公司于 1943—1944 年研制、马德堡公司生产的一款装甲武器,主要目的是提高炮兵的机动性。

性能解析

　　"蝗虫 10" 自行火炮拥有可 360°回转的炮塔,而且此炮塔可以非常简单地用车后部安装的吊车卸载下来。卸下来的炮塔可以用车上携带的拖车拖在车体后部行军,也可以安放在一个准备好的混凝土平台上作为装甲碉堡使用。没有炮塔的车体可以用来运送弹药或执行其他运输任务。

基本参数	
长度	6 米
宽度	3 米
高度	3 米
重量	23 吨
最大速度	45 千米 / 时
最大行程	300 千米
乘员	5 人
发动机功率	268 千瓦

服役情况

　　从 1942 年到 1943 年,克虏伯仅制造了 3 辆 "蝗虫 10" 自行火炮的原型车。最初,"蝗虫 10" 自行火炮使用的是一个缩短了的四号坦克底盘。但后来,"蝗虫 10" 自行火炮改用 "野蜂" 式自行火炮所用的 "Geschützwagen IV" 底盘。按照设想,量产计划应是从 1945 年 2 月开始。但这个计划最终却没能够变成现实。

德国"追猎者"自行火炮

"追猎者"自行火炮是德国二战期间研制的一款装甲武器，是利用捷克斯洛伐克的38式坦克的底盘改造而来的。

性能解析

"追猎者"自行火炮生产容易而能大量制造（这在当时意义非凡）。同时，它的机械可靠度十分优秀，而且轮廓较小难以被击中，易于隐藏而得以伏击敌方坦克。该自行火炮的缺点在于狭隘的主炮射界、糟糕的内部设计和视界不良。由于主炮射界太过狭窄，使其有时得挪动车体才能瞄准快速移动的目标。

基本参数	
长度	6.38 米
宽度	2.63 米
高度	2.17 米
重量	15.75 吨
最大速度	42 千米 / 时
最大行程	177 千米
乘员	4 人
装甲厚度	8~60 毫米
发动机功率	120 千瓦

总体设计

"追猎者"自行火炮有着很特殊的外形，一体的车身、两侧斜装甲、突出的火炮防盾还有偏右的火炮轴线，使人们在战场上可以很轻易地辨识出来。"追猎者"自行火炮属于德国自行反坦克炮车系中较轻型的种类，纳粹德国的自行反坦克炮系列始于一号自行反坦克炮，接着是黄鼠狼系列，终结于"追猎者"自行火炮。"追猎者"自行火炮的主炮能够在适当的交战距离击毁对手，"追猎者"自行火炮在 700 米的距离上可以击毁 T–34 坦克，"追猎者"自行火炮全包覆式装甲使车组员能够获得比"黄鼠狼 II"和"黄鼠狼 III"系列更良好的防护。

德国 pzh2000 自行火炮

pzh2000 是德国研制的口径为 155 毫米的自行火炮，是世界上第一种装备部队的 52 倍口径 155 毫米自行火炮。

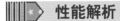

性能解析

pzh2000 自行火炮主要基于德国陆军现役的"豹"式主战坦克的底盘加以改进，类似二战时期"猎豹"和"猎虎"坦克歼击车的开发方式。"豹"式主战坦克是当前世界上最好的坦克之一。得益于"豹"式主战坦克底盘的优异性能，pzh2000 自行火炮的最大公路行驶速度达到 60 千米/时，越野速度达到 45 千米/时，配备 3 个燃料箱，公路最大行程 420 千米。因此在战场上，pzh2000 自行火炮完全能同"豹"式主战坦克协同作战。另外，pzh2000 自行火炮 还曾在热带和寒带地区进行试验，能够适应各种极端气候。

基本参数	
长度	11.7 米
宽度	3.6 米
高度	3.1 米
重量	55 吨
最大速度	60 千米/时
最大行程	420 千米
乘员	3 人
涉水深	1.5 米

总体设计

pzh2000 自行火炮相较于以往榴弹炮其整体作战效能大幅提升，后勤维修负荷与人力需求则大为降低。由于大量采用自动化设备并降低人力需求，pzh2000 自行火炮一年的操作/维修成本仅是 M109 自行火炮的 69%。pzh2000 自行火炮设计上一个很重要的着眼点是与多管火箭系统的配搭，多管火箭在射程与单次投送火力、杀伤面积上占优势，而火炮则装填速度与精确度上见长。为了配合 pzh2000 自行火炮增加的射程与机动力，德国陆军将一批豹 1A5 主战坦克改装为新型炮兵前进观测车，配备精良的日夜两用观测系统，兼具优秀的观测能力、机动力与防护性能；而一般部队的 M113A2G 装甲侦察车也会换装类似的新型夜视系统，以便支援炮兵观测作业。

英国"阿基里斯"自行火炮

"阿基里斯"是英国伍利奇皇家兵工厂于二战时期改装的一款自行火炮,衍生自美军的另一款自行火炮——M10"狼獾"。

性能解析

"阿基里斯"自行火炮是以"狼獾"自行火炮为基础,将"狼獾"的主炮更换成反装甲能力更佳的 76.2 毫米口径、58.3 倍径的 OQF77 毫米口径反坦克炮。该自行火炮采用通用汽车公司的 6046 6-71 双柴油发动机,有着极好的动力,所以机动性还不错。

服役情况

基本参数	
长度	7.01 米
宽度	3.05 米
高度	2.57 米
重量	29.6 吨
最大速度	51 千米 / 时
最大行程	300 千米
乘员	4 人
装甲厚度	9~57.2 毫米
发动机功率	276 千瓦

在投入使用后,"阿基里斯"自行火炮很快就被证明是一种强力的武器,尽管它的车体在德军的高初速度火炮下显得脆弱,所以车长的经验在面对敌人时就显得重要。尽管美军常将 M10 自行火炮看成是坦克猎手一类的角色,但是英国人仍把"阿基里斯"自行火炮作为标准的自行反坦克炮使用。当时英军的标准反坦克炮 QF57 毫米口径炮尽管可以击穿四号坦克,但是在面对"虎"式和"豹"式时便显得力不从心。相较而言,77 毫米口径炮就可很好地对付它们,但因重量原因,很难快速部署,因此英军就用"阿基里斯"来充当快速部署的自行反坦克炮。

英国"射手"自行火炮

"射手"是英国二战时期所使用的一款自行火炮，战时主要服役于西线战场及意大利攻防战，至二战结束时共生产了 665 辆。

性能解析

"射手"自行火炮是以"瓦伦丁"步兵战车的底盘为基础，加装 QF 77 毫米反坦克炮而制成的。不过"瓦伦丁"步兵战车的底盘细小，无法以旋转炮塔方式加装大型的 QF 77 毫米反坦克炮，只能把主炮向后安装，再配低矮的开顶式固定炮塔，使得其成为一种绝佳的伏击武器。但细小的空间令主炮后膛刚好在驾驶座上，发射时驾驶员必须离开驾驶座，以免被后坐力所伤。

基本参数	
长度	6.68 米
宽度	2.64 米
高度	2.24 米
重量	18.79 吨
最大速度	24 千米 / 时
最大行程	145 千米
乘员	4 人
发动机功率	123 千瓦
装甲厚度	8~60 毫米

服役情况

"射手"自行火炮在 1943 年中期开始进行生产，于 1944 年 10 月正式装备，主要服役于西线战场及意大利攻防战，至二战结束时只生产了 665 辆，英军定位为自行火炮，并装备皇家炮兵团及皇家坦克团。二战后一部分"射手"自行火炮交给埃及陆军，并参与了第二次中东战争。部分已退役的则现存于以色列的 Yad La-Shiryon 博物馆、荷兰 Overloon 战争博物馆及英国巴温顿的坦克博物馆中。

Chapter 04

装 甲 车

　　装甲车是指具有装甲防护的各种履带或轮式军用车辆，是装有装甲的军用或警用车辆的统称（坦克也是装甲车的一种，但因其作战用途较为特殊，所以将其独立分类）。装甲车的特性是有高度的越野机动性能，具有一定的防护和火力，分为履带式和轮式两种，一般装备1~2门中小口径火炮及数挺机枪，一些还装有反坦克导弹，结构由装甲车体、武器系统、动力装置等组成。

美国 M8 轻型装甲车

M8 是美国福特汽车公司在二战时期生产的一款轻型装甲车，主要装备欧洲和远东地区的美军及英军，后者把 M8 取名为"灰狗"。

性能解析

M8 轻型装甲车的武器为 M6 37 毫米炮（配 M70D 望远式瞄准镜）、1 门 7.62 毫米勃朗宁 M1919 同轴机枪和 1 门安装开放式炮塔上的勃朗宁 M2 防空机枪。可载 4 名车组乘员，包括车长、炮手兼装填手、无线电通信员（有时兼作驾驶员）及驾驶员，驾驶员和无线电通信员的座位位于车体前端，可打开装甲板直接观察路面环境，车长位于炮塔右方，炮手则位于炮塔正中间。

基本参数	
长度	5 米
宽度	2.54 米
高度	2.25 米
重量	7.8 吨
最大速度	90 千米 / 时
最大行程	563 千米
乘员	4 人
装甲厚度	19 毫米
发动机功率	82 千瓦

服役情况

M8 轻型装甲车的首次作战是在 1943 年的意大利战场，而后服役于欧洲和远东地区美国陆军部队，在亚洲战场时由于日军坦克及装甲车的装甲薄弱，M8 轻型装甲车甚至成为反坦克武器，超过 1000 辆通过租借法案提供给英国、法国和巴西。美军及英军的 M8 轻型装甲车主要用作侦察、反步兵用途，而意大利和北欧战场因为山区较多，M8 轻型装甲车的越野性能也受到车组乘员的批评，指车辆应付地雷、泥浆、雪地和深坑的能力不足，他们认为 M8 轻型装甲车更适合平地作战，英军甚至会在车内地板放置沙包以减低地雷所造成的伤害，还有其他批评指 M8 轻型装甲车不适合完成火力支援任务。美国陆军在 1943 年早期已开始提出取代 M8 的装甲车，包括在 1944 年夏天推出的 Studebaker T27 和雪佛兰的 T28 轻型装甲车，两者皆比 M8 轻型装甲车更为优秀，但当时已无须新型装甲车服役。二战后，美国陆军的 M8 主要用作占领区的巡逻和维持治安用途，后来一批退役的 M8 轻型装甲车转交给美国警队作防暴装甲车，一直服役至 20世纪 90 年代，法国在二战后至法越战争前亦有采用。美国、英国和法国的 M8 轻型装甲车大部分已交给北约部队及第三世界国家，直至 2002 年，非洲及南美仍然可见 M8 轻型装甲车的踪影。

美国 M3 装甲侦察车

M3 是由怀特汽车公司设计的一款装甲侦察车，是美国在二战时期的主要装甲车之一，主要用于巡逻、侦察、指挥、救护和火炮牵引等用途。

性能解析

M3 装甲侦察车被美国陆军采用后，其车体和车头经过改良，被命名为 M3A1。M3A1 于1941—1942 年首次亮相于菲律宾战场，并装备了位于北非战场及西西里岛的美国陆军骑兵部队。

基本参数	
长度	5.63 米
宽度	2.1 米
高度	2 米
重量	5.67 吨
最大速度	81 千米 / 时
最大行程	403 千米
乘员	7 人
装甲厚度	6~13 毫米
发动机功率	81 千瓦

服役情况

M3A1 首次装备是在 1941 年至 1942 年的菲律宾战场，亦装备了位于北非战场及西西里岛的美国陆军骑兵部队，主要用作侦察、指挥和火力支援用途。直至 1943 年中期，由于 M3A1 采用开放式车壳令其防护能力低，4 轮设计对山地及非平地的适应能力不足，美国陆军在 1943 年开始以 M8 装甲车和 M20 通用装甲车作取代，只有小量的 M3A1 服役于诺曼底及太平洋战场的美国海军陆战队二线部队。除了美国外，二战时的 M3A1 亦有通过租借法案交给同盟国部队，苏联红军接收了 3034 辆，主要作侦察用途和作为 ZIS-3 榴弹炮的火炮牵引车（一直服役至 1947 年），而英国和自由法国部队则用作火炮观测、救护车和侦察用途。

美国 M20 通用装甲车

M20 是美国福特汽车公司设计生产的一款通用装甲车，又名 M20 装甲侦察车，是美军在 1943—1944 年战场上的主要战车之一。

性能解析

M20 通用装甲车是以 M8 轻型装甲车为基础改进而来的，拆除后者的炮塔，改用开放式 50 倍口径（12.7 毫米）勃朗宁 M2 防空机枪塔，车体高度大幅降低，机动性高和速度更高，能有效对抗小口径武器及炮弹碎片，车内备有"巴祖卡"火箭筒以提高车组乘员的反装甲能力。

基本参数	
长度	6 米
宽度	2.54 米
高度	1.87 米
重量	4.8 吨
最大速度	110 千米/时
最大行程	420 千米
乘员	4 人
装甲厚度	19 毫米
发动机功率	82 千瓦

美国 T17 装甲车

T17 是美国福特汽车公司设计生产的一款装甲车，但美军并没有将其带入前线战场。它在英军中被称为"猎鹿犬"。

▐▐▐▶ 性能解析

T17 装甲车在转动炮塔上装有 37 毫米主炮、同轴机枪及车头的机枪，部分 T17 加装防空机枪。该车在 1942 年 10 月开始生产，在美军选择了 T22 后，T17 停止生产，至此只制造了 250 辆，并全数拆除武装交给宪兵使用。

T17 装甲车装有 2 个 6 汽缸引擎，可协调 2 个驱动轴的自动变速器，2 个引擎可独立关闭，电动炮塔转向系统使 37 毫米主炮更稳定。

基本参数	
长度	5.49 米
宽度	2.69 米
高度	2.36 米
重量	14 吨
最大速度	89 千米 / 时
最大行程	724 千米
乘员	5 人
发动机功率	144 千瓦
装甲厚度	9~44 毫米

美国 M2 半履带装甲车

M2 是美军于二战时期研发的一款半履带装甲车，有多种不同用途的型号，其中包括侦察型、自行火炮型和防空型等。

性能解析

M2 半履带装甲车由美国怀特汽车公司，以 M3 装甲侦察车的车体和雪铁龙汽车公司生产的半履带车部件组装而成。第一架正式版本的 M2 半履带装甲车在 1941 年投入战场，主要装备包括菲律宾、北非和欧洲的美国陆军及太平洋沿岸战场的美国海军陆战队。

基本参数	
长度	5.96 米
宽度	2.2 米
高度	2.26 米
重量	9 吨
最大速度	64.37 千米 / 时
最大行程	321.86 千米
乘员	7 人
装甲厚度	6 ~ 12 毫米
发动机功率	110 千瓦

服役情况

第一辆正式版本的 M2 半履带装甲车在 1941 年投入战场，包括菲律宾、北非和欧洲战场的美国陆军及在太平洋沿岸战场的美国海军陆战队都大量装备该车。约 800 辆 M2 及 M9 通过租借法案被送往苏联。剩下的则交给盟军，主要是南美诸国装备。M2 系列因为通用性高，在二战及战后被不断升级和改良以延长服役寿命，阿根廷陆军一直沿用升级版的 M9 半履带车至 2006 年，并把这批 M9 捐赠给玻利维亚。

美国 M3 半履带装甲车

M3 是美国于二战及"冷战"时期所用的半履带装甲车辆，有着极高的机动性、载重量和防护装甲。

性能解析

M3 有比 M2 更长的车体，在车尾有 1 个进出口，并设有可承载 13 人步枪班的座位。在车的两边设有 10 个座位，3 个在驾驶室。在座位底下有架子，用来放弹药及配给；座位后方的额外的架子用来放步枪以及其他物品。在车壳外的履带上方，设有 1 个小架子用来放地雷。早期型的 M3 半履带装甲车在前座后方有个枢轴，装设有 M2 重机枪。之后 M3 进一步升级为 M3A1，它车体各处都有保护，如在引擎散热处有可调整的装甲护窗。

基本参数	
长度	6.18 米
宽度	2.22 米
高度	2.26 米
重量	9.3 吨
最大速度	72 千米 / 时
最大行程	282 千米
乘员	10 人
发动机功率	110 千瓦

总体设计

半履带式车采用传统的总体布置，发动机在前，3 名乘员居中，载员室在后。为了方便车辆越过壕沟，车前装有 1 个圆辊，部分车上用拉力为 44.5kN 的绞盘代替。

各型半履带式车均采用制式汽车部件，区别仅在于发动机，M2 和 M3 及其变形车采用怀特公司的 160AX 型水冷汽油机，而 M5 和 M9 及其变形车采用万国收割机公司的水冷汽油机。动力室前部是装有装甲的百叶窗，用于保护散热器，且可在驾驶室操纵。传动装置包括机械式 4 速齿轮变速箱、2 速传动箱、万向轴、全浮式半轴和汽车型前后车轴等。车辆转向用方向盘操纵。配有脚制动和手制动器。

车体为半敞开式，采用轧制钢板，用螺钉连接制成。乘员室前是由 12.7 毫米厚的不碎玻璃制成的挡风玻璃窗，作战时可以去掉，放下带有 2 个观察孔的装甲前窗。两侧车门可向前打开，侧门上半部有 1 个滑动盖防护的观察孔，为扩大视野，门的上半部可向外打开。

美国 M38 "猎狼犬" 轻型装甲车

M38 "猎狼犬" 是由美国雪佛兰汽车公司生产的一款轻型装甲车，目的是取代 M8 轻型装甲车。

性能解析

M38 "猎狼犬" 轻型装甲车可载 4 人，开顶式炮塔装有 37 毫米 M6 主炮，备弹 93 发，副武器为 2 挺机枪，1 挺为同轴机枪，1 挺为防空机枪。M38 "猎狼犬" 轻型装甲车装有凯迪拉克汽车公司生产的 8 缸水冷引擎，车辆底盘及地台较低，车型优美，每边有 3 个对称车轮及特制弧形挡泥板。车

基本参数	
长度	5.11 米
宽度	2.44 米
高度	1.98 米
重量	6.9 吨
最大速度	97 千米 / 时
最大行程	483 千米
乘员	4 人
发动机功率	110 千瓦
装甲厚度	6~12 毫米

头前面装有提高防护能力的倾斜装甲板，无线电通信器发射针装于车头倾斜装甲板的右边。

 总体设计

在小量试验型中，其中 1 部 M38 被装上 M24 霞飞坦克的炮塔以测试装甲车装上坦克炮塔的可能性。M38 的设计布局后来被用于二战后的英军阿尔维斯萨拉丁装甲车上。

美国 LVTP-5 两栖装甲车

LVTP-5 是美国海军陆战队在 1950—1970 年使用的一款两栖履带装甲车，有多种型号，其中包括地雷清扫车、指挥车、救援拖吊车和火力支援车等，最常见的是运兵车。

 性能解析

虽然 LVTP-5 两栖装甲车相对之前的同类装甲车来说，其装甲有所加固，但敌方火力也在加强，所以它在面对敌方诸如火箭筒之类的武器时，仍不能有效地防御。油箱的设计位置在兵员舱的下方，在地雷威力波及下汽油容易因此诱爆，以实战观点而言此设计并不成功。

另外，该车上固定武装只有 1 挺机枪，火力相

基本参数	
长度	9.04 米
宽度	3.57 米
高度	2.92 米
重量	37.4 吨
最大速度	48 千米 / 时
最大行程	306 千米
乘员	3 人
装甲厚度	6~16 毫米

对不足。因此，美军通常会利用该车的大容量货舱另外做现地改装应急，比如，堆放沙包增强防御力；装备无后坐力炮或是迫击炮提供更有效的火力掩护等。

 服役情况

LVTP-5 两栖装甲车是为了取代二战时期生产的两栖登陆车，美军在战后开发新一代的两栖登陆载具，与前代的最大改良点是车体采全密闭设计，提供了运输单位基本的防御。美国海军陆战队使用 LVTP-5 两栖装甲车的时间从 20 世纪 50 年代到 20 世纪 70 年代，以美军主要两栖装甲车的身份参与越南战争，从 1965 年登陆舰港起长期在南越地面作战中登场。但与北越军队及越共游击队交战时，其脆弱的车体对 RPG-7 火箭推进榴弹的防护力不佳，遭到严重损失。而且 LVTP-5 油箱设计在乘员舱下方，缺乏抗地雷设计，一旦中雷油箱内的汽油很容易遭诱爆，就实战观点这些设计仍有待改善。同时车上固定武装只有 1 挺机枪，火力相对不足。

美国 EFV 两栖装甲车

EFV（Expeditionary Fighting Vehicle，意为：远征战斗载具）是由美国通用动力公司陆地系统部门设计生产的一款两栖装甲车，已于 2015 年开始服役，并取代 AAV-7A1 两栖装甲车。

性能解析

EFV 两栖装甲车驾驶座位于车体左前方，前上方则是 1 座 Mk 46 炮塔。炮塔右侧为车长座，左侧为射手座，而步兵指挥官的座位则位于车体右前方，17 名陆战队步兵则乘坐于车体尾段以及

基本参数	
长度	10.67 米
宽度	9.33 米
高度	3.66 米
重量	37.47 吨
最大速度	72.41 千米/时
最大行程	523 千米

中段的两侧独立折叠座椅。车尾有 1 个大型跳板可供乘员进出，跳板上还设有 1 个可供乘员进出的舱门；另外，乘员舱顶部还有 2 片滑动式舱盖可供紧急状况下进出。

总体设计

　　EFV 两栖装甲车车体为 5083 铝合金装甲板整体焊接式全密封结构，能防御轻武器、弹片和光辐射烧伤。车体外形呈流线型，能克服 3 米高的海浪并能整车浸没入波浪中 10~15 秒。驾驶员和车长一前一后位于车前左侧，各有 1 个单扇后开舱盖和 7 个观察镜，可以进行 360°观察。驾驶员配有 M24 红外夜视潜望镜，车长前方有 1 个可升高的 M17C 潜望镜，以便越过驾驶员舱盖观察前方。动力舱位于车首中央、驾驶员右侧，动力通过带闭锁装置的变矩器传递到 HS-400-1 液压双流转向、动力换挡的综合式液力传动装置，经变速箱输出端汇流并传输到车体上的侧减速器，最后传到主动轮。传动装置主要部件是变矩器、电液控制离合器和液力转向系统，同时具有变速、转向和制动功能。装在液力变矩器壳体上方的分动箱通过电液控制离合器可以把发动机动力提供给喷水推进器和发动机冷却系统。减速和停车制动通过机械操纵的摩擦制动器完成。

美国 AAV-7A1 两栖装甲车

　　AAV-7A1 是美军现役的一款两栖装甲车之一，目前有 3 种衍生型，即 AAVP-7A1(人员运输车)、AAVC-7C1(指挥车) 和 AAVR-7R1(救济车)。

性能解析

AAV-7A1 两栖装甲车在陆地上最高速度为 72 千米 / 时，水上为 13 千米 / 时。该车速度虽然不错，但它的武装只配备了 1 座装有 M85 机枪的炮塔，而且缺乏核生化防护设备，因此生产到 1974 年便停产。1982 年，FMC 公司开始改进 AAV-7A1 两栖装甲车，主要改进包括更换改良型的引擎、传动系统与武器系统，以及提升车辆的整体可靠性等。

基本参数	
长度	7.94 米
宽度	3.27 米
高度	3.28 米
重量	22.8 吨
最大速度	72 千米 / 时
最大行程	480 千米
爬坡度	31°
过直墙高	0.914 米
越壕宽	2.438 米
发动机功率	294 千瓦

美国"斯特赖克"装甲车

"斯特赖克"装甲车是由美国通用动力子公司通用陆地系统设计生产，设计理念源于瑞士的"食人鱼"装甲车。

性能解析

"斯特赖克"装甲车的最大特点与创新在于，几乎所有的延伸车型，都可以用即时套件升级方式从基础型改装而来，改装可以在战场前线上完成，因此提供了极大的运用弹性。若有某一型车战损，不必再等待从后方运补，可以抽调另一台较不重要的车型改装。

基本参数	
长度	6.95 米
宽度	2.72 米
高度	2.64 米
重量	16.47 吨
最大速度	100 千米 / 时
最大行程	500 千米
乘员	11 人
装甲厚度	14.5 毫米

火力配置

"斯特赖克"装甲车车体上配有 Kongsberg Defence & Aerospace 制造的一体式遥控武器塔，设置 12.7 毫米勃朗宁 M2 重机枪 1 挺，子弹 400 发。7.62 毫米机枪 M240 1 挺子弹 3400 发，40 毫米榴弹发射器 120 发，塔上还有电视瞄准镜和红外线夜视镜。其最大优点是在都市巷战中人员不必探出车外操作机枪，可以在车内控制一切武器。

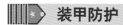
 装甲防护

"斯特赖克"装甲车装甲方面为了适合空运，只有轻装甲的 IBD 防弹钢板，另外，到了战场上可以因战况加挂复合反应装甲，300 米内防御 14.5 毫米以下子弹直击和 155 毫米以下炮弹的碎片；车内有杜邦公司专利制造的人工纤维覆层，防止装甲外壳受击后内侧受震波剥落四射杀伤车内人员。车体底盘另有防地雷装甲。

美国 M2 "布雷德利" 步兵战车

M2 "布雷德利" 是由美国 BAE 陆地系统公司（前身为食品机械化学公司）于 20 世纪 80 年代制造的履带式步兵战车，可独立作战或协同坦克作战。

性能解析

M2 "布雷德利" 步兵战车的车体为铝合金装甲焊接结构，其装甲可以抵抗 14.5 毫米枪弹和 155 毫米炮弹破片。其中，车首前上装甲、顶部装甲和侧部倾斜装甲采用铝合金，车首前下装甲、炮塔前上部和顶部为钢装甲，车体后部和两侧垂直装甲为间隙装甲。

间隙装甲由外向内的各层依次为 6.35 毫米钢装甲、25.4 毫米间隙、6.35 毫米钢装甲、88.9 毫米间

基本参数	
长度	6.55 米
宽度	3.6 米
高度	2.98 米
重量	30.4 吨
最大速度	66 千米/时
最大行程	483 千米
乘员	3 人
发动机功率	447 千瓦

隙和 25.4 毫米铝装甲背板，总厚度达 152.4 毫米。车体底部装甲为 5083 铝合金，其前部 1/3 挂有一层用于防地雷的 9.52 毫米钢装甲。

总体设计

M2"布雷德利"步兵战车发动机为 1 台 V8 康明斯 VTA−903T 柴油发动机，功率为 447 千瓦，自动传动装置。战车的主要武器是 1 门 25 毫米机关炮，在战车炮塔还装有 1 挺并列机枪。车体采用爆炸反应装甲焊接结构，能抵御穿甲弹和炮弹攻击，车前装有下放式附加装甲，能防地雷攻击；侧面有侧裙板。所以"布雷德利"步兵战车具有较好的防护能力。

服役情况

M2"布雷德利"步兵战车曾经两次出现在伊拉克战场。在 1991 年海湾战争中，美军的 2000 辆"布雷德利"步兵战车伴随着 M1A2 主战坦克，风驰电掣般在沙漠里行驶，成为"沙漠军刀"军事行动中的一把利剑，重创了伊拉克共和国卫队。在 2003 年伊拉克战争中，"布雷德利"系列战车再度出现在伊拉克战场，它随美军主战坦克入侵伊拉克，并突入巴格达的"红色警戒区"，闯进伊拉克首都巴格达，推翻了萨达姆政权，再次扬威伊拉克。由于其优秀的观瞄设备，本车在沙漠风暴行动和伊拉克战争中大显身手，摧毁敌军坦克数量甚至超过了 M1 坦克，为美军立下汗马功劳。

美国 MPC 装甲车

MPC 装甲车是由芬兰帕特里亚公司与美国洛克希德·马丁公司合作研发的。

性能解析

MPC 装甲车配有勃朗宁 M2 重机枪，具备 V 形底盘以抵抗土制炸弹威胁。在美国海军陆战队最初的计划中，MPC 装甲车只是用于最基本的滩头展开，每 2 辆 MPC 装甲车便能运送 1 个齐装满员的加强班，部队在滩头展开后再换乘其他陆用战斗车辆。

服役情况

MPC 装甲车目前已经测试完成，并于 2015 年进入美军服役并成为主力车种，逐步取代 LAV-25 装甲车和史崔克装甲车。

基本参数	
长度	6.39 米
宽度	2.5 米
高度	2.69 米
重量	12.8 吨
最大速度	100 千米 / 时
最大行程	660 千米
乘员	9 人

美国 M1117 装甲车

M1117 "守护者"是一种 4 轮装甲车,由德事隆海上和地面系统公司制造,配有 Mk 19 榴弹发射器,M2 重机枪。

性能解析

1999 年,美军购入 M1117 装甲车作为宪兵用车,之后加强了装甲,并投入阿富汗和伊拉克战场,取代部分悍马车。因为悍马车的装甲版 M114 在许多状况下不能抵挡火力,因此美军采购了更多的 M1117。但是,M1117 每辆 80 万美金的售价要比装甲版悍马的 14 万美元高出 6 倍,所以还是未能完全取代悍马车。

基本参数	
长度	6 米
宽度	2.6 米
高度	2.6 米
重量	13.47 吨
最大速度	63 千米 / 时
最大行程	500 千米
乘员	4 人
发动机功率	194 千瓦

服役情况

第一辆 M1117 装甲车生产型已于 2000 年 4 月交货,美国陆军总共接收了 13 辆,其中前 6 辆配属在德国的驻欧美国陆军第 18 宪兵旅,另外 3 辆配属第 615 宪兵连,其余 4 辆则配属第 527 宪兵连。2006 年 4 月全部交付完毕。迄今已有 77 辆 M1117 装甲警戒车被部署到伊拉克。

美国 AIFV 步兵战车

AIFV 是由美国食品机械化学公司军械分部（现为 BAE 陆地系统公司）于 20 世纪 70 年代制造的履带式步兵战车，目前在荷兰、菲律宾和比利时等国服役。

性能解析

AIFV 步兵战车的车体采用铝合金焊接结构，为了避免意外事故，车内单兵武器在射击时都有支架。舱内还有废弹壳收集袋，以防止射击后抛出的弹壳伤害邻近的步兵。AIFV 步兵战车的车体及炮塔都披挂有 FMC 公司研制的间隙钢装甲，用螺栓与主装甲连接。这种间隙装甲中充填有网状的聚氨酯泡沫塑料，重量较轻，并有利于提高车辆水上行驶时的浮力。

基本参数	
长度	5.285 米
宽度	2.819 米
高度	2.794 米
重量	11.4 吨
最大速度	61.2 千米 / 时
最大行程	490 千米
爬坡度	31°
过直墙高	0.635 米
越壕宽	1.625 米
发动机功率	194 千瓦

总体设计

驾驶员在车体前部左侧，在其前方和左侧有 4 个 M27 昼间潜望镜，中间 1 个可换成被动式夜间驾驶仪。车长在驾驶员后方，有 5 个潜望镜，4 个为标准的 M17 潜望镜，1 个为 M20A1 潜望镜。如果需要，该镜可换成被动式夜间潜望镜。

　　密闭式焊接的单人炮塔在车体右侧发动机后面，也披挂有类似车体上的间隙装甲。在炮手两侧各有 2 个 M27 昼间潜望镜和 1 个菲利普昼夜瞄准镜，菲利普瞄准镜的昼间放大倍率为 2× 和 6× ；夜间放大倍率为 6× ，此外，还有 1 个对付空中目标及应急用的瞄准镜。

美国 V-100 装甲车

V-100 是美国凯迪拉克·盖奇汽车公司设计生产的一款装甲车，它可充当多种角色，其中包括装甲运兵车、救护车、反坦克车和迫击炮载体等。

性能解析

V-100 装甲车使用无气战斗实心胎，可以在水中以 4.8 千米 / 时的速度前进。该车装甲是称为"Cadaloy"的高硬度合金钢，可以挡住 7.62 × 51 毫米 NATO 枪弹。因为装甲重量太重，所以该车后轮轴极易损坏。但是，由于合金钢装甲提供了单体结构框架，它轻于加上装甲的普通车辆。另外，装甲的倾斜角度也有助于防止枪弹和地雷爆炸而穿透装甲。

基本参数	
长度	5.69 米
宽度	2.26 米
高度	2.54 米
重量	9.8 吨
最大速度	88 千米 / 时
最大行程	643 千米
乘员	5 人
发动机功率	151 千瓦

服役情况

V-100 装甲车于 1963 年 9 月开始在越南共和国（南越）部署。使用单位包括美国陆军宪兵、美国空军，以及南越陆军。越南共和国陆军首先购买 XM706 突击队装甲车，在 1967 年借给了美军。截至 1968 年年底，美国陆军已购买了其自己的 XM706E1 装甲车，后来规范为 M706。在美国军队中被亲切地称为"鸭子"或"V"。

美国 HMMWV 装甲车

HMMWV 是由美国汽车公司设计生产的一款多用途装甲车，可以由多种运输机或直升机运输并空投。

性能解析

HMMWV 装甲车装有 1 台大功率柴油发动机，4 轮驱动，越野能力尤为突出。该车拥有 1 个可以乘坐 4 人的驾驶室和 1 个帆布包覆的后车厢。4 个座椅被放置在车舱中部隆起的传动系统的两边，这样的重力分配，可以保证其在崎岖光滑的路面上提供良好的抓地力和稳定性。

基本参数	
长度	4.6 米
宽度	2.1 米
高度	1.8 米
重量	2.34 吨
最大速度	105 千米 / 时
最大行程	563 千米
乘员	6 人
发动机功率	112 千瓦

服役情况

1989 年 12 月 19 日，美军展开了入侵巴拿马"正义事业"作战行动。HMMWV 装甲车第一次开上了真正的战场。在此次战役中，性能卓越的 HMMWV 装甲车表现极为优异。1991 年，历经海湾战争一役后，其优异的机动性、越野性、可靠性和耐久性与各式武器承载上的安装适应能力，促使该款汽车声名大噪。

美国"水牛"地雷防护车

"水牛"地雷防护车是由美国军力保护公司研制的一款装甲车,目前美军已装备 200 辆以上。

性能解析

"卡斯皮"地雷防护车原为 4 轮设计,而"水牛"地雷防护车则改为 6 轮,车头具有大型遥控工程臂以用于处理爆炸品。"水牛"采用 V 形车壳,若车底有地雷或 IED 爆炸时能将冲击波分散,可有效保护车内人员免受严重伤害。在伊拉克及阿富汗服役的"水牛"加装鸟笼式装甲以防护 RPG-7 火箭筒的攻击。

基本参数	
长度	8.2 米
宽度	2.6 米
高度	4 米
重量	20.56 吨
最大速度	105 千米 / 时
最大行程	483 千米
乘员	6 人
发动机功率	330 千瓦

装甲防护

"水牛"地雷防护车具有独特的防弹性能,并不是简单地靠加厚装甲板来提高防护能力,因为那样做会大大增加装甲车辆的重量,影响机动力。"水牛"在不同部位安装不同防护机理的新型装甲,如车身主装甲选用高硬度钢板,而在车体次要位置则安装重量轻得多的陶瓷装甲乃至复合材料装甲,这些材料通常由外层陶瓷防护层以及内层多层聚酸胺纤维组成。复合装甲材料的密度虽然比钢质装甲板低,但防护水平相当。

美国 JLTV 装甲车

JLTV 是美国洛克希德·马丁公司设计生产的一款装甲车，已于 2015 年开始服役，并将逐步取代 HMMWV 装甲车。

性能解析

目前 JLTV 装甲车有 A、B、C 共 3 种型号。A 型：载重 1600 千克，作为 4 人步兵巡逻车；B 型：载重 2000 千克，作为 6 人步兵巡逻车、指挥车、多机枪车；C 型：载重 2300 千克，作为救护车、工程车、载货车。

基本参数	
长度	4.6 米
宽度	2.3 米
高度	1.9 米
重量	3 吨
最大速度	100 千米 / 时
最大行程	560 千米

服役情况

JLTV 装甲车是美军一个发展和洽谈中的国防计划，将研发新车型以取代悍马车。此车预计成为服役美军的主力四轮车种。于 2012 年 1 月 5 日，TACOM 宣布该方案已进入工程与制造发展阶段，EMD 合同已于 2012 年 8 月 23 日被授予。

美国 AAAV 两栖突击车

　　AAAV 是美国海军陆战队于 20 世纪 80 年代末开始研制的新型两栖突击车，主要用于执行近海登陆或克服内陆江、河、湖、泊等水上的作战行动。该车将作为主战装备替代现役的 AAV 系列两栖突击车，与 MV-22 "鱼鹰" 倾转旋翼机、LCAC 气垫登陆艇共同构成 21 世纪美国海军陆战队的三大武器平台。美国海军陆战队为满足其沿海作战要求，在 2006 年开始接收第 1 辆 AAAV 两栖突击车，总共接收 1 013 辆，其中 950 辆为装甲人员运输车，其余作为指挥与控制变形车。

基本参数	
长度	9.271 米
宽度	3.632 米
高度	3.2 米
车底距地高	0.406 米
最大速度	72.41 千米 / 时（陆地） 46.3 千米 / 时（水上）
最大行程	643 千米（陆地） 104 千米（水上）
乘员	21 人
发动机功率	633 千瓦

火力配置

　　AAAV 突击车装备 1 门 30 毫米机关炮，配有带热成像瞄准镜的计算机火控系统，可发射穿甲和破甲弹，配弹 600 发，另装 1 挺 7.62 毫米机枪，配弹 2 400 发。

总体设计

　　AAAV 两栖突击车设计新颖，在结构上采用滑行车体。滑行车体型车辆的水上运动与赛艇相似，不是靠浮力支持车体在水面上滑跑，从而使车辆获得较高的速度。采用伸缩性液气弹簧悬挂装置，水上行驶时可回缩至紧贴车体位置，以此来减少滑行阻力，弹出后又便于陆上行驶。车体采用由铝合金和玻璃纤维强化塑料制造的复合材料，并附加了一些铝合金装甲块，防护能力增强。

美国 M728 战斗工程车

　　M728 战斗工程车是美国底特律阿森纳坦克工厂（现通用动力公司地面系统分部）设计并制造的履带式战斗工程车，1965 年开始服役。

▌▌▌★ 性能解析

　　M728 战斗工程车各部位的装甲厚度在 13 毫米至 120 毫米，其中炮塔前部和车体前部的装甲厚度为 120 毫米，炮塔侧部和车体侧前部的装甲厚度为 76 毫米，炮塔后部的装甲厚度为 50 毫米，车体侧后部的装甲厚度为 51 毫米，车体顶部的装甲厚度为 57 毫米，车体后部的装甲厚度为 44 毫米，车体底部的装甲厚度为 13.63 毫米。M728 战斗工程车的爬坡度为 60%，越墙高度为 0.76 米，越壕宽度为 2.51 米，无准备时的涉水深度为 1.22 米，有准备时的涉水深度为 2.44 米。

基本参数	
长度	8.83 米
宽度	3.66 米
高度	3.3 米
重量	48.3 吨
最大速度	48 千米 / 时
最大行程	450 千米
乘员	4 人
发动机功率	560 千瓦

总体设计

　　M728 战斗工程车的车体前面有 A 形框架，不需要时向后平躺在车体后部，最大起吊重量为 15876 千克。安装在炮塔后部的双速绞盘备有直径 19 毫米的钢绳 61 米，由车长操纵。安装在车前的推土铲由液压驱动。

火力配置

　　M728 战斗工程车的用途是破坏敌野外防御工事和路障，填平间隙、弹坑和壕沟，设置火力阵地和路障。该车装备 1 门 M135 型 165 毫米破坏工事炮，炮的俯仰范围为 −19°～＋ 20°。炮塔可作 360 旋转，转速为 1.6°／秒。俯仰和方向转动用动力或人工驱动。此外，与主炮并列安装了 1 挺 M240 型 7.62 毫米机枪，指挥塔上安装 M85 型 12.7 毫米机枪，俯仰范围为 −15°～＋ 60°。

美国 M9 装甲战斗推土机

M9 装甲战斗推土机是美国机动装备研究与发展中心研制的一款履带式工程车，于 1979 年正式服役。

性能解析

M9 装甲战斗推土机是一款多用途工程车辆，可以完成填平弹坑和战壕，抢救战斗车辆，清除路障、树木、碎石或其他战场障碍，修建渡口、渡河车辆进出道路，修建和保养军路和飞机场等提高机动性的任务；修造反装甲部队障碍，破坏渡口和桥梁，挖反坦克壕，破坏登陆地区和飞机场，修筑坚固支撑点和运送筑障器等反机动性任务和为装甲车辆挖掘掩体、修建防御指挥所，挖防护壕，开辟射击阵地，搬运修建隐蔽所需用的器材以及为"陶"式反坦克导弹发射车和其他战场武器挖掘隐蔽堑壕等提高生存力的任务。

基本参数	
长度	6.25 米
宽度	3.2 米
高度	2.7 米
重量	24.4 吨
最大速度	48 千米 / 时
最大行程	322 千米
乘员	1 人
发动机功率	220 千瓦

总体设计

M9 装甲战斗推土机的车体全部用铝合金焊接，车辆前部装有刮土斗、液压操纵的挡板和机械式退料器。推土铲刀装在挡板上，推土和刮土作业是通过液气悬挂装置使车辆的头部抬起或降落实现的，该悬挂装置还能使车辆倾斜用铲刀的一角进行作业，推土作业能力几乎是一般斗式刮土机的 2 倍。

俄罗斯 BMD-1 伞兵战车

BMD-1是苏联于1960年研发,1973年正式装备空降部队的一款伞兵战车,是 BMD 系列伞兵战车的第一款。

性能解析

BMD-1 伞兵战车车体前部为驾驶室，中部为战斗室，炮塔位于车体中部靠前（单人炮塔），后部为载员室，再后是动力舱。因此 BMD-1 不设后门，载员只能从载员室的上方出入。

BMD-1 伞兵战车安装有 6 缸水冷柴油机，最大功率 179 千瓦。手动式机械变速箱有 5 个前进挡和 1 个倒挡。悬挂装置为独立式液气弹簧悬挂装置，在车底距地面 100~450 毫米范围内可调。

基本参数	
长度	5.34 米
宽度	2.65 米
高度	2.04 米
重量	7.5 吨
最大速度	70 千米/时
最大行程	320 千米
乘员	9 人
发动机功率	179 千瓦

火力配置

BMD-1 伞兵战车主要武器为 1 门 2A28 型 73 毫米低压滑膛炮，火炮身长 1991 毫米，炮重 115 千克，可 360°旋转，高低射界为 – 4°~ + 33°。该炮只能在 3° 30 状态下装填。可配用尾翼稳定破甲弹，杀伤爆破弹和增程弹。破甲厚度约 300 毫米均质钢材，有效射程约 1300 米。主炮上方装有 1 具 AT-3 反坦克导弹发射器。射程 500~3000 米,有线红外制导,破甲厚度约 460 毫米均质钢材。

该发射器配导弹 3 枚。辅助武器为 1 挺 7.62 毫米并列机枪，备弹 2000 发。载员舱侧面开有射击孔，载员可在车内向外以轻武器射击。与 BMP–1 不同，出于伞兵战车的特殊考虑，BMD–1 为发动机后置。

服役情况

BMD–1 伞兵战车总装备数约 7000 辆，主要装备苏联军队，今俄罗斯军队和独联体国家军队，印度和伊拉克军队。在 20 世纪 80 年代前，一个苏军伞兵师约有 330 辆伞兵战车（含变形车和 BMD–2，BMD–3），3 个空降团各 109 辆，其中伞兵战车 90 辆，BMD–K 指挥车 10 辆，BTR–D 装甲输送车 9 辆。苏联刚解体的 20 世纪 90 年代初，所有独联体国家（含俄罗斯）装备的 BMD–1 约有 4000 多辆。

俄罗斯 BMD-2 伞兵战车

BMD–2 是苏联于 1985 年研发，1988 年正式装备空降部队的一款伞兵战车，是 BMD 系列伞兵战车的第二款。

性能解析

BMD–2 和 BMD–1 伞兵战车整体框架是一致的，只是采用的武器有所不同。BMD–2 伞兵战车主要武器为 1 门 2A42 型 30 毫米机炮，在其上方装有 1 具 AT–4(后期型号装备 AT–5) 反坦克火箭筒（射程 500~4000 米）。辅助武器为 1 挺 7.62 毫米并列机枪，备弹 2980 发，还有 1 挺 7.62 毫米航空机枪，

基本参数	
长度	5.34 米
宽度	2.65 米
高度	2.04 米
重量	8.23 吨
最大速度	60 千米 / 时
最大行程	500 千米
乘员	9 人
发动机功率	179 千瓦

备弹 2980 发。载员舱侧面开有射击孔，乘员可在车内向外以轻武器射击。

 装甲防护

该车为钢装甲全焊接结构，车体装甲 15 毫米，炮塔装甲 23 毫米。可防御 7.62 毫米轻武器直接射击以及炮弹破片攻击。但有资料称为铝合金装甲全焊接结构。

 总体设计

BMD-2 和 BMD-1 伞兵战车完全相同。车体前部为驾驶室，驾驶员位于车体中央。中部为战斗室，炮塔位于车体中部靠前，为单人炮塔。后部为载员室，再后是动力舱。不设后门，载员只能从载员室的上方出入。

俄罗斯 BMD-3 伞兵战车

BMD-3 是苏联于 1980 年研发，1990 年正式装备空降部队和海军的一款伞兵战车，是 BMD 系列伞兵战车的第三款。

 性能解析

BMD-3 伞兵战车装备有 2V06 型水冷柴油机，最大功率 336 千瓦。液压式机械变速箱有 5 个前进挡和 5 个倒挡。悬挂装置为液气悬挂装置，在车底距地面 130~530 毫米范围内可调。每侧有 5 个负重轮和 4 个托带轮，诱导轮在前，主动轮在后。该车具备两栖行进能力，车体尾部有 2 个喷水推进器，车前有防浪板，水上行驶可抗 5 级风浪，并且可在海面空投。

总体设计

　　BMD-3 伞兵战车车体前部为驾驶室，驾驶员位于车体中央。中部为战斗室，炮塔位于车体中部靠前，为单人炮塔。后部为载员室，再后是动力舱。不设后门，载员只能从载员室的上方出入。

基本参数	
长度	6.51 米
宽度	3.134 米
高度	2.17 米
重量	13.2 吨
最大速度	60 千米 / 时
最大行程	500 千米
乘员	9 人
发动机功率	336 千瓦

火力配置

　　BMD-3 伞兵战车主要武器为 1 门 2A42 型 30 毫米机关炮，身管长 2.4 米。双向稳定（可行进间开火）高平两用，可 360° 旋转，高低射界为 - 5° ~ + 74°。可选择 200、300、500 发 / 分的射速。可发射曳光穿甲弹和高爆燃烧弹。弹药基数 860 发，发射曳光穿甲弹时射程 2000 米，可穿透 50 毫米均质钢板。发射高爆燃烧弹时射程为 4000 米。主炮炮塔顶部后方装有 1 台 AT-4（后期型号装备 AT-5）反坦克导弹发射器。射程 500~4000 米，配弹 4 枚。两型导弹均配备串联战斗部。用于攻击复合装甲和反应式装甲。

　　辅助武器为 1 挺 7.62 毫米并列机枪，备弹 2000 发。1 挺 5.45 毫米车前右侧机枪，备弹 2160 发。车体左侧前部右 AG-17 型 30 毫米榴弹发射器，备弹 551 发。所发射的榴霰弹内置塑料针和钢珠，杀伤半径 5~10 米，可自动发射。射速 40~50 发 / 分。炮塔两侧另有 2 套 81 毫米的烟幕发射器，一套热烟幕发射器，另一套烟幕弹发射器。载员舱侧面开有射击孔，载员可在车内向外以轻武器射击。

俄罗斯 BMD-4 伞兵战车

BMD-4 是苏联于 1990 年研发的一款伞兵战车，是 BMD 系列伞兵战车的第四款。

性能解析

BMD-4 伞兵战车的主要武器为 1 门 2A70 型 100 毫米线膛炮。该炮双向稳定配自动装弹机（可行进间开火），可发射杀伤爆破弹和炮射导弹（9M117 型）。发射 9M117 炮射导弹时射程 4000 米，可穿透 550 毫米均质钢板。因该车具备发射炮射导弹能力，故无外置反坦克导弹发射器。

基本参数	
长度	6.51 米
宽度	3.13 米
高度	2.17 米
重量	14.6 吨
最大速度	60 千米 / 时
最大行程	500 千米
乘员	9 人
发动机功率	336 千瓦

总体设计

　　BMD-4 和 BMD-3 伞兵战车相同，车体前部为驾驶室，驾驶员位于车体中央。中部为战斗室，炮塔位于车体中部靠前，为单人炮塔。后部为载员室，再后是动力舱。 不设后门，载员只能从载员室的上方出入。

火力配置

　　BMD-4 伞兵战车主要武器为 1 门 2A70 型 100 毫米线膛炮。双向稳定配自动装弹机（可行进间开火），可发射杀伤爆破弹和炮射导弹（9M117 型）。弹药基数 52 发，射程 4000 米。发射 9M117 炮射导弹时射程 4000 米，可穿透 550 毫米均质钢板。因其具备发射炮射导弹能力,故无外置反坦克导弹发射器。

　　线膛炮右侧为 2A72 型 30 毫米机关炮，可发射曳光穿甲弹，爆破燃烧弹和曳光杀伤弹。弹药基数 500 发，穿甲弹 195 发,用于攻击敌方轻装甲目标和直升机。

　　辅助武器为 1 挺 7.62 毫米并列机枪，备弹 2000 发。1 挺 7.62 毫米航向机枪备弹 2000 发和 1 挺 5.45 毫米车前右侧机枪，备弹 2160 发。车体左侧前部右 AG-17 型 30 毫米榴弹发射器，备弹 551 发。所发射的榴霰弹内置塑料针和钢珠，杀伤半径 5~10 米，可自动发射，射速 40~50 发 / 分。

俄罗斯 BMP-1 步兵战车

BMP-1 是苏联二战后设计生产的第一种步兵战车，曾参与过阿富汗战争和海湾战争等，目前仍有部分在俄罗斯和其他国家服役。

性能解析

BMP-1 步兵战车车前左侧是驾驶和其身后的车长，车中是炮塔，炮塔有炮手操作 1 挺 73 毫米 2A28 滑膛炮、AT-3 反坦克导弹以及 1 挺 PKT 同轴机枪，车后是运兵舱可载 8 名士兵，两排士兵是背对背坐，士兵有枪孔可以在车内向车外射击手上的枪械（主要是 AK 枪械）。

基本参数	
长度	6.74 米
宽度	2.94 米
高度	2.07 米
重量	13.2 吨
最大速度	65 千米/时
最大行程	500 千米
乘员	11 人
装甲厚度	6 ~ 33 毫米
发动机功率	224 千瓦

总体设计

BMP-1 步兵战车的车身为钢铁结构，车身以倾斜装甲组成外壳尤其是车首装甲大幅倾斜 80°，令它虽厚 7 毫米但却等同 37 毫米厚的防护力，车身正面是一大块有 5 条加强横梁的装甲板，打开此装甲板可见到其动力系统，车身前方右侧是动力舱，发动机和齿轮箱都被放在此，车前左侧是驾驶和其身后的车长，车后是运兵舱可载 8 名士兵，两排士兵是背对背坐，在两排座椅之间是燃油箱，运兵舱两侧有枪孔可以让士兵在车内向车外射击手上的枪械（车前是 PK 通用机枪用枪孔，其余是 AK 突击步枪用枪孔），枪孔可以把枪械锁紧以防车辆行驶时因震动而滑入车内造成误伤乘员，运兵舱上方还有 4 个可向上打开的舱盖，车尾是两道由人力向外打开的门，两道门同时也是燃油箱而且在左侧的那道门上也有枪孔。

俄罗斯 BMP-2 步兵战车

BMP-2 是 BMP-1 步兵战车的改良型，属 BMP 系列的第二款，目前在数十个国家的军队中服役。

性能解析

BMP-2 步兵战车改用一个较大的双人炮塔取代了 BMP-1 的单人炮塔，主要武器改为 30 毫米 2A42 机炮和 AT-5 反坦克火箭筒（出口型号则一般安装 AT-4 反坦克火箭筒）。此外，BMP-2 步兵战车还能以 7~8 千米/时的速度在水上行驶（用履带划水推进），其余和 BMP-1 步兵战车大体相同。

基本参数	
长度	6.74 米
宽度	2.94 米
高度	2.07 米
重量	14.3 吨
最大速度	65 千米/时
最大行程	500 千米
乘员	10 人
装甲厚度	33 毫米
发动机功率	225 千瓦

总体设计

BMP-2 步兵战车采用了大型的双人炮塔，将 BMP-1 步兵战车位于驾驶员后方的车长座椅挪到炮塔内右方，使其的视野和指挥能力得以增强，驾驶员后方的座位用于步兵乘坐。BMP-2 步兵战车的武器为 1 门 2A42 型 30 毫米机关炮，以 AT-5 "拱肩" 反坦克导弹发射器取代了 AT-3 "耐火箱" 反坦克导弹发射器，这两种反坦克导弹的最大区别是瞄准装置。AT-5 "拱肩" 反坦克导弹采用瞄准线指令制导方式，炮长只需持续将目标保持在瞄准线上即可，不用再像 AT-3 "耐火箱" 反坦克导弹那样还要操控导弹飞行。不过，在发射 AT-5 反坦克导弹时，炮长仍需探出车外，其最大射程为 4000 米。2A42 型 30 毫米机关炮的炮口初速为 970 米 / 秒，该车配有车长超越控制装置的先进火控系统。

俄罗斯 BMP-3 步兵战车

　　BMP-3 是苏联于 1986 年推出的 BMP 系列第三款步兵战车，1989 年正式投产并装备军队。

性能解析

　　BMP-3 步兵战车车身和炮塔是铝合金焊接结构，其他一些重要部分加入了其他钢材以加强强度和刚性。BMP-3 动力组件由 BMP-1、BMP-2 的在车头改为在车尾，为了乘员进出而在车尾加上两道有脚踏的车门，为此动力组件造得扁平以降低高度，所以 BMP-3 乘员进出的便利性不及 BMP-1 和 BMP-2。

基本参数	
长度	7.14 米
宽度	3.2 米
高度	2.4 米
重量	18.7 吨
最大速度	72 千米 / 时
最大行程	600 千米
乘员	10 人
发动机功率	375 千瓦

火力配置

　　BMP-3 步兵战车的火力极为强大，炮塔上装有 1 门 100 毫米 2A70 型线膛炮，此炮能发射破片榴弹和 AT-10 炮射反坦克导弹，在 2A70 右侧为 30 毫米口径 2A72 机炮，左侧为 7.62 毫米 PKT 机枪。如同 BMP-2 一样，BMP-3 也可在水上行驶，它在水上行驶时改为由发动机带动 1 个喷水器向后方喷水。

总体设计

　　BMP-3 步兵战车的车身和炮塔是铝合金焊接结构，若干重要部分镶有钢板以加强强度和刚性。动力组件由 BMP-1/2 的车头改为在车尾，为了乘员进出而在车尾加上 2 道有脚踏的车门，为此动力组件尽量造得扁平以降低高度。车尾门因为要迁就车尾的动力组件而被设计成 1 对小门，乘坐的步兵上下车皆要爬过此门，因此 BMP-3 乘员进出的便利性不及 BMP-1/ 2。BMP-3 乘员为车长、炮手和驾驶员再加 7 名士兵，车长和炮手在双人炮塔中（车长在右而炮长在左），驾驶员在车身前方中央位置，左右两侧各有 1 个士兵座位，士兵座位前方各有 1 挺 PKT 机枪，其余 5 名士兵坐在后方的运兵舱内，其座位也有枪孔可用手上的枪械向车外开火射击。

俄罗斯 BTR-40 装甲车

BTR-40 装甲车是由苏联设计生产的，主要用于人员输送，于 1947 年研制，1950 年装备军队，也可作为指挥车和侦察车使用。

性能解析

BTR-40 装甲车车体由钢板焊接，动力舱在前，驾驶舱居中，载员舱在后。驾驶员位于左侧，车长在右侧，两人前面都有挡风玻璃。车长、驾驶员各有 1 侧门，门的上方有一个观察缝隙。载员舱为敞开结构，8 名坐在车后的步兵可通过车后双开门上下车。早期的

车体不开射孔，后期生产的车辆每侧有 3 个射孔，每个后门各 1 个射孔。该车无三防装置和夜视设备，并且不能水上行驶。

总体设计

BTR-40 装甲车发动机前置，敞顶载员舱在后部，车身两面均有射孔，车尾有门，门上通常挂有备用轮胎。车前下有装甲进气格栅，动力舱顶倾斜，车长和驾驶员面前的盖板可以固定为水平的打开状态。

基本参数	
长度	5 米
宽度	1.9 米
高度	1.83 米
重量	5.3 吨
最大速度	80 千米/时
最大行程	285 千米
乘员	10 人

服役情况

在苏联陆军中 BTR-40 通常被称为 Sorokovke。目前已停产。装备布隆迪、古巴、几内亚、几内亚比绍、印度尼西亚、朝鲜、老挝、马里、莫桑比克、叙利亚、坦桑尼亚、越南以及也门。这些国家中许多将本车用于二线，如交给后备部队。

俄罗斯 BTR-152 装甲车

BTR-152 是苏联最早期的、用于人员输送的装甲车之一。20 世纪 60 年代中期，它逐渐被 BTR-60 装甲车所取代。

性能解析

BTR-152 装甲车采用焊接装甲板，车体为开放式，动力为 1 台 110 马力的 ZIL-123V 发动机，一次可运输 17 名全副武装士兵。该车有数十个变形版本，其中以 BTR-152B1 为例，它车前装置有绞盘（绞盘拉力为 49 千牛，钢绳长 70 米），并有内置式气道管路的中央轮胎充放气系统和红外驾驶灯，其他方面则与基础型 BTR-152 相差无几。

基本参数	
长度	6.55 米
宽度	2.32 米
高度	2.04 米
重量	9.91 吨
最大速度	70 千米 / 时
最大行程	650 千米
乘员	19 人

总体设计

BTR-152 装甲车采用 6×6 底盘，中间车轮和后车轮距离较近，载员舱两侧和尾部与地面垂直，边角处向内倾斜。引擎在车前部，后部的载员舱顶部敞开，两侧有射击孔，并各有 1 个车门，车尾有 2 个后车门，上面挂有备用车轮和轮胎。BTR-152 前端安装有装甲通气孔，用于引擎散热。动力舱完全封闭，位于车前部，车长和驾驶员位于动力舱之后，车顶敞开的载员舱在车后部。在载员舱的车顶周围有 3 个用于安装 7.62 毫米或 12.7 毫米机枪的槽。部分 BTR-152 车前装有绞盘，最大拉力为 5 吨。

俄罗斯 BTR-60 装甲车

BTR-60 装甲车是苏联在二战结束后设计生产的，主要用于人员的输送，并逐步取代了 BTR-152 装甲车。

性能解析

早期的 BTR-60 装甲车动力为 2 台 GAZ-49B6 缸汽油发动机，单台功率为 90 千瓦，还设置有单人手动炮塔，武器为 1 挺 14.5 毫米 KPVT 机枪和 1 挺 7.62 毫米 PKT 机枪，武器的最大仰角为 + 30°。之后，该车换装了 KamAZ-7403V-8 涡轮增压柴油发动机，功率为 194 千瓦，炮塔也换成了新型的，其仰角达到了 + 60°，从而使车载武器能够对付低速飞行的空中目标或者在城市作战中用来打击高层建筑上的目标。

基本参数	
长度	7.56 米
宽度	2.83 米
高度	2.31 米
重量	10.3 吨
最大速度	80 千米 / 时
最大行程	500 千米
发动机功率	194 千瓦
爬坡度	31°
过直墙高	0.4 米
越壕宽	2 米

总体设计

BTR-60 装甲车的车体是船形结构，由装甲板焊接而成，前部为驾驶舱，中间为载员舱，后部为动力舱。驾驶员位于车前左侧，车长在右。他们前面都有挡风玻璃，战斗时可用顶部铰接的装甲板防护。车长和驾驶员通过观察孔进行观察，夜间可换成红外潜望镜，驾驶员左侧和车长右侧还各有 1 个观察镜。车长前上方安装 1 个红外探照灯。步兵坐在载员舱内的长椅上。车体每侧有 3 个射孔和 1 个门。必要时车顶可装上帆布篷。

俄罗斯 BTR-80 装甲车

BTR-80 是苏联设计生产的用于人员输送的装甲车，于 1984 年开始装备军队，1987 年 11 月在莫斯科举行的阅兵式上首次公开露面。

性能解析

BTR-80 装甲车的炮塔顶部可 360° 旋转，其上装有 1 挺 14.5 毫米 KPVT 大口径机枪，辅助武器为 1 挺 7.62 毫米 PKT 并列机枪。车内可携带 2 枚 9K34 或 9K38 "针" 式单兵防空导弹和 1 具 RPG-7 式反坦克火箭筒。

该车可水陆两用，水上靠车后单个喷水推进器推进，水上速度为 9 千米 / 时。当通过浪高超过 0.5 米的水障碍时，可竖起通气管不让水流进入发动机内。此外，它还配有防沉装置，一旦车辆在水中损坏也不会很快下沉。

基本参数	
长度	7.7 米
宽度	2.9 米
高度	2.41 米
重量	13.6 吨
最大速度	80 千米 / 时
最大行程	600 千米
乘员	10 人
发动机功率	194 千瓦
爬坡度	31°
过直墙高	0.5 米

总体设计

BTR-80 装甲车驾驶舱位于前部，驾驶员在左、车长在右，并装有供昼夜观察和驾驶的仪器（车长夜视距离为 360~400 米，驾驶员夜视距离可达 60 米）、面板、操纵装置、电台及车内通过话器等。车长位置的前甲板上有一个球形射孔。车长和驾驶员的后面各有 1 个步兵座位。车长的右前倾斜甲板上还有 1 个供步兵用的射孔。炮塔位于第二轴上方的车体中央位置。载员舱在炮塔之后，6 名步兵背靠背坐在当中的长椅上。车体两侧各有 3 个射孔。载员舱顶部有 2 个方形舱盖，盖上各有 1 个用于对空射击的圆形孔，在车体两侧的第二轴和第三轴之间开有大门。

俄罗斯 BRDM-2 两栖装甲侦察车

BRDM-2 是苏联于 20 世纪 60 年代研制的两栖装甲侦察车，现仍在俄罗斯军队中使用。

总体设计

BRDM-2 两栖装甲侦察车的车体采用全焊接钢装甲结构，可防轻武器射击和炮弹破片，战斗室两侧各有 1 个射击孔，为扩大乘员观察范围，在射击孔上装有 1 套突出车体的观察装置。驾驶员在车体前部左侧，车长位于右侧，二者前面都配有装防弹玻璃的观察窗口。为进一步加强防护力，

基本参数	
长度	5.75 米
宽度	2.35 米
高度	2.31 米
重量	7 吨
最大速度	95 千米／时
最大行程	750 千米
乘员	4 人
发动机功率	103 千瓦

在防弹玻璃外侧上部加设装甲铰链盖。作战时，铰链盖放下，车长和驾驶员通过水平安装在车体上部的昼用潜望镜观察周围地形。车体尾部没有开门，乘员只能通过位于车长和驾驶员身后、车体上部开设的两个圆形舱口出入，舱盖铰接于车体，可向后 90°转动。

俄罗斯 BA-6 装甲车

BA-6 是苏联在一战结束后设计生产的一款装甲车，并在之后的二战中凸显威力。

性能解析

BA-6 装甲车使用美国制 GAZ-AAA 底盘，这种底盘只适合在公路等良好路况下行驶。在 20 世纪 30 年代初期，BA-6 装甲车可轻易击毁大部分同期装甲车，但其薄弱的装甲也比较容易被小口径炮击破。BA-6 装甲车参加了二战初期东线的战斗，但由于其装甲不足以应付德军火力，所以被 T-60 坦克及 T-70 坦克等所取代。

基本参数	
长度	4.65 米
宽度	2.1 米
高度	2.2 米
重量	5.1 吨
最大速度	55 千米/时
最大行程	200 千米
乘员	4 人
装甲厚度	10 毫米
发动机功率	30 千瓦

俄罗斯"回旋镖"装甲运兵车

"回旋镖"装甲运兵车是俄罗斯最新研制的轮式两栖装甲运兵车。

性能解析

与早前 BTR 系列装甲运兵车不同，"回旋镖"装甲运兵车的发动机安装在车体前方而不是车尾。该车设有后门及车顶舱门，以供乘员进出。车尾有 2 具喷水推进装置，使其拥有克服水流并快速前进的能力。"回旋镖"装甲运兵车采用先进的陶瓷复合装甲，并应用了最新的防御技术来避免被炮火击中。该车的动力装置是 1 台 UTD-32TR 涡轮增压柴油发动机，最大功率为 375 千

基本参数	
长度	8 米
宽度	3 米
高度	3 米
重量	25 吨
最大速度	100 千米 / 时
最大行程	800 千米
乘员	12 人
发动机功率	375 千瓦

瓦。车体每侧有 4 个负重轮。"回旋镖"装甲运兵车的车体高大，前上装甲倾斜明显，车体两侧和车尾基本竖直。炮塔位于车体中央。

火力配置

"回旋镖"装甲运兵车的主要武器是 1 门 30 毫米机关炮、1 挺遥控操作的 7.62 毫米机枪（或 12.7 毫米机枪）以及 4 枚反坦克导弹，火力远强于美国"斯特赖克"装甲车。

俄罗斯 IMR-2 战斗工程车

IMR-2 战斗工程车是苏联设计并制造的一款重型履带式战斗工程车，1983 年开始服役。

性能解析

IMR-2 战斗工程车可完成包括清障、构筑行军公路、扫雷、挖掘掩体等工程作业，其开辟岩石障碍通路的速度为 0.30~0.35 千米 / 时，挖掘 1.1~1.3 米深壕沟的速度为 5~10 米 / 时，吊臂的起吊重量为 2 吨，吊臂伸出的最大长度为 8.435 米，平均扫雷速度为 6~15 千米 / 时。IMR-2 战斗工程车装有免遭大规模杀伤武器破坏的防护系统、烟幕施放系统以及发动机 - 传动装置舱的自动灭火设备。车上的自卫武器是 1 挺 12.7 毫米高平两用机枪。

基本参数	
长度	9.55 米
宽度	4.35 米
高度	3.68 米
重量	44.3 吨
最大速度	50 千米 / 时
最大行程	500 千米
乘员	2 人
发动机功率	627 千瓦

总体设计

IMR-2 战斗工程车由履带式底盘、通用推土铲、吊杆、车辙式扫雷犁组成。通用推土铲装在车体前部，铲刀可装成推土机、平路机和双犁壁的配置状态，并可在垂直面上具有一定的倾斜度。通用推土铲在驾驶舱内通过电动液压系统操纵。吊杆装在操作塔上，由伸缩式吊杆和抓斗设备组成，可由塔内操作手操纵或由遥控台控制，用于清理堆积物、处理土堆以及往运输车上装载松散物料。车辙式扫雷犁用于清扫防坦克雷场上的各种反履带地雷以及装有触杆引信的反装甲车底地雷。扫雷犁由左右犁刀和转换装置组成。从驾驶员的座位上对其进行操纵。

乌克兰 BTR-4 装甲运兵车

BTR-4 装甲运兵车是乌克兰于 21 世纪初研制的轮式装甲运兵车，2009 年开始服役。

性能解析

BTR-4 装甲运兵车可抵御 100 米内发射的 12.7 毫米口径子弹和 155 毫米口径榴弹破片的袭击。若加装模块化附加装甲，防弹能力可进一步提高。

BTR-4 装甲运兵车采用 8×8 轮式驱动形式，动力装置为 1 台 3TD 柴油发动机，最大功率为 372 千瓦。根据不同客户的要求，还可换装德国道依茨 365 型柴油发动机（最大功率为 445 千瓦）。

基本参数	
长度	7.65 米
宽度	2.9 米
高度	2.86 米
重量	17.5 吨
最大速度	110 千米 / 时
最大行程	690 千米
乘员	2 人
发动机功率	372 千瓦

总体设计

BTR-4 装甲运兵车的车首布局可提供给驾驶员和车长良好的前向及侧向视野，观察范围比 BTR-80 装甲运兵车更佳。车长及驾驶员的位置在车体前部，车长在右边，驾驶员在左边。驾驶员、车长座椅均为整体吊装式，可依身高进行调节并能向左右转动。宽敞的载员舱前方可安装多种炮塔。载员数量因所选装的武器系统不同而有所不同，基本型可运载 8 人。车尾有 2 扇分别向左右开启的舱门，载员舱上方也有 2 扇舱门。载员舱两侧分别设有 4 个射击孔，在右侧尾门上也有 1 个射击孔，可供载员用随身武器向外射击。

火力配置

BTR-4 装甲运兵车的主要武器是 1 门 30 毫米机关炮，还可装备 4 枚反坦克导弹。该车除了用于完成常规作战任务以外，还可以用于完成多种作战任务，包括防空、战场救护、战地指挥、火力支援和侦察等。

德国 RSO 轻型装甲车

RSO 轻型装甲车是德国在二战时期使用的一款装甲武器，主要用于东部战线的物资搬运、火炮牵引等。

性能解析

RSO 轻型装甲车相较于同类其他战车来说，其重量较轻，而且配备了极宽的履带，因此在苏联的泥泞大地上也可以行驶，虽然速度较低却能成功地在烂路之中将物资运抵前线。除了搬运物资之外，它也被运用于 75 毫米 PaK 40 反坦克炮、Nebelwerfer 41 六管火箭发射器等的牵引。

基本参数	
长度	4.42 米
宽度	1.99 米
高度	2.53 米
重量	5.5 吨
最大速度	17.2 千米 / 时
最大行程	300 千米
乘员	2 人

服役情况

1941 年德军在进攻苏联之际，因受到冬季的影响没有铺柏油的道路变得一片泥泞，由马车与一般轮式卡车对前线进行补给变得极度困难。完成的 RSO 轻型装甲车简易的变速机构，搭配上单边 4 个转轮以及叶片弹簧式的悬吊系统，转轮也不使用橡胶的材料包覆，如此精简的机构在德军的军用车辆里面，可以说是罕见的例子。而由 1942 年 11 月起，以 RSO/ 01 为名被开始大量生产。另外本车极高的车高，据说是由于希特勒直接下的指示。由 1943 年开始则变更为生产 RSO/ 02，原本原型有弧度的车厢变更为较为直线的设计，以进一步改善生产性。同时生产也不再仅限于史泰尔一家，汽车联盟、KHD 等五家公司也开始加入生产，使得本车最后的总生产量达到了 27792 辆。

德国 SdKfz 251 半履带装甲车

　　SdKfz 251 是德国二战时期研制的一款半履带装甲车，于 1939 年正式批量生产，一直生产到 1945 年德国战败，共生产 16 000 辆左右，几乎参加了二战中后期所有重大战斗。

⫾⫾⫾⫾▷ 性能解析

　　SdKfz 251 半履带装甲车采用了当时不多见的半履带传送运动方式，以增加在恶劣地形下的越野能力，并能运载 12 名步兵。该车使用迈巴赫 HL42TUKRM 发动机，动力为 75 千瓦，前方装甲 14.5 毫米、侧面 8 毫米、底盘 6 毫米。SdKfz 251 半履带装甲车的半履带结构使维修和保养比较复杂，也大大增加了非战斗损耗。公路上的行进效果比不上轮式车辆，在泥泞等复杂地形又不如坦克，而且其前

基本参数	
长度	5.8 米
宽度	2.1 米
高度	1.75 米
重量	7.81 吨
最大速度	52.5 千米 / 时
最大行程	300 千米
乘员	12 人
发动机功率	75 千瓦

轮不具备动力，也无刹车功能，只负责转向导向。

 服役情况

SdKfz 251 型装甲车 1938 年定型并投入试生产，用于取代其他装甲运兵车，1939 年正式批量生产，一直生产到 1945 年战败，共生产 16000 辆左右，几乎参加了二战中后期所有重大战斗。并在基本型基础上生产了指挥车、喷火车、反坦火炮车、通信车、迫击炮车、火箭炮车、红外线夜间装备照射车等多种用途的改进型。从 D 型开始，为了提高生产产量，同时增加防护能力，采取了外形的简化，并增加了侧面的杂物箱。取消了外装甲上不必要的开口，后部装甲改用反向倾斜设计。

而转向也严重依赖后履带的"转速差"。而同期美国的 M3A4 型半履带车前轮拥有动力和刹车，功率也比 SdKfz 251 型大 40%，所以 SdKfz 251 型在战争后期，尤其是东线战场并不能满足战术要求。

德国 SdKfz 250 半履带装甲车

SdKfz 250 是由德国德马格公司设计生产的，于 1939 年被德军采用作为制式的半履带装甲车。

基本参数	
长度	4.56 米
宽度	1.95 米
高度	1.66 米
重量	5.8 吨
最大速度	76 千米 / 时
最大行程	300 千米
乘员	2 人
发动机功率	74 千瓦

性能解析

SdKfz 250 半履带装甲车是利用德马格公司车重仅 1 吨的 D7 型半履带式输送车底盘研制的，行动部分的前部是轮式，后部为履带式。履带部分占车辆全长的 3/4，车体每侧有 4 个负重轮，比 D7 少 1 个，从而缩短了底盘的长度。主动轮在前，诱导轮在后，负重轮交错排列。

履带是金属的，每条履带由 38 块带橡胶垫的履带板组成。该车和当时德国其他半履带车辆一样，采用一种新的转向方法，即在公路上行驶时，只需操纵方向盘，利用前轮来转向；在需要作小半径转向或在越野行驶时，则用科莱特拉克转向机构来转向，最小转向半径为 5 米。

总体设计

SdKfz 250 半履带装甲车车内配备 2 名乘员，即驾驶员和车长，还可容纳 4 名载员。车上武器只有 1 挺 7.92 毫米机枪，安装在车体顶部前面。发动机为马巴赫公司的 HL42TRKM 型 6 缸直列水冷汽油机，位于车内前部。传动装置为机械式，所采用的"瓦罗莱科斯"半自动变速箱有 7 个前进挡和 3 个倒挡。行动部分的前部是轮式，后部为履带式。履带部分占车辆全长的 3/4，车体每侧有 4 个负重轮，比 D7 型运输车的少 1 个，从而缩短了底盘的长度。

德国"野犬"式全方位防护运输车

"野犬"式全方位防护运输车是德国国防军现役的一款军用装甲车，目前它还在奥地利、比利时和捷克等国军队中服役。

性能解析

"野犬"式全方位防护运输车，顾名思义，它具有良好的防卫性能，能够承受恶劣的路况、机枪扫射和小型反坦克武器的攻击以及通过大规模杀伤性武器防护测试认证。

火力配置

"野犬"全方位防护运输车的预设武器为1挺置于车顶的7.62毫米遥控机枪，这挺机枪也可以用12.7毫米机枪或HK GMG自动榴弹发射器取代。

基本参数	
长度	5.45 米
宽度	2.3 米
高度	2.5 米
重量	11.9 吨
最大速度	90 千米 / 时
最大行程	1000 千米
乘员	8 人
发动机功率	160 千瓦

德国"美洲狮"步兵战车

"美洲狮"是德国陆军正在研制的新型步兵战车，用以取代老式的"黄鼠狼"步兵战车，服役后将和德国"豹2"主战坦克协同作战。

性能解析

"美洲狮"步兵战车的主要武器是1门30毫米MK30-2/ABM机关炮，由莱茵金属公司毛瑟分公司专为该车研制，具有极高的安全性和命中概率，即使在高速越野的情况下仍然具有很高的射击精度。该炮采用双路供弹，可发射的弹药主要有尾翼稳定曳光脱壳穿甲弹和空爆弹，通常备弹200发。空爆弹的打击范围很广，包括步兵战车及其伴随步兵、反坦克导弹隐蔽发射点、直升机和主战坦克上的光学系统等。

基本参数	
长度	7.33米
宽度	3.43米
高度	3.05米
重量	31吨
最大速度	70千米/时
最大行程	650千米
乘员	11人
发动机功率	800千瓦

总体设计

"美洲狮"步兵战车车体是一种全新的设计,并非较旧系统的衍生型。莱茵金属公司负责底盘和车体模块化设计。车上乘员为 3 名(车长、炮长和驾驶员),每名乘员都有自己的观察设备,"美洲狮"步兵战车的态势感知能力优于现役车辆。后部的载员舱可载运 8 名全副武装的士兵,通过后部的电控跳板门上下车,载员舱内没有射击孔。

"美洲狮"步兵战车的布局采用传统的方式,驾驶员位于车辆的左前方,动力组件安装在右前方,车长和炮长并排坐在车辆的中部(车长在右,炮长在左)。采用模块化设计的车辆能够由 A-400M 运输机空运。车辆配有三防系统、空调、火灾探测与灭火抑爆系统,生产型"美洲狮"步兵战车将装备战场敌友识别系统、指挥、控制与通信系统。此外还将配备功能强大的内置式测试设备。车辆每侧各有 5 个钢质的负重轮,安装在独立悬挂装置上。设计中不仅考虑了高度机动性,而且注意了减少噪声和震动的问题。

机动性能

"美洲狮"步兵战车采用 MTU 公司生产的世界上结构最紧凑、重量最轻的 MT-902 V-10 型柴油发动机。这种发动机属于 MTU 公司 MTU890 系列的新型发动机,输出功率 800 千瓦,可给"美洲狮"步兵战车提供 25.4 千瓦 / 吨的单位功率(C 级防护时略有降低)。

德国"黄鼠狼"步兵战车

　　"黄鼠狼"步兵战车是德国在二战后研制的步兵战车，1969年4月开始批量生产，1971年进入德国陆军服役。

性能解析

　　"黄鼠狼"步兵战车的车体为钢装甲全焊接结构，车内采用隔舱化布置。由于"黄鼠狼"步兵战车要与"豹"式主战坦克协同作战，因此采用了与轻型坦克相同的装甲。车体前上装甲厚30毫米，可抵御20毫米机关炮的攻击。其他部位可抵御轻武器和炮弹破片的攻击。车体两侧有侧裙板。

　　"黄鼠狼"步兵战车的载员舱在车体后部，可装载6名步兵，分为两排，每排3人，背靠背坐。

基本参数	
长度	6.79米
宽度	3.24米
高度	2.98米
重量	33.5吨
最大速度	75千米/时
最大行程	520千米
乘员	9人
发动机功率	441千瓦

人员通过车体后部的跳板出入。载员舱的两侧各有2个球形射孔，顶部两侧各有1个顶窗和3个潜望镜。射孔与潜望镜配合，可使步兵从车内安全射击。

总体设计

　　"黄鼠狼"步兵战车的车体高大，前上装甲倾斜明显，车顶前部有双人炮塔。车尾有尺寸较大的车门。

火力配置

　　"黄鼠狼"步兵战车的车身中央为 1 个双人炮塔，右侧为车长而左侧为炮手，其武器为 1 门 20 毫米 Rh202 机炮和 1 挺 MG3 同轴机枪，必要时可加上"米兰"反坦克导弹发射器和 5 枚"米兰"反坦克导弹。由于采用了遥控射击方式，炮长和车长可以不坐在炮塔里，这样炮塔便可以做得很小，减少了中弹的概率，这是"黄鼠狼"步兵战车的一大优点。

德国"拳师犬"装甲运兵车

"拳师犬"装甲运兵车是德国克劳斯－玛菲·威格曼公司设计并制造的轮式装甲运兵车，于2008年开始服役。

性能解析

"拳师犬"装甲运兵车最突出的特点是不变的车体与模块化设计的结合。车体用高硬度装甲焊接，模块化设计包括驾驶模组和任务模组两大部分。它保持车体不变，后车厢则被分成一组一组的模块。通过调整模块，可将原来的装甲运兵车变成装甲救护车、后勤补给车或装甲指挥车等，而更换后车厢模块仅用1小时就能完成。"拳师犬"装甲运兵车有3名车组人员，最多可运载8名士兵，其车体设

基本参数	
长度	7.88 米
宽度	2.99 米
高度	2.37 米
重量	25.2 吨
最大速度	103 千米/时
最大行程	1100 千米
乘员	11 人
发动机功率	530 千瓦

计非常强调乘坐舒适性，使乘员能在艰苦的作战环境下长时间坚持作战。车内的有效容积达14立方米，提供了宽敞、舒适的车内生活和战斗环境。每个乘员座椅都配有安全带。液压控制的跳板式后部车门，使乘员能迅速上下车。

总体设计

"拳师犬"装甲运兵车的车体正面下方明显地向第一个轮胎位置倾斜，车体正面倾斜明显，水平车顶从第一个轮胎的上方向后延伸至车尾，车尾微微内倾，有大型斜坡。车体两侧各有 4 个大型负重轮，第 2 个和第 3 个车轮的间隔较宽，竖直车体侧面从车轮上方开始略微内倾。

火力配置

得益于模块化设计，"拳师犬"装甲运兵车可以安装多种不同类型的武器，包括 12.7 毫米机枪、7.62 毫米机枪、20 毫米机关炮、25 毫米机关炮、30 毫米机关炮、105 毫米突击炮、120 毫米迫击炮等。

德国 UR-416 装甲运兵车

UR-416 是德国研制的一种主要供警察部队使用的轮式装甲运兵车辆，该车被世界多个国家和地区采用。

性能解析

UR-416 装甲运兵车的顶部有 1 个圆形的舱口，有 1 挺带有护板的 7.62 毫米机枪，该机枪可360°旋转，俯卧射界为 –10°~+75°。UR-416 装甲运兵车的车体为全焊接钢板结构，可有效防御小口径枪弹的攻击，并对地雷和炮弹破片具备一定的防护力。在轮胎的外缘包有金属板，即便轮胎被击中损坏仍然可依靠金属板行驶。

UR-416 装甲车使用戴姆勒·奔驰公司的 OM352 型 6 缸水冷柴油发动机，悬挂装置为带有附加弹簧的螺旋弹簧，在车轮上安装有筒式液压减震器。该装甲运兵车最大公路时速 85 千米，最大公路行程约 700 千米。

基本参数	
长度	5.21 米
宽度	2.3 米
高度	2.52 米
重量	7.6 吨
最大速度	85 千米 / 时
最大行程	700 千米
乘员	10 人
过直墙高	0.55 米
发动机功率	88 千瓦

总体设计

车体为全焊接钢板结构，能防轻武器、炮弹破片和杀伤地雷。乘员 2 人，可载 8 名步兵。动力装置前置，其后是车长和驾驶员座位。驾驶员位于左侧，车长在右侧，他们前方装有带刮水器的挡风玻璃。必要时挡风玻璃可用上部铰接的装甲盖板防护，这时他们可用前部顶装的潜望镜观察。车前装有前灯和红外驾驶灯。

车体两侧和后部各开 1 个出入门。侧门的下部可放下来当阶梯使用，上部可折叠到侧面。后门类似于侧门，但比它宽，上部还装有 1 个备用车轮。

德国 SdKfz 4 半履带装甲车

SdKfz 4 是二战时期德国研制的一款半履带装甲车，由于其只有薄薄的装甲，所以在近距离战斗时无法抵御任何中 / 大型武器的攻击。

性能解析

绝大多数的 Sdkfz 4 是使用英国卡登 – 劳埃德传动装置，不过有些例外，如 L 型 4500R，则使用 PzKpfw. II 传动装置。Sdkfz 4 所采用的 6 缸引擎采用前进 5 挡和倒车 1 挡，每分钟转速有 3000 转，最高车速为每小时 40 千米。每辆半履带车都装设了 FuG Spr G f 无线电。除了 SdKfz 4/ 1 外，其他 SdKfz 半履带车都只装设了 MG34 或 MG42 机枪，

基本参数	
长度	6 米
宽度	2.2 米
高度	2.5 米
重量	7.1 吨
最大速度	40 千米 / 时
最大行程	130 千米
乘员	3 人
装甲厚度	8 毫米

射角为水平 270°，上下 –12°至+80°。由于半履带车只有薄薄的装甲，所以它们在近距离战斗时是无法抵御任何大于小型武器的射击。

服役情况

德国于 1944 年总共生产了 22500 辆 Sdkfz 4 半履带车。在战争后期，装甲车的车顶安装有 150 毫米火箭发射器，并命名为 SdKfz 4/ 1，但只有大约 300 辆 SdKfz 4/ 1 被生产出来。不过这些携带额外负载的变种，车速最高只有每小时 25 千米。

德国 SX45 轮式重型抢救车

第九届阿布扎比国际防务展上，德国 MAN 公司展出了一种新型卡车——MAN SX45 型 8×8 轮式重型抢救车 (以下简称 SX45 卡车)。

性能解析

基本参数	
原产国	德国
制造商	MAN 公司

SX45 卡车安装了 MAN 公司与克劳斯 – 玛菲·威格曼公司联合研制的模块化装甲人员防护组件"集成装甲舱"(IAC)，这套装甲可以为卡车驾驶室提供 3 级弹道防护和反坦克地雷爆炸防护。它具有安装简便，防护全面，并且对车辆原有功能无影响的性能特点。此外，该车还安装有 3 个罗茨勒液压绞盘 (分别为主绞盘、辅助绞盘和自救绞盘)，1 台遥控操作液压起重机。该车还可以根据需要，在车顶上方安装烟幕弹发射器、机枪或自动榴弹发射器，以提高自卫能力。

服役情况

2008 年，德国 MAN 公司英国 MAN ERF UK 销售分公司赢得了英国装甲部队一份价值 13 亿英镑的采购合同，共包括 7285 辆新一代越野卡车及其拖车，全部变形产品共达 42 种，其中包括 SX 45 型 8×8 轮式重型抢救车 288 辆。该车即将在最近一段时间内装备英国皇家电气和机械工程部队，以取代已经服役长达 30 年的福登工程拖车。

法国 VBCI 步兵战车

VBCI 是法国新一代步兵战车，于 2008 年开始服役，它具备与主战坦克接近的机动性与通过性，可以由 A400M "空中客车" 运输机运输，具有良好的战略机动性。

性能解析

VBCI 步兵战车能对乘员和军队提供多种威胁保护，包括 155 毫米炮弹碎片和小 / 中等口径炮弹等。它的铝合金焊接车体，配备有装甲碎片衬层和附加钛装甲护板，以保护反坦克武器。框结构底盘和驱动装置提供爆炸地雷的防护。该车有极强的机动性，能够在 60°前进斜度、30°侧斜度、2 米沟渠

基本参数	
长度	7.6 米
宽度	2.98 米
高度	3 米
重量	25.6 吨
最大速度	100 千米 / 时
最大行程	750 千米
乘员	12 人
装甲厚度	14.5 毫米
发动机功率	410 千瓦

和 0.7 米梯状地带等地形恶劣地区行进。此外，如果 1 个车轮被地雷损失，车辆能使用剩余的 7 个车轮驱使。

总体设计

VBCI 步兵战车车体采用高强度铝合金制成，带有防弹片层，并装有钢附加装甲，提供了良好的防护能力。车辆的结构对空心装药反坦克武器的袭击能起到防护作用，这些反坦克武器在非正规部队中的使用越来越普遍。其防护水平是其他轮式步兵战车不可相提并论的。

该车上装备有光学激光防护系统，车底装有防地雷模块，并且还装有 GALIX 自动防护系统。而且，其雷达信号和热信号特征都得到了改善。最后，车上还可装备红外诱饵系统。

法国 VBL 装甲车

VBL 是法国自制的一种军用机动车，有轻装甲能力，在战场上担任的角色类似于美军悍马车。

性能解析

VBL 装甲车车顶上安装有可 360°回旋的枪架和枪盾设置，能安装多种轻 / 重机枪（如 FN Minimi 轻机枪、勃朗宁 M2 重机枪等）。该车虽然有装甲，但是重量不到 4 吨，具有很强的战略机动性。此外，它的体积也很小，便于空运，具有很强的可运输性。

基本参数	
长度	3.8 米
宽度	2.02 米
高度	1.7 米
重量	3.5 吨
最大速度	95 千米 / 时
最大行程	600 千米
乘员	3 人

总体设计

VBL 车体采用高强度、高硬度装甲全焊接结构，厚度为 5~11.5 毫米，可在近距离内抵御 7.62 毫米穿甲弹的攻击。车体前部共有 3 层防护层设计。一是车体前装甲采用大倾角设计，这很容易使穿甲子弹产生跳弹。二是采用两层隔板防护设计。在发动机和变速箱之间、发动机室和乘员之间分别采用装甲隔板防护措施，即使前甲板被穿透，还有发动机和变速箱之间的第二层隔板以及发动机室和乘员之间的第三层隔板的防护，这 3 层前部防护层为乘员提供了良好的正面防护。

法国 AMX-VCI 步兵战车

AMX-VCI 是法国霍奇基斯公司于 20 世纪 50 年代初为满足法军要求而研制的步兵战车,在法军中装备数量很大,目前正逐步为 AMX-10P 步兵战车所替代。

性能解析

AMX-VCI 步兵战车的车体分为 3 个舱室,驾驶舱和动力舱在前,载员舱居后。车体前部左侧是驾驶员席,右侧是动力舱。炮手和车长座位均在载员舱内,分别位于舱内的左边与右边。载员舱可背靠背乘坐步兵 10 人,并可通过向外开启的 2 扇后门出入。每侧有 2 个舱口,舱盖由上下 2 部分组成,每个舱盖的下部分有 2 个射孔。

基本参数	
长度	5.7 米
宽度	2.67 米
高度	2.41 米
重量	15 吨
最大速度	60 千米 / 时
最大行程	440 千米
乘员	13 人
涉水深	1 米
爬坡度	31°
越壕宽	2.1 米

总体设计

AMX-VCI 步兵战车底盘与 AMX-13 轻型坦克相似。车体分为 3 个舱室,驾驶舱和动力舱在前,载员舱居后。驾驶员位于车体前部左侧,动力舱在其右侧。炮手和车长座位均在载员舱内,分别位于舱内的左边与右边。观瞄仪器有装在炮塔上的 1 个光学瞄准镜和 6 个潜望镜。车长和驾驶员位置各有 3 个潜望镜,但驾驶舱的中间的 1 个可换成红外夜间驾驶仪或微光夜间驾驶仪。

法国 AMX-10P 步兵战车

AMX-10P 是法国 AMX 制造厂于 1965 年按法国陆军要求研制的步兵战车，用以取代老式的 AMX VCI 步兵战车。

性能解析

AMX-10P 步兵战车的主要武器是 1 门 20 毫米 M693 机关炮，采用双向单路供弹，并配有连发选择装置，但没有炮口制退器。弹药基数为 325 发，其中燃烧榴弹 260 发，脱壳穿甲弹 65 发。

该炮对地面目标的最大有效射程为 1500 米，使用脱壳穿甲弹时在 1000 米距离上的穿甲厚度为 20

基本参数	
长度	5.79 米
宽度	2.78 米
高度	2.57 米
重量	14.5 吨
最大速度	65 千米/时
最大行程	600 千米
乘员	11 人
发动机功率	209 千瓦

毫米；辅助武器为 1 挺 7.62 毫米机枪，位于主炮的右上方，最大有效射程为 1000 米，弹药基数为 900 发。如有需要，该车还可换装莱茵金属公司的 20 毫米 MK20 Rh202 机关炮，车顶两侧还可安装 2 个 "米兰" 反坦克导弹发射架。

总体设计

AMX-10P 步兵战车采用典型装甲运兵车/步兵战车的设计，车身是铝合金质箱形而最前为锐角，驾驶室在左侧并有 3 个潜望镜而在中间那个可换为微光夜视镜，动力室在右侧，有 1 个 209 千瓦的水冷式柴油发动机，此发动机除了在 AMX-10P 在陆上行驶时提供动力外还可以用来带动 1 个在车尾的喷水推进器，这令 AMX-10P 也可以在水中行驶，因此外销印尼的 AMX-10P 是给海

军陆战队使用的两栖步兵战车。

车身中央是 1 个双人炮塔，武器为法制 20 毫米口径 M693 机炮和 7.62 毫米口径 NF-1 同轴机枪再加上 10 发米兰反坦克导弹的强大火力，车尾可容纳 8 名士兵并有射击孔可向车外射击，AMX-10P 采用扭力杆式悬挂系统，第 1 对和第 5 对车轮有油压减震器。

法国 AMX-30 战斗工程牵引车

AMX-30 战斗工程牵引车是法国地面武器工业集团设计并制造的履带式工程车，于 1987 年开始服役。

性能解析

AMX-30 战斗工程牵引车的主要任务是清除战场障碍、设置障碍、修缮道路、破坏道路、清理河岸、准备渡口、准备射击阵地和迅速布设小雷场。该车推土铲的运土和装土能力为 250 立方米 / 时，挖土能力为 120 立方米 / 时，当车辆倒驶时推土铲的松土齿可用于破开深度达 200 毫米的道路。AMX-30 战斗工程牵引车的绞盘拉力为 196 千牛，

基本参数	
长度	8.29 米
宽度	3.35 米
高度	2.94 米
重量	38 吨
最大速度	65 千米 / 时
最大行程	500 千米
乘员	4 人
发动机功率	540 千瓦

钢绳长 80 米，自动缠绕速度为 0.2~0.4 米 / 秒。液压吊臂可装地钻，钻孔直径为 220 毫米，孔深 3 米。

总体设计

AMX-30 战斗工程牵引车的底盘与 AMX-30 装甲抢救车的基本相同，但是采用了 AMX-30B2 主战坦克的机动部件，包括发动机、传动装置、变矩器和悬挂装置。该车有车长、挖道工兵和驾驶员 3 名乘员，主要工程设备有推土铲、液压绞盘和液压吊臂。推土铲装在车体正面，推土铲下部的背面有 6 个松土齿，推土铲全部展开时宽 3.5 米，高 1.1 米。

液压吊臂装在车前右侧枢轴上，可以伸展到 7.5 米，旋转 360°，吊臂上有吊钩和钳式吊具。车上还带有 220 米长的切割锯等标准设备。该车的制式设备还有涉渡深水的辅助设备，如进气筒和驾驶员被动夜视潜望镜，以及工兵用的测距望远镜。

火力配置

AMX-30 战斗工程牵引车在车体中央偏右有一个双人炮塔，其上部有向后开启的整扇式舱盖，上面有 7.62 毫米机枪。炮塔后部两侧各有 2 具电发射的烟幕弹发射器。炮塔下层前部有 142 毫米爆破装药发射管，其两侧各有 2 具地雷发射管，每根管备有发射箱，每个箱内存放 5 枚地雷。地雷直径 139 毫米，重 2.34 千克，含 0.7 千克炸药，由发射管发射至 60~250 米处，只要有重 1.5 吨以上的车辆经过就会被触发。

加拿大 LAV-3 装甲车

LAV-3 装甲车的前身是斯特赖克装甲车，为加拿大军队的主要战车之一。

性能解析

LAV-3 装甲车有着极其优秀的生存能力、机动性和火力，并且引入双 V 形车体技术，附加装甲防护和减震座椅，为乘员提供更高的防御地雷、简易爆炸装置及其他威胁的能力。

总体设计

基本参数	
长度	6.98 米
宽度	2.7 米
高度	2.8 米
重量	16.95 吨
最大速度	100 千米 / 时
最大行程	450 千米
乘员	9 人
发动机功率	261 千瓦

LAV-3 装甲车车体炮塔均采用装甲钢焊接结构,正面能防 7.62 毫米穿甲弹,其他部位能防 7.62 毫米杀伤弹和炮弹破片。

驾驶员位于车体前部左侧，炮塔居中，内有车长与炮手的位置，载员舱在车体后部。采用德尔科公司的双人炮塔，装有 1 门麦克唐纳·道格拉斯直升机公司的 25 毫米链式炮。辅助武器有 7.62 毫米的 M240 并列机枪和 M60 机枪各 1 挺。炮塔两侧各有 1 组 M257 烟幕弹发射器，每组 4 具。主炮有双向稳定，便于越野时行进间射击。

加拿大 LAV-25 装甲车

LAV-25 是加拿大通用汽车公司为美军设计的一款装甲车，是 LAV-3 装甲车的前身，于 2015 年被 MPC 装甲车所取代。

性能解析

LAV-25 装甲车有多种型号，其中包括 LAV A1/A2（步兵型）、LAV-AT（反战车型）和 LAV-M（迫击炮型）等。这些装甲车能依靠美军现有的运输机或直升机空运或空投。不同的型号，其设计也有所不同，比如，LAV A1/ A2（步兵型），没有炮塔，但所配备的装甲较其他车型而言略厚实，可保护步兵免受普通弹药的伤害。

基本参数	
长度	6.39 米
宽度	2.5 米
高度	2.69 米
重量	12.8 吨
最大速度	100 千米/时
最大行程	660 千米
乘员	9 人
发动机功率	205 千瓦

服役情况

美军签订的第一个合同的总采购量为 969 辆，其中陆军 680 辆，海军陆战队 289 辆。第二批订货为 1983 财政年度的 170 辆，其中海军陆战队 134 辆，陆军 36 辆。

意大利"菲亚特"6614装甲车

"菲亚特"6614装甲车是菲亚特汽车公司和奥托梅莱拉公司共同研发生产的一款装甲车，主要用于人员输送，目前仍在数十个国家军队中服役。

性能解析

"菲亚特"6614装甲车配有3具76毫米烟幕弹发射器以及拉力为44.1千牛的前置绞盘。分动箱和差速闭锁装置通过简单的开关（气式）操纵，轮毂内装行星减速器。该装甲车可凭借轮胎滑水渡过小河和浅滩。

总体设计

基本参数	
长度	5.86米
宽度	2.5米
高度	1.78米
重量	8.5吨
最大速度	62千米/时
最大行程	700千米
乘员	11人
爬坡度	31°
过直墙高	0.4米

"菲亚特"6614装甲车车体为全焊接钢板结构，能防轻武器和杀伤地雷。驾驶员位于车前左侧，有1向右打开的单扇圆顶窗盖。他的正面和侧面的200°圆弧内有5个观察镜，中央3个装有刮水器。发动机位于驾驶员右侧，并有防火隔板与载员舱隔开。载员舱在车后，每侧有1扇带观察镜与射孔的车门，车体两侧还各有3个观察镜与射孔。车体后部有1个动力操纵的跳板式大门，借助铰链与车底相连，后门两侧各有1个观察镜和射孔。车顶中部有1个指挥塔，装有1挺M2HB式12.7毫米机枪和5个潜望式观察镜。该车也可选装其他武器，例如，全密闭的炮塔可装1挺或2挺7.62毫米机枪。后部还有2个向两侧打开的顶舱盖以及通风装置。载员舱有10名载员（包括1名炮手），能在载员舱内进行射击并能通过大门迅速上下车。

意大利"半人马"装甲车

　　"半人马"装甲车是由 CIO 联合厂商协会设计并生产，Iveco Fiat 公司负责外壳和动力系统 Oto Melara 公司负责炮塔和武器。

性能解析

　　"半人马"采用 Iveco 6V 涡轮后冷式柴油引擎，传动系统由 Iveco Fiat 授权生产。有 5 个前进挡和 2 个倒车挡，8 个轮子都有独立悬吊和中轮膨胀系统 CTIS、8 轮碟式刹车，前 2 组轮有转向装置（市区低速下 4 组轮都可启动转向）。

基本参数	
长度	7.85 米
宽度	2.94 米
高度	2.73 米
重量	25 吨
最大速度	110 千米 / 时
最大行程	800 千米

火力配置

　　"半人马"装甲车主武器是 Oto Melara 105 毫米 / 52 炮，回转仪稳定、低膛压、有热套筒和排烟器，炮塔上 1 次可装 14 发弹药，车内另有 26 发。可以发射标准北约弹药包含尾翼稳定脱壳穿甲弹。副武装是 7.62 毫米同轴机枪和车顶 7.62 毫米防空机枪，可装 4000 发弹药。

　　瞄准具是用 Galileo Avionica TURMS 火控系统（与意大利 Ariete 战车相同）和全数位弹道电脑。炮手的瞄准器非常稳定并有热成像仪和激光测距仪，车长控制台装有全景式稳定视窗，增强夜视镜和 1 具显示器可以显示炮手热成像看到的景观。这些设备使"半人马"装甲车可在日夜间都能锁定不动或移动的目标。

装甲防护

"半人马"装甲车采用全车身焊接钢板为标准装甲，可以抵挡 14.5 毫米武器直接攻击，正面可挡 25 毫米武器攻击，可视情况再外加装甲到抵挡 30 毫米武器。车上的空调系统有核生化警报装置，车外两侧常备有各 4 具烟幕弹和激光警告装置，可以在被激光瞄准类武器锁定时发出警告。

机动性能

"半人马"装甲车采用 Iveco 6V 涡轮后冷式柴油引擎 382.2 千瓦。传动系统由 Iveco Fiat 授权生产。有 5 个前进挡和 2 个倒车挡，8 个轮子都有独立悬吊和中轮膨胀系统 CTIS、八轮碟式刹车。前 2 组轮有转向装置（市区低速下 4 组轮都可启动转向），"半人马"装甲车行驶速度超过 100 千米 / 时，可上 60° 斜坡，能过 1.5 米水深，此时的回转半径为 9 米。

意大利 VBTP-MR 装甲车

VBTP-MR 是意大利依维柯公司专为巴西设计的一种新型 6 轮装甲车（也有 8 轮版本），已于 2015 年取代 EE-11 装甲车。另外，阿根廷已经签订合同，于 2014 订购了该装甲车。

性能解析

VBTP-MR 装甲车的动力采用依维柯 Cursor 9 涡轮增压柴油发动机，发动机额定功率 286 千瓦，传动系统采用 7 挡自动变速箱，双轴动力传动和完全独立的悬挂，使其在近水、濒水和山地等各种复杂地形都具有较好的行动性能。

基本参数	
长度	6.9 米
宽度	2.7 米
高度	2.34 米
重量	16.7 吨
最大速度	90 千米 / 时
最大行程	600 千米
乘员	11 人
发动机功率	286 千瓦

总体设计

VBTP-MR 装甲车全车整体采用常规结构，动力系统前置，其进出气口位于车体右侧，驾驶员和车长一前一后位于车前左侧，驾驶员配有红外夜视潜望镜可以进行 360°观察，车长前方有 1 架可升高的潜望镜，以便越过驾驶员舱盖观察前方。

意大利"达多"步兵战车

"达多"是意大利在 VCC-80 步兵战车基础上改进而来的步兵战车，首批生产型从 2002 年 5 月开始交付意大利陆军。

性能解析

"达多"步兵战车的主要武器是 1 门厄利空 – 比尔勒公司的 25 毫米 KBA–BO2 型机关炮，采用双向供弹，可发射脱壳穿甲弹和榴弹，弹药基数为 400 发。该炮的俯仰角度为 –10°~+60°，战斗射速为 600 发 / 分；主炮旁边是 1 挺 7.62 毫米 MG42/59 并列机枪，弹药基数为 1200 发。

基本参数	
长度	6.7 米
宽度	3 米
高度	2.64 米
重量	23.4 吨
最大速度	70 千米 / 时
最大行程	600 千米
发动机功率	382 千瓦

总体设计

"达多"步兵战车车体中部为战斗室，上面安装有双人炮塔，车长位于炮塔下方战斗室左侧，炮长位于右侧。车体后部为乘员舱，舱内可乘坐 6 名步兵，6 个座位分 3 排布置，每排 2 个。左侧安排的 2 个座位和右侧安排的 2 个座位均面向前，以便使步兵使用两侧的观察镜和射孔。中间安排的后一座位面向后，以便其使用车体尾部舱门上的观察镜和射孔。中间安排的前一个座位面向侧面 (这是唯一一个不能向外进行观察的座位)，在中间安排的座位旁边有一个筒形通道，当车辆处于全封闭状态和三防装置工作时由此通道将废物抛出车外。另外，在乘员舱的顶部还开有 1 个长方形舱口，可供载员进出或战斗。车后尾门采用了与 M113A1 相同的设计，由液压控制，放下后即成为一个供载员进出的跳板。在尾门跳板上还开有一扇小门，以防跳板控制失灵或其他原因放不下时，乘员可通过此门上下车。

机动性能

"达多"步兵战车的动力装置采用依维柯·菲亚特公司的 MTCA 6V 直接喷射式水冷涡轮增压中冷柴油机，2300 转 / 分的额定功率 382 千瓦，单位功率达 174 千瓦 / 吨，强劲的马力使"达多"步兵战车有很高的机动性能，其最大公路速度达到 70 千米 / 时以上，这在同类步兵战车中是相当高的指标。"达多"步兵战车的传动装置为德国 ZF 公司的 LSG1500 全自动变速箱，有 4 个前进挡，2 个倒挡。配备带锁离合器的液力变矩器、助力制动器和带静液转向装置的双差速转向系统，与当今最先进的履带式装甲车辆用传动装置相比，LSG500 变速箱的性能毫不逊色。

日本 89 式步兵战车

89 式步兵战车是日本于 20 世纪 80 年代研制的第三代履带式装甲战车，是 21 世纪初日本陆上自卫队的主要装备。

性能解析

89 式步兵战车的主要武器是瑞士厄利空公司生产的 KDE 35 毫米机关炮，由瑞士直接提供技术、在日本按许可证自行生产。该炮与 87 式自行高炮及 L90 牵引式高射机关炮上使用的 KDA 35 毫米机关炮属于同一系列，在降低重量的同时，射速也降低到 200 发 / 分，身管为 90 倍口径，重量 51 千克，不仅可以对地面目标射击，还可对空射击，但是由于没有配备有效的瞄准装置，仅限于自卫作战。

基本参数	
长度	6.7 米
宽度	3.2 米
高度	2.5 米
重量	26 吨
最大速度	70 千米 / 时
乘员	10 人
发动机功率	447 千瓦

服役情况

89 式步兵战车的问题不仅在造价，还有战略情势的改变。在冷战结束的当下，俄罗斯入侵北海道这种可能性微乎其微，作为与坦克部队共同打击侵略敌军的步兵战车根本毫无用武之地，量产优先级上也就被顺延。在 1989–2004 年（平成 16 年）仅生产 68 辆，之后便未编列预算采购，实质等同停产。

配发部队也符合 89 式的原始想定，配合主力坦克的机械化步兵部队，而符合这种性质的部队仅有身为坦克师的第 7 师团下辖之第 11 普通科连队；目前第 11 普通科连队的 1、3、5 中队为使用此型战具的少数实战单位，目前此部队配备的 73 式装甲车已经替换为 89 式或 96 式装甲运兵车。过去还有坦克教导队普通科教导连队第 1 中队（改编第五中队后撤裁），其他的就只有北部方面教育连队普通科教育中队和陆上自卫队武器学校有少数配备。

 日本 96 式装甲运兵车

96 式装甲运兵车是日本研制的一种轮式装甲运兵车，主要装备日本陆上自卫队。

||||||⟫ 性能解析

96 式装甲运兵车的车体为轧压钢板焊接而成，可有效防护小口径枪弹和炮弹破片的攻击。在车辆后部的人员舱两侧，左右各有 1 具换气装置，具备核生化防护力。此外，在该装甲车内还装有人造纤维贴层。

总体设计

96 式装甲运兵车车体采用轧压钢板焊接、装甲防护力可防小口径枪和炮弹碎片。车员配置为前方副手、右侧驾驶员、后方车长兼枪手、左侧分队长席、最后左右各 4 名合计 8 名步兵。驾驶员和车长席左侧有灭火器，并且能从车外启动。引擎和传动装置是一体化，方便维护。

基本参数	
长度	6.84 米
宽度	2.48 米
高度	1.85 米
重量	14.5 吨
最大速度	100 千米 / 时
最大行程	500 千米
乘员	10 人
发动机功率	268 千瓦

火力配置

96 式装甲运兵车武器有 96 式 40 毫米榴弹发射器的"A 型"或是装勃朗宁 M2 重机枪 (弹匣增大) 的"B 型"两种。车辆后部左右各 1 台烟幕弹发射器。"A 型"和"B 型"约 10 : 1 的比例，但是重机枪和榴弹枪原则上是可以随时互换的。重机枪型的 73 式装甲车上面拆下的机枪可以直接换上本车。榴弹发射器则是新设计的产品。原则上机枪是要人员露出车外操作。但有资料载，有遥控型的 96 式实验车安装有和史崔克装甲车同型的摄影机遥控塔，可在车内安全操作开枪。

日本 LAV 装甲车

　　LAV 装甲车是日本陆上自卫队最新装备的轻型多用途轮式装甲车，其外形和法国的 VBL 装甲车极为相似。

性能解析

　　从外形上看，LAV 装甲车采用了法国 VBL 装甲车特有的略带楔形车身，但比 VBL 多了 1 对侧门，车内容积也相应地有所增大，能载 4 名乘员，有一定的运兵能力。而 VBL 则是专门的战斗车辆，乘员最多不超过 3 人。该车焊接钢装甲可抵御轻武器和炮弹破片，底部装甲具有一定的防地雷能力，车身上没有射击孔，乘员只能通过车顶的舱

基本参数	
长度	4.4 米
宽度	2.04 米
高度	1.85 米
重量	4.4 吨
最大速度	100 千米 / 时
最大行程	500 千米
乘员	5 人
发动机功率	119 千瓦

门才能使用武器。另外，该车一般不装固定的武器，可选用的武器包括 5.56 毫米机枪和 MAT 反坦克导弹 (MAT 是日本最新型第三代单兵便携式反坦克导弹，采用先进的热成像制导技术)。

火力配置

　　LAV 装甲车固定武器没有设计在内，但是车上部有全 360° 回旋的枪架和枪盾设置。FN Minimi 轻机枪或丰和 89 式 5.56 毫米突击步枪都可以用它来射击。还可以稍微改造后搭载勃朗宁 M2 重机枪。也有 01 式轻型反战车导弹发射型在运用。有些车还装有 4 连装烟幕弹发射机 2 具。

英国通用载具

通用载具是由英国维克斯公司于 1934–1960 年生产的一款履带式装甲车，一共制造了 11.3 万辆，是历史上制造数量最多的装甲战斗车辆之一。

性能解析

通用载具采用福特 V–8 引擎，有 85 匹马力；悬挂系统采用霍斯特曼悬挂系统。在武器的选择方面，它能够根据步兵需要搭载布伦轻机枪、博伊斯反坦克步枪、维克斯重机枪、M2 重机枪以及 PIAT 反坦克火箭筒等。

服役情况

基本参数	
长度	3.65 米
宽度	2.06 米
高度	1.57 米
重量	3.75 吨
最大速度	48 千米 / 时
最大行程	250 千米
乘员	4 人
装甲厚度	7~10 毫米
发动机功率	63 千瓦

二战中英联邦的装甲、步兵等部队均装备大量通用载具。每个机械化步兵连辖 2 个机械化步兵排，1 个通用载具排。每个排 3 个班（后来增加到 4 个），共 10 辆通用载具。每个英国步兵营营部装备约 13 辆通用载具。早期步兵师师属侦察单位装备 63 辆通用载具及 Humber 侦察车。最初，一般的通用载具有 3 名乘员，后来增加到 4 个。载具上有步枪、轻机枪等武器，部分还装备 PIAT。每个通用载具排拥有 1 辆装备 50.8 毫米迫击炮的通用载具，为各个班提供火力支援。战场上，乘员有时会在载具上安装俘获的武器，例如，德军的 MG42。

英国"撒拉森"装甲车

"撒拉森"是由英国阿尔维斯汽车公司生产的6轮装甲车，是英国陆军的主要装备之一。

性能解析

"撒拉森"装甲车是阿尔维斯汽车公司生产的FV 600系列装甲车之一，为6×6轮式设计。该车装有劳斯莱斯B80 Mk.6A 8汽缸汽油发动机，装甲厚16毫米，连同驾驶员和车长共可载11人，车体上装有小型旋转炮塔，炮塔上有1挺L3A4（M1919）同轴机枪，另有1挺用于平射及防空的布伦轻机枪。

火力配置

"撒拉森"装甲车的主要武器为炮塔上的L3A4（M1919）同轴机枪及车顶后部装在旋转式射架上的布伦轻机枪，后期型改为7.62×51毫米NATO的FN MAG（L7）同轴机枪。

基本参数	
长度	4.8米
宽度	2.54米
高度	2.46米
重量	11吨
最大速度	72千米/时
最大行程	400千米
乘员	11人
装甲厚度	16毫米
发动机功率	119千瓦

英国"袋鼠"装甲车

　　"袋鼠"装甲车是二战时期英国军队所使用的一款装甲战斗车辆，主要用于人员输送。

性能解析

　　以"丘吉尔"步兵坦克改装的"袋鼠"装甲车为例，它装甲防护能力非常好，最大装甲厚度足有 152 毫米。车体后部的动力舱由隔板与战斗室隔开，发动机位于中央，两侧是散热器和燃油箱，最后部是变速箱和风扇。"丘吉尔"步兵坦克最有特色的就是行动装置，它采用了小直径负重轮，每侧负重轮多达 11 个。

基本参数	
长度	7.4 米
宽度	3.3 米
高度	2.5 米
重量	35 吨
最大速度	24 千米 / 时
最大行程	90 千米
乘员	14 人
发动机功率	298 千瓦

服役情况

　　第一批"袋鼠"装甲运兵车来自 1944 年 6 月 6 日时的第 3 步兵师炮兵团，因为有拖曳式 QF 25 磅炮作取代而无须再服役的 102 辆牧师自走炮，在当时代号为"袋鼠"的战地工场即场改装，拆除榴弹炮并重新焊上车头装甲板，因此以其作命名。这 102 辆"袋鼠"装甲运兵车随即用在 1944 年 8 月 8 日卡昂的加总行动为英国陆军第 79 装甲师属下的加拿大第 1 装甲运输团运送大量士兵作战。随后因为很多"牧师"自走炮需要交还给美军，英联邦部队改为以加拿大的"白羊"坦克作为主力改装型号，改装方式依旧，其他改装型号还有英军的"丘吉尔"坦克，并服役于北欧战场。值得一提的是，20 世纪 50 年代起以色列国防军亦有以大量坦克改装成装甲运兵车服役。

英国“瓦伦丁”步兵战车

　　“瓦伦丁”是英国于二战期间所生产的一款步兵战车。该型战车的 11 种改良型及各种特殊型号总产量超过 8 000 辆，占英国战时所生产战车总数的 1/4。

性能解析

　　“瓦伦丁”步兵战车可分为 3 个部分，即驾驶舱、战斗舱及引擎舱。驾驶员坐在车身中线上，其左上方及右上方有进出舱门。驾驶员可利用正前方的窥视孔或窥视孔两侧的潜望镜对外观察。大部分“瓦伦丁”步兵战车采用双人炮塔而非作战效率较高的 3 人炮塔，且空间十分有限。

基本参数	
长度	5.89 米
宽度	2.6 米
高度	2.2 米
重量	18 吨
最大速度	24 千米 / 时
最大行程	145 千米
乘员	4 人
装甲厚度	8~65 毫米

总体设计

　　早期炮手要以肩部控制主炮俯仰，并无精准的齿轮装置。右侧的车长工作繁重，需兼任装填手和通信员。因只能靠一副单管潜望镜对外观察，车长视野也不甚良好。炮塔后方为无线电机。炮塔由液压系统转动，亦可手动微调。引擎及变速器位于车身后方。变速齿轮箱有 5 挡。

英国"黑王子"步兵战车

　　"黑王子"是英国于二战时期所研制的一款步兵战车,名字来自 14 世纪英法百年战争中的英军知名指挥官黑王子爱德华。

性能解析

　　"黑王子"步兵战车是以"丘吉尔"步兵坦克的底盘为基底,加装 QF 17 磅战车炮而成的。但 QF 17 磅战车炮非常庞大,使得"黑王子"步兵战车需要更加宽大的炮塔、炮座与车体,导致它比"丘吉尔"坦克还重了超过 10 吨,几乎超出底盘的负荷能力,所以其动力严重不足。好在正如前文所说,"黑王子"步兵战车只是试验产品,否则它的缓慢违背了"机动性"这一原则。

基本参数	
长度	8.81 米
宽度	3.44 米
高度	2.7 米
重量	51 吨
最大速度	16.9 千米 / 时
最大行程	160 千米
乘员	5 人
装甲厚度	152 毫米
发动机功率	261 千瓦

服役情况

"黑王子"步兵战车的原型在 1945 年 5 月陆续完成，但是此时改装自美军 M4 的"谢尔曼萤火虫"坦克已经拥有了成熟的作战记录，而且"克伦威尔"巡航坦克与"彗星"式巡航坦克都已经量产并开始服役，甚至连下一代的"百夫长"主力坦克都已经开始制造原型。这些战车都拥有与"黑王子"同型甚至更强的主炮，虽然装甲较薄，但是防护力并不比"黑王子"步兵战车低，而且机动性比其优秀许多。"黑王子"步兵战车已经成了完全多余的设计而遭到军方摒弃。

英国"武士"步兵战车

"武士"步兵战车是英国于 20 世纪 80 年代设计制造的履带式步兵战车，1988 年开始服役。

性能解析

"武士"步兵战车的装甲以铝合金焊接为主，能抵挡 14.5 毫米穿甲弹以及 155 毫米炮弹破片的攻击。该车拥有核生化防护能力，核生化防护系统为全车加压式，并考虑到了长时间作战下的人员需求。

基本参数	
长度	6.3 米
宽度	3.03 米
高度	2.8 米
重量	25.4 吨
最大速度	75 千米/时
最大行程	660 千米
乘员	10 人
发动机功率	410 千瓦

"武士"步兵战车采用与"挑战者"主战坦克同系列的"秃鹰"柴油发动机，最大功率为 410 千瓦。与发动机匹配的是艾里逊 X300–4B 四速自动变速箱（4个前进挡、2 个倒挡）、液压无段式动力辅助转向，使得"武士"步兵战车拥有极佳的机动能力，最大爬坡度 31°，最大涉水深度 1.3 米。

总体设计

"武士"步兵战车采用传统布局，驾驶员位于车体前方左侧，其右侧为发动机舱，驾驶席设有 3 台潜望镜。炮塔内有车长与炮手，车尾载员舱内可容纳7 名士兵，由车尾一扇向右开启的电动舱门进出。载员舱顶设有两扇分别向左、右开启的舱门，士兵能露出上半身观测、射击或跳车。此外，车体左侧还有一个宽而扁的舱门。

火力配置

"武士"步兵战车的车体中央有 1 座双人炮塔，装备 1 门 30 毫米机炮（备弹 250 发）和 1 挺 7.62 毫米同轴机枪（备弹 2000 发），炮塔两侧各有 1 台"陶"式反坦克导弹发射器。

南非"蜜獾"步兵战车

　　"蜜獾"是桑多克－奥斯特拉公司为南非军队研制的轮式步兵战车，根据所装武器的不同又可分为"蜜獾"20、"蜜獾"90和"蜜獾"60,3种主要车型。

性能解析

　　如上所述，"蜜獾"步兵战车有3种主要车型，所装载的武器各不相同，以"蜜獾"90为例，其主要武器是1门90毫米半自动速射炮，高低射界为−8°~+15°，方向射界为360°，但只有285°的范围内能打俯角。该炮可发射破甲弹、榴弹和训练弹，弹药基数为69发，发射榴弹时射程可达2200米；辅助武器为3挺7.62毫米机枪，包括并列机枪、炮塔顶部的高射机枪和车顶右后方的高射机枪，各自配弹2000发。

基本参数	
长度	7.21米
宽度	1.2米
高度	1.2米
重量	19吨
最大速度	105千米/时
最大行程	1000千米
乘员	9人
发动机功率	210千瓦

总体设计

　　"蜜獾"步兵战车车体前部中央为驾驶员席,驾驶室正面和两侧共有3块防弹玻璃窗,视野开阔。在战斗情况下,驾驶员可以在车内操纵将装甲护板罩在防弹玻璃上,提供辅助防护。这时驾驶员要利用3具潜望镜来对外观察。驾驶员头顶处有1个向左开启的舱门。

　　炮塔位于驾驶室后部,炮塔的位置明显靠前。该炮塔为双人全焊接钢装甲炮塔,车长位于炮塔的左侧,炮长位于右侧。车长指挥塔处有环形布置的潜望镜和1具瞄准镜,车长舱门可向后开启。炮长处也有1个向后开启的舱门,炮长有4具潜望观察镜和1具瞄准镜。载员室占据了整车的中部。载员室的前部左右两侧各有1个舱门。这2扇舱门的开启由驾驶员用气动装置控制。每扇门上各有1具潜望镜和简易射击孔。步兵班长坐在车体内左侧门附近,5名载员坐在车体内中部两侧,右侧3人,左侧2人。载员室车体两侧各有3具潜望镜和简易射击孔。

英国路虎"卫士"越野车

　　路虎是一个历史悠久的英国汽车品牌,其名字源于北欧一个骁勇善战的海上民族。路虎"卫士"源自1948年韦尔斯兄弟设计的第一辆路虎。在最初的20多年中,它是代表路虎品牌的唯一车型。

随着路虎的车型系列不断丰富，这一基本型号在 1990 年被正式命名为"卫士"，也表明了它在军队中的广泛应用。路虎"卫士"最初主要面向农场、林业、矿山、军警等用户，英国的多支特种部队都采用了该车。

性能解析

英国军队使用的路虎"卫士"已经开发出一套武器安装套件，只需要简单的准备工作，4 名士兵就可以在 4 小时内将其安装到"卫士"XD110 等车型上。重机枪、榴弹发射器和反坦克导弹的安装，使该车有了较强的防御和攻击能力。

基本参数	
长度	4.55 米
宽度	1.79 米
高度	2.08 米
重量	3.344 吨
涉水深	0.6 米

目前，英国皇家空军 16 个突击旅装备了近 200 辆这种修改后的路虎"卫士"。此外，英国皇家海军陆战队使用的路虎"卫士"还特别提升了车辆在寒冷环境中的承受能力和涉水能力，称为冬季涉水型"卫士"，当前大约有 690 辆正在服役。冬季涉水型"卫士"可以在零下 49℃的环境下使用，在经过最长为 2 个小时的准备后，它可以在 1.5 米深的海水中行驶长达 6 分钟。

服役情况

"卫士"XD TUL/ TUM 的合约首次要求提升交付车辆寒冷环境承受能力和涉水能力。这两个新颖的方案融合了实用性与价格因素，一共有 686 辆冬季涉水型"卫士"XD 交付给了买方。这批车的大部分在皇家海军陆战队服役。

南非"卡斯皮"地雷防护车

"卡斯皮"地雷防护车是南非研制的一款军用车辆,目前仍在南非军队中服役,并有多种衍生型号。

性能解析

"卡斯皮"地雷防护车不仅可执行常规的防地雷部队输送任务,也适合改进为战场救护车、指挥控制车、救援车和轻型输送车等变形车。所有变形车都适合装配漏气续行轮胎,而且可选择配置手动或自动变速箱。该车公路最大速度为100千米/时,多数越野条件下的速度可达40千米/时,

基本参数	
长度	6.9 米
宽度	2.45 米
高度	2.85 米
重量	10.88 吨
最大速度	100 千米 / 时
最大行程	770 千米
乘员	12 人

标准油箱情况下的最大行程为770千米,每个车轮能抵御14千克爆炸物的冲击。

总体设计

车体下部为V字形,侧面上部和车尾竖直,在车体四角、装甲外壳外部各有1个车轮,正突出的动力舱有用于引擎散热的水平散热窗,其侧面与顶盖间有斜面,正面和车身侧面有大型防弹窗户,侧面的防弹窗户下方有射孔,通常安装1挺7.62毫米机枪,早期车型为敞顶,但近期车型的后部载员舱为全封闭式,并且车尾有2扇门。

以色列"阿奇扎里特"装甲车

　　"阿奇扎里特"是以色列国防军研发的一款装甲车，主要用于人员的输送，一次可载 7 人。

性能解析

　　"阿奇扎里特"装甲车装有 Rafael 车顶武器系统，这种遥控武器系统由以色列拉斐尔开发，可在车内操控。该装甲车目前服役于接近黎巴嫩边境的以色列戈兰尼旅及西岸北部的吉瓦提步兵旅。进入 21 世纪后，以军为该装甲车安装了更为先进的装甲，进一步增强了它的防护能力。

基本参数	
长度	6.2 米
宽度	3.6 米
高度	2 米
重量	44 吨
最大速度	65 千米/时
最大行程	600 千米
乘员	10 人
装甲厚度	200 毫米
发动机功率	630 千瓦

服役情况

　　"阿奇扎里特"装甲车由于装有重型装甲，其有时又称为重型步兵战车。"阿奇扎里特"目前装备服役于接近黎巴嫩边境的戈兰尼旅及西岸北部的吉瓦提步兵旅。在2004年彩虹行动中拉法赫的以军 M113 装甲运兵车被火箭推进榴弹击毁后，他们把比 M113 更高防护力的"阿奇扎里特"装甲车投入战场以增强作战能力。

以色列"沙猫"装甲车

　　"沙猫"是以色列 Plasan/ Oshkosh 公司设计的一款装甲车，由福特 F-450 系列卡车改装而来，适用轻度战争区域。

性能解析

　　"沙猫"为一种轻型 8 人装甲车，以色列在其基础上研发出了 Guardium MK3 无人遥控装甲车。2006 年，中美洲卡车展上"沙猫"装甲车公开亮相。2007 年，Plasan/ Oshkosh 公司推出了"沙猫"plus 升级版（主要是加强核生化防护和灭火装置）。2008 年美国 Oshkosh 公司也开始通过授权生产"沙猫"，并进行了若干小改装。

基本参数	
长度	2.84 米
宽度	2.03 米
高度	2 米
重量	4.34 吨
最大速度	100 千米 / 时
最大行程	550 千米
乘员	8 人

土耳其"眼镜蛇"装甲车

"眼镜蛇"是由土耳其 Otokar 公司设计生产的一款装甲车,其功能类似于美国的 HMMWV 装甲车,于 1997 年开始装备土耳其陆军。

性能解析

"眼镜蛇"装甲车采用单体构造及 V 形车壳,能有效对抗轻武器、炮弹碎片及地雷攻击,特别设计的前轮在地雷爆炸时会弹飞以免损坏车壳。该装甲车具有多种车型,适合不同任务和用途,其中包括运兵、反坦克、侦察、地面监视雷达、炮兵观测、救护和指挥等。车顶的遥控武器系统通常装备重机枪、20 毫米机炮、反坦克导弹或地对空导弹。"眼镜蛇"装甲车的发动机采用 139.7 千瓦的柴油机,

基本参数	
长度	5.23 米
宽度	2.22 米
高度	2.1 米
重量	6.2 吨
最大速度	115 千米 / 时
最大行程	752 千米
乘员	13 人
发动机功率	139.7 千瓦

使该车具有良好的加速性及敏捷性,能在 13 秒内就加速到 60 千米 / 时。

装甲防护

"眼镜蛇"装甲车的车身覆盖有防弹钢板和防弹玻璃,可抵御近距离 7.62 毫米穿甲弹和榴弹破片的攻击。车体正面采用了防弹钢板,厚度为 5 ~ 12 毫米。驾驶员座位等处的窗玻璃上没有加装装甲板,可能使用了 40 ~ 50 毫米厚的防弹玻璃。

瑞士"食人鱼"装甲车

在当今世界上，瑞士的装甲车辆技术堪称后来居上，独树一帜。莫瓦格公司的"食人鱼"轮式系列装甲车，使得瑞士成为装甲车技术的"大国"。

性能解析

"食人鱼"安装了底特律 6V53TA 柴油机。乘员可利用中央轮胎压力调节系统，依据车辆路面行驶状况调节轮胎压力。车内装有预警信号装置。当车辆行驶速度超过所选择轮胎压力极限时，预警信号装置便发出报警信号。该车有多个驱动系统，即使地雷炸坏了 1 个驱动分系统，车辆也能继续行驶。

基本参数	
长度	4.6 米
宽度	2.3 米
高度	1.9 米
重量	3 吨
最大速度	100 千米 / 时
最大行程	780 千米
乘员	16 人

总体设计

"食人鱼"系列从 Ⅰ 型发展到Ⅳ型,设计的基型车以装甲输送车为主,各型"食人鱼"装甲车的共同点较多,包括采用独立悬挂装置、中央驱动系统、动力装置前置以及驾驶员和车长的位置布置在左前方、有足够大的载员室和一般都装有水上推进装置。"食人鱼"装甲车的车体为钢装甲全焊接结构,可保护乘载员免遭轻武器和炮弹破片的伤害。其总体布置为,车体前部左侧为驾驶员席,发动机在驾驶员的右侧,中部是战斗室,后部是载员舱。

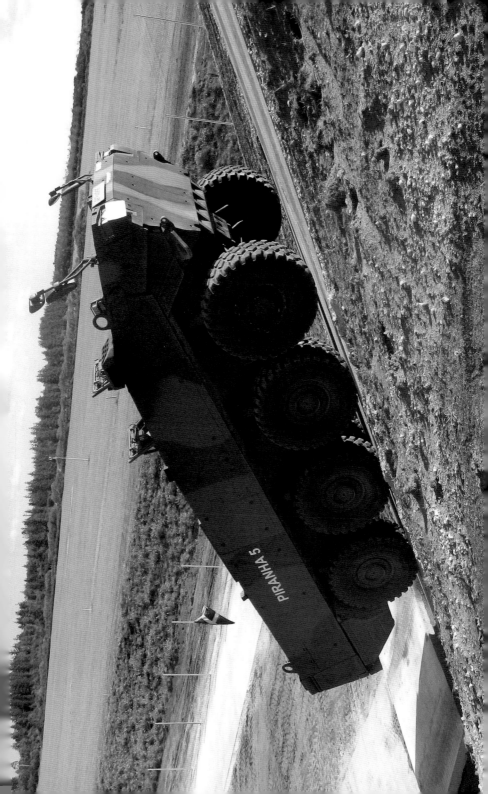

巴西 EE-11 装甲车

EE-11 是巴西恩格萨公司设计生产的一款 6 轮装甲车，已在巴西军方服役 30 多年，2015 年被 VBTP-MR 装甲车所取代。

性能解析

EE-11 装甲车的载员舱在车体后部，车体两旁开有侧门，后部开有 1 扇大车门，车顶中部偏左有 1 个圆形舱盖，可以安装主要武器。射孔和观察窗呈两种布置方式，一种是 5 个球形射孔（每侧 2 个，后门 1 个），2 个观察窗（侧门上），共有 MK1~MK3 等 5 个型号；另一种是专为巴西海军陆战队使用的水陆两用型。

基本参数	
长度	6.15 米
宽度	2.65 米
高度	2.12 米
重量	14 吨
最大速度	105 千米 / 时
最大行程	800 千米
乘员	13 人
发动机功率	171 千瓦

火力配置

EE-11 装甲车的武器是在车顶环形枪架上安装 1 挺 M2HB12.7 毫米机枪或 7.62 毫米机枪。此外，还可安装多种武器装置，如"蝎"式轻型坦克的双人炮塔，ESDTA20 双管 20 毫米机关炮塔和汤姆逊·布朗特 60 毫米迫击炮等。

瑞典 CV-90 步兵战车

　　CV-90 步兵战车是瑞典于 1978 年研制的装甲战斗车辆，此后又在此基础上发展了多种变形车，形成 CV-90 履带式装甲战车系列。

性能解析

　　CV-90 系列步兵战车都采用相同的配置，驾驶舱位于左前方，动力舱在右方，中间为双人炮塔，载员舱在尾部。为了增大内部空间，大多数出口型车辆尾部载员舱的车顶都设计得稍高。如有需要，该系列战车的总体布置可根据用户要求定制。

总体设计

基本参数	
长度	6.8 米
宽度	3.2 米
高度	2.8 米
重量	26 吨
最大速度	70 千米 / 时
最大行程	300 千米
乘员	11 人
发动机功率	368 千瓦

　　CV-90 步兵战车的基型车为 PbvG 机械化步兵战车，车体采用钢装甲结构，有附加装甲和芳纶衬层。动力舱在车体前部右侧，在前上装甲板上有检查窗。驾驶舱在左侧，驾驶员的前面有 3 个潜望镜，中间 1 个可换成被动式夜间驾驶仪。行动部分采用扭杆悬挂。有 7 对负重轮，无托带轮。

阿根廷 VCTP 步兵战车

VCTP 是德国蒂森·亨舍尔公司于 1974 年为阿根廷陆军研制的步兵战车，主要任务是在战场上运载机械化步兵协同 TAM 主战坦克作战。

性能解析

VCTP 步兵战车的外形与德国"黄鼠狼"步兵战车相似，采用双人炮塔，机枪位于车后载员舱的顶部。总体布置为驾驶舱和动力舱在前，战斗舱居中，载员舱在后。载员舱两侧各有 3 个射孔，顶部有 2 个矩形舱门。载员舱内有三防装置和加温装置，前者可供载员舱 3 小时的增压空气。

总体设计

基本参数	
长度	6.79 米
宽度	2.45 米
高度	3.28 米
重量	27.5 吨
最大速度	75 千米/时
最大行程	570 千米
乘员	12 人
涉水深	1 米
发动机功率	529 千瓦

VCTP 步兵战车机枪位于车后载员舱的顶部。载员舱两侧各有 3 个射孔，顶部有 2 个矩形舱门。车体两侧、略靠炮塔前部各有 4 具电操纵的烟幕弹发射器。武器为 1 门 20 毫米机关炮和 1 挺 7.62 毫米机枪。发动机效率比"黄鼠狼"步兵战车的大，为 529 千瓦。另外，该车还有发动机加温起动装置。

澳大利亚"野外征服者"装甲车

　　"野外征服者"装甲车是由澳大利亚阿德雷德的派利工程公司设计的，主要用于将步兵运送到战场上。目前，澳大利亚陆军、荷兰皇家陆军和英国陆军均有采用。

性能解析

　　"野外征服者"装甲车最多能够运载 10 名士兵与其装备和食物行走 3 天。它的装甲能够抵御 7.62 毫米口径的枪击，底部的 V 形单壳设计，能将强大的地雷爆炸威力向外反射开去，借此保障车内人员的安全。它的装甲能够抵御 7.62 毫米口径的枪击。

基本参数	
长度	7.18 米
宽度	2.48 米
高度	2.65 米
重量	12.4 吨
最大速度	100 千米 / 时
最大行程	800 千米
乘员	9 人
发动机功率	246 千瓦

奥地利 4K 4FA 装甲人员运输车

4K 4FA 装甲人员运输车的研制是奥地利在二战后提出的第一批装甲车辆发展项目之一。

机动性能

4K 4FA 装甲人员运输车动力装置为 1 台绍勒尔 4FA 型 4 冲程 6 缸水冷柴油机，功率在 2400 转 / 分时为 184 千瓦。传动装置为手操纵变速箱，有 5 个前进挡和 1 个倒挡。行动部分有 5 对双负重轮，主动轮在前，诱导轮在后。悬挂装置为独立式扭杆，并在第 1、第 5 负重轮位置装有液压减震器。

总体设计

4K 4FA 装甲人员运输车车体为全焊接钢板结构，前甲板能防 20 毫米穿甲弹，战斗全重为 12.5 吨，乘员 2 人，可载 8 名步兵。驾驶员位于车前左侧，有向左、右打开的 2 扇舱盖，舱盖前面装有 3 个潜望镜。发动机位于驾驶员右侧，车长兼炮手（机枪手）位于驾驶员身后。基型车上装有炮塔，炮塔上有可向左右开启的 2 扇舱盖和 1 个观察潜望镜。车长指挥塔前部装 1 挺 12.7 毫米机枪。绝大多数车辆装有保护炮手（机枪手）的护板，这种形式称 4K4FA-G1 型。4K4FA 的车体后部为载员舱。载员舱有 2 个向外打开的顶舱盖，并在顶舱盖周围有可安装 MG42 机枪的转轴插座。舱内设 2 排长椅，分靠两侧。班长位于右侧第 1 个座位，并有 1 个观察潜望镜。车尾有 2 扇后门，每扇门上有 1 个观察孔。

基本参数	
长度	5.4 米
宽度	2.5 米
高度	2.1 米
重量	15 吨
最大速度	65 千米 / 时
最大行程	370 千米
乘员	10 人
涉水深	1 米
越壕宽	2.2 米

德国 TPz-1 "狐狸" 装甲人员运输车

TPz-1 "狐狸" 装甲人员运输车是在 1964 年，联邦德国陆军提出发展战后第二代中吨位（3.5~10 吨）轮式车辆的要求下产生的。驱动形式包括（4×4）、（6×6）和（8×8）的装甲车和战术卡车，所有车辆都应能水陆行驶，并尽量采用民用部件，降低了车辆成本。

总体设计

TPZ-1 "狐狸" 装甲人员运输车采用长方体车身，车体前端呈楔形，安装有折叠的防浪板，上面有 1 扇大车窗，车窗上面有 1 个铰接于顶部的挡板，车体两侧靠前的位置各有 1 个向上开启的车门。车顶水平，前端有 2 个圆形的顶舱盖，载员舱顶部有 3 个顶舱盖，车尾有 2 个后车门。车体两侧各有 2 个

基本参数	
长度	6.76 米
宽度	2.98 米
高度	2.3 米
重量	17 吨
最大速度	105 千米 / 时
最大行程	800 千米
乘员	12 人

橡胶车轮，车体甲板向内倾斜。车上有 6 个向前发射的烟幕弹发射器，排气管在车体左侧。

服役情况

在制造了多种 4×4 和 6×6 型水陆两栖装甲运输车样后，最终 6×6 TPz-1 "狐狸" 装甲人员运输车投入生产，并于 1979—1986 年一共交付德国陆军 996 辆。此后，被美国陆军改装成 M93 的三防侦察车开始恢复生产。在 1991 年中东战争期间，德国向以色列、英国和美国提供了这些装甲车。

瑞典 / 南非"曼巴"Mk Ⅱ 装甲运输车

"曼巴"Mk Ⅱ 装甲运输车具有较轻的重量和小巧的尺寸使其可以用多种方式进行运输，车辆越野机动性好，良好的悬挂系统和较高的单位功率使之能快速通过崎岖的山路。该车最大的特点是防护能力强，该车的密封性也很好，即使遭到燃料空气炸弹的攻击也不会伤及车内乘员。

总体设计

"曼巴"Mk Ⅱ 装甲人员运输车车体正面竖直，中央有格栅，长且水平的引擎顶盖略向上倾斜，防弹挡风玻璃几乎竖直，水平车顶上有 8 个舱口，车体侧面竖直，侧面和尾部有大防弹窗户，车尾有大门，侧面和尾部窗户有射孔，每侧 2 个大负重轮，车体左侧携带有备用车轮。

基本参数	
长度	5.46 米
宽度	2.205 米
高度	2.495 米
重量	6.8 吨
最大速度	102 千米 / 时
最大行程	900 千米
乘员	11 人

南非 RG-31 "林羚" 装甲运输车

RG-31 "林羚" 防地雷 4×4 装甲人员运输车由 OMC 公司开发，能给使用者提供对反坦克地雷、轻武器火力和弹片的高级别保护。车体下部为 V 形，可转移向上的地雷伤害冲击。当前生产车辆的标准设备包括动力转向装置、空气调节系统和前置 5 吨电动绞盘。

总体设计

RG-31 "林羚" 装甲运输车的竖直车体正面中央有水平散热格栅，水平引擎顶盖微微倾斜，与几乎竖直的 2 块防弹挡风玻璃相连，水平车顶上有水平舱门。车体侧面下部为竖直载物箱，台阶般微微凹入的侧面上部同样竖直，有整块防弹窗户，竖直车尾有大门，门的上部有防弹窗。

基本参数	
长度	6.4 米
宽度	2.47 米
高度	2.72 米
重量	8.4 吨
最大速度	105 千米 / 时
最大行程	900 千米
乘员	10 人

车身两侧各有 2 个大负重轮，而且车体两侧的下部挂有备用车轮，值得注意的是本车为组合式设计，因此外观可变，例如，最近一些车型安装了侧门。动力舱在车前部，其后是车长和驾驶员，载员们面向内坐在有安全带的单独座位上，两侧各有 4 个座位，前排座位后方还另有单个座位。驾驶位能配置为在左或在右，丰富的可选设备包括泄气保用垫圈、高级别装甲防护、通信设备、武器装备和定制内部布局。当前生产车辆的标准设备包括动力转向装置、空气调节系统和前置 5 吨电动绞盘。

美国 LARC-5 两栖货物运输车

　　LARC-5(轻型、两栖、再供给、载货、5 吨)(4×4) 两栖货物运输车是博格华纳公司在美国运输工程指挥部 (位于弗吉尼亚州的 FortEustis) 的旨意下于 1958 年设计的。该车的设计旨在能够从舰船到海岸间运载 4545 千克的货物或 15~20 名全副武装的士兵，如果需要，甚至可以驶入陆地纵深。LARC-5 两栖货物运输车是以每个轻型两栖连队 34 辆的规模装备的。

总体设计

　　LARC-5 两栖货物运输车在水中靠位于车底后方的一个三叶螺旋桨推进。车体与甲板齐平的外围有坚固的保护橡胶，甲板呈台阶状。

基本参数	
长度	10.07 米
宽度	3.05 米
高度	3.1 米
重量	14 吨
最大速度	48.2 千米 / 时
最大行程	400 千米
乘员	3 人

荷兰 LBV "非洲小狐" 多用途运输车

　　LBV "非洲小狐" 多用途运输车由 SP 宇航与车辆系统公司自行投资研发,第一辆样车完成于 1992 年。该车被设计以承担多种军事及准军事任务,军事任务中可用作指挥控制车和战地监视车。如今还处于生产中状态。

总体设计

　　驾驶员位于车前部,他前后有防弹窗户,能提供与车体同等级别的防护。其他乘员(主要是车长与报务员),位于中部。动力装置在后部。车顶可安装多种武器,包括机枪、榴弹发射器和反坦克导弹。可选设备包括三防装置和两栖套件。车前下方内倾,车体正面折成 45°角,水平车顶延伸到竖直车尾,车体侧面上部内倾。驾驶员面前有大挡风玻璃,另一窗户向后凹进,车顶前部有舱门,车顶后部有发动机散热窗。车身两侧各有 2 个大负重轮和 1 扇向前开的大门。

基本参数	
宽度	2.55 米
高度	2.2 米
重量	10.4 吨
最大速度	112 千米 / 时
最大行程	1000 千米
乘员	3 人

服役情况

　　德国陆军将接收 202 辆该车,其中 178 辆为侦察车,24 辆为战斗工程车。它们将武装 40 毫米自动榴弹发射器。荷兰皇家陆军将接收共 410 辆该车,其中 202 辆为侦察车,130 辆为中程反坦克车(装备拉斐尔军械发展公司的吉尔导弹系统),78 辆为通用车型。荷兰用车将武装 1 挺 12.7 毫米机枪。

新加坡全地形履带式运输车

全地形履带式运输车，也称"野马"，由新加坡技术动力公司研发，目的是满足新加坡武装部队对一种比当前服役的Bv206车型装甲保护更强、载重量更大的车辆的需求。

总体设计

全地形履带式运输车由2部分组成，全部为履带式，二者通过特殊的液压铰链连接。该车的2个部分全部为焊接钢制车体，可披挂德国IBD公司生产的被动式装甲。前半部分乘员为6人（包括驾驶员），后半部分乘员为10人。

基本参数	
长度	8.6米
宽度	2.3米
高度	2.2米
重量	16吨
最大速度	60千米/时
乘员	16人

该车具备完全两栖能力。在水中由履带推进。入水前只需打开2个部分车体上的舱底排水泵即可。前半部分的最大载重量为1200千克，后半部分为3000千克。该车完全可以通过洛克希德·马丁公司生产的"大力神"运输机运载。

全地形履带式运输车装备的标准设备包括2个部分的空调系统，以及众多可选设备、各种武器站，如车顶安装7.62毫米机枪和枪榴弹发射器。

南非 RG-32M 装甲人员运输车

RG-32 系列装甲人员运输车 / 装甲巡逻车最早在南非研发，目标为警用市场，生产了 4×4 与 4×2 两种构造的车型。进一步的研发诞生出 RG-32M。此车型拥有许多改进，包括全轮驱动、更大的轮胎、更加固的车轴、两只车轴上均有差速器以及连接自动变速箱的更强劲的柴油发动机。

总体设计

车体正面竖直，中央有水平散热格栅，两边有头灯，水平引擎顶盖稍稍倾斜，整块挡风玻璃几乎竖直，水平顶舱门通常有 1 块圆形舱盖，舱盖上可安装 1 挺 7.62 毫米机枪。车体两侧面竖直，上部各有 1 扇向前开的门，门的上部有防弹窗户，竖直车尾有完整的载货区，车尾可有向左开的大门和向上开的侧面入口盖。车身两侧各有 2 个负重轮，正位于前后两端，可安装前置绞盘。发动机在前部，装甲防护的载员舱在中部。驾驶员位于左边，其右有 1 个座位，另 3 人位于其后。如果安装扩展通信设备，则载员减至 4 人。通常的出入方式是通过车身两侧向前开的门。车身正面和侧面的窗户为防弹结构，侧门上可提供射孔。该车一般提供 1 扇向后开的圆形顶舱门，必要时此门可固定为竖直状态。此位置可安装 1 挺 7.62 毫米或 12.7 毫米机枪，一些试验用车则安装了 7.62 毫米遥控机枪。同时有昼夜观察系统，炮长可以在完备的装甲防护下瞄准射击。

基本参数	
长度	4.97 米
宽度	1.8 米
高度	1.95 米
重量	5.1 吨
最大速度	120 千米 / 时
最大行程	750 千米
乘员	4 人

服役情况

RG-32M 参与了许多国际竞争。于 2004 年被瑞典陆军选用。其典型军事用途为指挥和控制车。

英国"风暴"装甲运输车

20 世纪 70 年代，英国政府的一个研究和发展机构在阿尔维斯公司"蝎"式战斗侦察车基础上研制出了 FV4333 装甲人员运输车。后经阿尔维斯进一步开发诞生了"风暴"装甲运输车。

总体设计

"风暴"装甲运输车车体较钝，前上装甲倾斜，驾驶员位于前部左侧，发动机在驾驶员右侧，车顶水平，车后竖直，有 1 个向右开启的大门，车体侧面竖直，与车顶交界处有斜面。武器站通常位于车顶前部，其后有舱盖。车体两侧各有 6 个负重轮，主动轮前置，诱导轮后置，有托带轮，

基本参数	
长度	5.27 米
宽度	2.4 米
高度	2.764 米
重量	12.7 吨
最大速度	80 千米/时
最大行程	650 千米
乘员	11 人

行动装置上部有时有裙板。炮塔两侧待发位置各有 4 枚"星光"地对空导弹。车顶武器站可选装多种武器，包括装备 7.62 毫米和 12.7 毫米机枪炮塔，20 毫米、25 毫米或 30 毫米加农炮以及 76 毫米或 90 毫米火炮炮塔。还可选装多种设备，如三防系统、夜视装置、浮渡围帐、射孔/观察窗、自动传动和地面导航系统。

服役情况

1981 年底马来西亚签订购买 25 辆"风暴"车和 26 辆"蝎"式 90 车的合同，并要求 1983—1984 年交货。25 辆风暴车中有 12 辆安装赫利奥公司的 FVT900 型炮塔（有 1 门 20 毫米机关炮和 1 挺 7.62 毫米机枪），其余安装蒂森·亨舍尔公司的 TH-1 型炮塔（有双联 7.62 毫米机枪）。第一批车于 1983 年交货。

英国 FV432 装甲人员运输车

为满足英国陆军需求，英国于 20 世纪 50 年代研发了 FV432 系列车型，首辆样车于 1961 年完成。到 1972 年为止，该车共计生产了 3000 多辆。目前，FV432 已经被"武士"机械化战车所取代。

总体设计

FV432 装甲人员运输车车体前上装甲倾斜60°，水平车顶贯穿前后，车后竖直有 1 个向左开启的大型车门；驾驶员位于车体前部右侧，发动机在驾驶员左侧，炮长在其后，载员舱后置，上部有 4 片式圆形舱盖，2 部分向左开启，2 部分向右开启。车体侧面竖直，发动机排气口在车左侧，三防装置突出于车体右侧；车体两侧各有5 个负重轮，主动轮前置，诱导轮后置，有 2 个托带轮，行动装置上部有时装有裙板。

基本参数	
长度	5.251 米
宽度	2.8 米
高度	1.879 米
重量	15.28 吨
最大速度	52.2 千米 / 时
最大行程	480 千米
乘员	12 人

服役情况

目前，FV432 已经被"武士"机械化战车所取代，但仍有部分作为特殊用途的车型将在一段时间内继续使用，如迫击炮车、救护车和通信车。

匈牙利 FUG 两栖侦察车

FUG 两栖侦察车的作用与苏联的 BRDM-1（4×4）水陆两用侦察车相似，1964 年开始装备匈牙利陆军，1966 年服役波兰、捷克、斯洛伐克。捷克和斯洛伐克将该车称为 OT-65。

总体设计

FUG 两栖侦察车为全焊接装甲钢结构。驾驶员在车前部左侧，车长位于右侧，乘员舱在驾驶舱之后，动力舱后置。车体两侧前后轮之间各有 2 腹轮，通过功率分出装置驱动，可驾驶员操纵升降，从而提高其越野能力。驾驶员和车长前面有 2 个刮水器的窗口，安装 1 个整体式观察镜。乘员舱顶部有通风装置，周围有 6 个射孔，乘员由顶部向两侧开启的舱口出入，舱盖可垂直锁定，对机枪手予以保护。

基本参数	
长度	5.79 米
宽度	2.5 米
高度	1.91 米
重量	7.5 吨
最大速度	87 千米/时
最大行程	600 千米
乘员	6 人

水上靠尾部的 2 个螺旋桨推进，车前部有防浪板，车内有排水泵。该车制式设备有红外驾驶灯、红外探照灯（某些车型）和轮胎中央充放气系统。无三防装置。主要武器为 1 挺枢轴安装的 7.62 毫米 SGMB 机枪。

斯洛伐克 "短吻鳄" 轻型侦察车

　　"短吻鳄"（4×4）轻型装甲侦察车在很多方面都与法国潘哈德 VBL（4×4）侦察车非常相似，后者已经为国内和出口市场制造和订购了 2200 余辆。"短吻鳄"的车体由全焊接钢板构成，可防御 7.62 毫米穿甲弹攻击。如果需要，还可安装附加装甲，能提供更高级别的弹道冲击防御。

总体结构

　　车长和驾驶员位于车辆前部，另外 3 名乘员坐在后部的单独座位上。"短吻鳄"标准设备包括通信系统、泄气保用轮胎、动力转向装置、火灾探测和灭火系统以及车体装配的探照灯。广泛的可选设备包括多种武器系统、三防装置、空气调节系统、被动夜视设备、绞盘、辅助动力装置、中央轮胎压力调节系统和两栖部件。两栖部件包括安装于车尾下方的推进器。

基本参数	
长度	4.3 米
宽度	2.2 米
高度	1.95 米
重量	6.7 吨
最大速度	120 千米／时
最大行程	600 千米
乘员	6 人

巴西 EE-9 "卡斯卡维尔"侦察车

巴西恩格萨 EE-9 "卡斯卡维尔"轮式侦察车是由恩格萨特种工程公司按巴西陆军的要求于 1970 年 7 月开始研制的。1970 年 11 月完成第一辆样车，经一系列试验后，巴西陆军订购了 10 辆，并命名为 CRR 侦察车。

总体设计

车体前端呈楔形，下部装甲板向内倾斜至车体底部，顶端 2 个凹槽内装有车灯，车体两侧装甲向内倾斜至前后水平车顶，驾驶员位置在车体前部左侧，炮塔在中央，动力舱在后部。车体后部有水平通风口。炮塔两边水平，尾部稍微内收，两侧各有 3 具烟幕弹发射器。90 毫米火炮炮口有 3 室炮口制退器。车长炮塔在顶部左侧。

车体两侧各有 3 个车轮（中间车轮和后轮距离较近，恩格萨飞镖悬挂系统能够保证后轮总能与地面接触）。

基本参数	
长度	6.2 米
宽度	2.64 米
高度	2.68 米
重量	13.4 吨
最大速度	100 千米/时
最大行程	880 千米
乘员	3 人

英国"鹰"式装甲侦察车

　　"鹰"式装甲侦察车是莫瓦格公司应瑞士陆军的要求而研制的。这种侦察车充分诠释了多用途设计理念,实用性非常强,适于在战斗部队及维和部队中使用,可执行侦察、监视、联络、边境巡逻及警备等多种任务。

总体设计

　　莫瓦格"鹰"(Eagle)系列轮式装甲侦察车目前已经生产四代产品,前三代采用美国通用动力公司"高性能多用途轮式突击车辆"(HMMWV)战车底盘,最新"鹰"–IV型,则采用瑞士布彻–古伊尔公司的"杜罗"4X4车辆的底盘。"鹰"–I型和"鹰"–II型为装甲轮式侦察车,但"鹰"–II型具有较高的推重比,"鹰"–III型为火炮前方观测车,最新"鹰"–IV型为装甲多用途战斗/侦察车。

基本参数	
长度	5.37 米
宽度	2.28 米
高度	1.75 米
重量	7 吨
最大速度	125 千米 / 时
最大行程	450 千米
乘员	4 人

西班牙 VEC 轮式骑兵侦察车

VEC 骑兵侦察车是恩普雷萨国家汽车公司根据西班牙陆军的要求研制的，大量零部件与 BMR-600 步兵战车通用。第一辆样车于 1977—1978 年完成，VEC 骑兵侦察车又称毕卡索 VEC3562。

总体设计

VEC 骑兵侦察车为全焊接的铝合金车体，前部弧状结构可防 7.62×51 毫米口径的穿甲弹，其他部位可防 7.62 毫米枪弹，有些部位还采用了间隙装甲。T25 炮塔可自动旋转 360°，武器俯仰范围 -10°~+50°，装有 7.62 毫米机枪。

西班牙设计的 T25 炮塔为 CETME TC-1 5/M242。25 毫米火炮是从美国引进的 M242 "巨蝮" 链式机关炮，此武器也用于美军的布雷德利 M2 和 M3 战车。

VEC 为水陆两栖，由车轮推动，可选择安装喷水推进器。前后轴装有助力转向系统，悬挂系统可调节。车身高大，大倾角装甲车身，驾驶员位于车中央，水平车顶，车尾向内倾斜。炮塔在车顶中央，前面和左右两侧向内稍微倾斜，交界处有明显的斜面。车体两侧的 3 个车轮等距排列，车轮上方装甲向内倾斜。

基本参数	
长度	6.1 米
宽度	2.5 米
高度	2.51 米
重量	13.75 吨
最大速度	103 千米/时
最大行程	800 千米
乘员	5 人

德国"山猫"侦察车

　　德国莱茵金属地面系统公司所研制的"山猫"侦察车具备完全两栖能力，由车尾安装的 2 具推进器推动。最早开始服役时，"山猫"拥有供所有乘员使用的红外线夜视仪，但现在已被热成像夜视设备取代。如今的山猫侦察车主要装备于德国。

总体设计

　　"山猫"侦察车车体较高，倾斜明显的前上装甲板的前部是防浪板，车顶水平，炮塔在中部，略靠前，车尾倾斜。车体侧面竖直，从车轮上方开始内倾，车体左侧面的门在第 2 个和第 3 个负重轮之间。车体两侧各有 4 个大型负重轮，第 1 个和第 2 个车轮之间、第 3 个和第 4 个车轮之间的间隔相等，车尾下面有 2 具推进器。

基本参数	
长度	7.743 米
宽度	2.98 米
高度	2.905 米
重量	2 吨
最大速度	90 千米 / 时
最大行程	730 千米
乘员	4 人

法国 AMX-10RC 侦察车

AMX-10 RC 侦察车是法国陆军 20 世纪 70 年代末期装备的装甲侦察车，摩洛哥和卡塔尔也有装备。装有 1 门 105 毫米线膛炮，并配备多观瞄侦察器材，具有较强的反坦克火力。参加海湾战争的法国快速部署部队共装备 72 辆，主要用于执行侦察和反坦克任务。车体和炮塔均为全焊接的铝质结构，可调节车底距地高度，能水陆两栖。

总体设计

AMX-10 RC 侦察车车体前端呈楔形，防浪板折叠至车身，驾驶员有 1 个向右开的窗盖，车顶水平，车尾与地面垂直。炮塔在车顶中间，车长炮塔在右，车长前面有 1 个较大的周视潜望镜，105 毫米火炮带有双室炮口制退器。3 个车轮之间距离相同，可由驾驶员操纵升降。服役于法国陆军的此种车型后轮后方装有 2 个喷水推进器。

基本参数	
长度	9.15 米
宽度	2.95 米
高度	2.66 米
重量	15.88 吨
最大速度	85 千米 / 时
最大行程	1000 千米
乘员	4 人

服役情况

法国陆军从 1979 年末开始用 AMX-10RC 侦察车装备侦察团和步兵师的骑兵团。第一集团军的 3 个军中各有 1 团装备 36 辆。还有 2 个步兵师各有 1 团装备 36 辆。摩洛哥于 1978 年订购了适应当地环境改进的 AMX-10RC 侦察车。1981 年交付第一批用于训练，至 1986 年年初由于资金问题，订货仍未交付完毕。法国地面武器工业集团曾将 AMX-10RC 推荐给美国陆军装备轻型师。

南非"大山猫"装甲车

南非"大山猫"装甲车体重达 28 吨。它主要用来执行战斗侦察任务，所以也有人称它为"大山猫"轮式侦察车。第一批量产车完成于 1989 年，"大山猫"第一次装备部队是在 1990 年。"大山猫"装甲车的快速行驶能力和远程机动能力也是相当出色的。它是一代地面战斗车辆的典范，能够执行攻击性的搜寻与摧毁任务，而且适应性极强，机动力特别高。

总体设计

"大山猫"装甲车车体前上装甲板几乎水平，其上部中央有驾驶员舱门，水平车顶后部是凸起的动力舱；车尾垂直。炮塔在车辆中部，其正面水平，侧面略内倾，枪身较长的 76 毫米火炮具备隔热护套和清烟器，悬于车前。车体两侧各有 4 个大型负重轮，第 2 个和第 3 个负重轮

基本参数	
长度	7.09 米
宽度	2.9 米
高度	2.8 米
重量	28 吨
最大速度	120 千米 / 时
最大行程	1000 千米
乘员	4 人

的间隔较大，车体上部略内倾，车体两侧第 2 个和第 3 个负重轮之间各有逃生舱门。

服役情况

"大山猫"装甲车第一批量产车完成于 1989 年，"大山猫"第一次装备部队是在 1990 年。自 20 世纪 80 年代以来，"大山猫"就开始替代"大羚羊"，作为南非国防军的高机动战斗车辆参加行动。南非于 20 世纪 90 年代改装"大山猫"时，已经把目光对准国际市场，由于采取模块化设计，它能够按照客户的不同要求进行改装。如美国版的"大山猫"装甲车就有"21 世纪旅及旅以下部队战场指挥系统"FBCB2，它能为部队提供"数字战场"通信功能，此外还有轻型精确 GPS 接收器。

英国"费列特"侦察车

英国"费列特"侦察车用于取代二战时期应用的戴姆勒公司的丁戈侦察车。"费列特" Mk 2/ 3 的驾驶员位于前部，车长在中部，发动机在后部。炮塔手动旋转范围为 360°，7.62 毫米机枪的俯仰范围为 –15°~+45°。炮塔与许多阿尔维斯公司"撒拉逊"(6×6) 装甲人员运输车所采用的相同。备用轮胎在车体左侧，紧急舱门在另一侧。车体正面通常横置着槽板，利于穿越壕沟和沙地。

总体设计

驾驶员位于前部，炮塔在中部，动力舱在后部，动力舱顶两边微微向下倾斜，后部顶端有散热窗，车尾上半部分竖直，下半部分折入车尾下方。车体前上装甲倾斜明显，顶部铰接的驾驶员舱门向下开，两侧还有较小的相同舱门，车体正面上部、车身侧面和车尾内倾。每侧 2 个大负重轮，车体左侧有备用轮胎。

基本参数	
宽度	1.905 米
高度	1.875 米
重量	4.4 吨
最大速度	93 千米 / 时
最大行程	306 千米
乘员	2 人

英国"萨拉丁"装甲车

"萨拉丁"轮式装甲车为 6×6 轮式战车，主要作侦察车用，1959 年起装备英国军队，并出口到近 20 个国家，总生产量为 1177 辆。

总体设计

"萨拉丁"装甲车为全焊接钢车体，驾驶舱在前部，战斗舱居中央，动力舱在后部。驾驶员位于车前部，大倾角装甲车身，炮塔在中央，引擎在后部。引擎顶部有 6 个矩形挡板，车体后部上半部分装甲与地面垂直，下半部分向内倾斜至车底，圆柱形消音器在车尾右侧；车体两侧各有 3 个等距车轮，与"撒拉逊"装甲人员运输车不同；炮塔侧面平展，后部与地面垂直，安装有 76 毫米短管火炮，7.62 毫米机枪在车顶右侧，电缆卷筒在炮塔。

基本参数	
长度	5.284 米
宽度	2.54 米
高度	2.39 米
重量	11.59 吨
最大速度	72 千米/时
最大行程	400 千米
乘员	3 人
发动机功率	125 千瓦

俄罗斯 MT-LB 多用途履带式装甲车

苏联 MT-LB 开发于 20 世纪 60 年代末，目的是替换 AT-P 装甲履带式火炮牵引车（该车已从前线退役）。MT-LB 是在 MT-L 非装甲履带式两栖车的基础上研发的，典型用途包括运输 11 名全副武装的步兵、牵引 122 毫米 D-30 榴弹炮或 100 毫米 T-22 反坦克炮、指挥通信车、炮兵火控车、运货车和众多特殊用途车型。

⠿⭐ 总体设计

车长和驾驶员舱室紧接车体装甲后部，炮塔在驾驶员右侧，顶部水平，体积较小，车长和驾驶员用红外线夜视仪。载员舱位于车体后部，紧连乘员舱，车体侧面几乎竖直，顶部有斜面，车后有 2 个门，车体左侧有 1 个射孔。车体两侧各有 6 个等距负重轮，主动轮前置，诱导轮后置，无托带轮。

基本参数	
长度	6.454 米
宽度	2.86 米
高度	1.865 米
重量	11.9 吨
最大速度	61.5 千米 / 时
最大行程	500 千米
乘员	13 人

该车具备完全两栖能力，在水中由履带推进。基准车型通常装有 350 毫米宽履带，单位压力为 0.46 千克 / 平方厘米，也可换装 565 毫米履带，此时单位压力为 0.27 千克 / 平方厘米，极大提高了车辆雪地和沼泽地的机动性能。炮塔由车长操控，装有 1 挺 7.62 毫米 PKT 机枪，手动俯仰范围为 −5°～+30°，炮塔手动旋转 360°。车顶无舱盖。

捷克斯洛伐克 / 波兰 OT-64C（SKOT）装甲运输车

OT-64C 装甲运输车由捷克斯洛伐克、波兰两国于 1959 年联合设计，用以代替苏联 BTP-60（8×8）装甲人员输送车。该车于 1964 年开始装备两国部队，在波兰称为斯科特，采用捷克泰脱拉 8×8 813 系列卡车底盘和机动部件，波兰提供装甲车体和武器系统。

总体设计

OT-64C 装甲运输车车体用钢板焊接，驾驶舱在前、动力舱居中、载员舱在后。驾驶员坐在车前左侧、车长在右，在他们旁边各有 1 个单扇向后开的门。驾驶员舱盖向后开，在他的前边和侧面有 3 个潜望镜，车长舱盖向前开，舱盖前的潜望镜可 360°旋转，在他们之间的车顶上安装 1 盏探照灯。

基本参数	
长度	7.44 米
宽度	2.55 米
高度	2.71 米
重量	14.5 吨
最大速度	94.4 千米 / 时
最大行程	710 千米
乘员	17 人

为泰脱拉 928-14 型 8V 风冷柴油机，发动机进气口和空气出口位于车顶，排气管安装在车体两侧。2 个射孔，车后有 2 个大门，每个门上各开 1 个射孔。车顶有 4 个舱盖，必要时顶舱盖可垂直锁住。步兵坐在两侧座椅上，必要时座椅能向上折叠使车辆用作货车。前 4 车轮为转向轮，全部轮胎安装气压调节系统。车辆能水陆行驶，水上则要靠车后的 2 个喷水推进器推进。入水前车前要竖起防浪板。其制式设备包括三防超压装置、车前安装的绞盘和车底安装的排水泵等。

英国"撒克逊"装甲人员运输车

"撒克逊"装甲人员运输车原本由英国 GKN 防务公司设计和制造，该公司与阿尔维斯公司合并成为阿尔维斯车辆公司。合并后的公司后来又与维克斯防务系统公司合并，成为阿尔维斯·维克斯公司。

总体设计

驾驶员位于左前方或右前方，发动机在车体下部，载员舱延伸至车尾。士兵位于两侧长椅上，通过侧门或车尾 2 扇门出入。车长有固定指挥塔或武装单管或双联 7.62 毫米机枪的炮塔。每侧 2 个大负重轮，车体左侧有装载库，车顶有装载网。可选设备包括空气调节系统、前置绞盘、加温器、榴弹发射器、路障拆卸装置和探照灯。

基本参数	
长度	5.17 米
宽度	2.489 米
高度	2.628 米
重量	11.66 吨
最大速度	96 千米 / 时
最大行程	480 千米
乘员	16 人

服役情况

1983 年被英国陆军选定作为英国步兵营用车，但作战时部署到德国。最后一批为英国陆军生产的"撒克逊"装甲人员运输车由康明斯 6BT 型 5.91 升涡轮增压 6 缸柴油发动机提供动力，此柴油发动机额定功率 118 千瓦，结合了全自动变速箱。

比利时"西布玛斯"装甲人员运输车

"西布玛斯"是比利时 BN 金属构件厂于 1975 年投资作为多用途装甲车研制的一种轮式装甲人员输送车，1976 年制成样车。

总体设计

"西布玛斯"装甲人员运输车车体为全焊接钢板结构，装甲钢板的布氏硬度为 477~530 千克 / 平方毫米，能防 7.62 毫米和 5.56 毫米穿甲枪弹、杀伤地雷、手榴弹、迫击炮弹片；驾驶员位于车首中央，并有 1 个向右打开的单扇舱盖，前面和两侧有大型防弹玻璃。

基本参数	
长度	2.77 米
宽度	2.5 米
高度	2.77 米
重量	18.5 吨
最大速度	100 千米 / 时
最大行程	1000 千米
乘员	14 人

服役情况

1981 年，马来西亚订购了 196 辆"西布玛斯"装甲车，其中包括 AFSV-90 型火力支援装甲车 162 辆，ARV 装甲抢救车 24 辆，并于 1983—1985 年完成生产和交付工作。1985 年，"西布玛斯"分部转入比利时机械厂。目前此装甲车已不再生产和销售。

参 考 文 献

[1] 福特 . 坦克（世界武器手绘珍藏本）[M]. 北京：中国青年出版社，2006.

[2] Christopher F.Foss. 简氏坦克与装甲车鉴赏指南（典藏版）[M]. 北京：人民邮电出版社， 2012.

[3] 米舒卡 . 二战德国坦克图览 [M]. 武汉：武汉大学出版社，2011.

[4] 郑慕侨，冯崇植，蓝祖佑 . 坦克装甲车辆 [M]. 北京：北京理工大学出版社，2003.

[5] 潘玉田，郭保全 . 轮式自行火炮总体技术 [M]. 北京：北京理工大学出版社，2009.

手枪与冲锋枪 鉴赏指南（珍藏版）[第2版]

步枪与机枪 鉴赏指南（珍藏版）[第2版]

海军陆战队武器 鉴赏指南（珍藏版）[第2版]

作战飞机 鉴赏指南（珍藏版）[第2版]

全球火炮 鉴赏指南（珍藏版）[第2版]

全球导弹 鉴赏指南（珍藏版）[第2版]

世界徽章 鉴赏指南（珍藏版）[第2版]

世界军服 鉴赏指南（珍藏版）[第2版]

军用辅助舰艇 鉴赏指南（珍藏版）[第2版]

军用辅助飞机 鉴赏指南（珍藏版）[第2版]

主战舰艇 鉴赏指南（珍藏版）[第2版]

航空母舰 鉴赏指南（珍藏版）[第2版]

民用飞机 鉴赏指南（珍藏版）[第2版]

军用车辆 鉴赏指南（珍藏版）[第2版]

航天器 鉴赏指南（珍藏版）[第2版]

反恐装备 鉴赏指南（珍藏版）[第2版]

世界武器鉴赏系列

现代舰船鉴赏指南（珍藏版）第3版

现代飞机鉴赏指南（珍藏版）第3版

现代战机鉴赏指南（珍藏版）第3版

单兵武器鉴赏指南（珍藏版）第3版

特种作战装备鉴赏指南（珍藏版）第3版

世界名枪鉴赏指南（珍藏版）第3版

坦克与装甲车鉴赏（珍藏版）第3版

二战尖端武器鉴赏指南（珍藏版）第2版

世界手枪鉴赏指南（珍藏版）第2版

早期经典战机鉴赏指南（珍藏版）第2版

美国海军武器鉴赏指南（珍藏版）第2版

空战武器鉴赏指南（珍藏版）第2版

陆战武器鉴赏指南第2版

无人装备鉴赏指南（珍藏版）第2版

特殊武器鉴赏指南（珍藏版）第2版

海战武器鉴赏指南第2版